Mme CLÉMENTINE HELM

MADAME THÉODORE

ROMAN ALLEMAND

TRADUIT AVEC L'AUTORISATION DE L'AUTEUR

PAR

CAMILLE VALDY

PARIS

LIBRAIRIE HACHETTE ET Cie

79, BOULEVARD SAINT-GERMAIN, 79

MADAME THÉODORE

COULOMMIERS. — TYPOGRAPHIE PAUL BRODARD.

Mme CLÉMENTINE HELM

MADAME THÉODORE

ROMAN ALLEMAND

TRADUIT AVEC L'AUTORISATION DE L'AUTEUR

PAR

CAMILLE VALDY

PARIS

LIBRAIRIE HACHETTE ET Cie

79, BOULEVARD SAINT-GERMAIN, 79

1882

Droits de reproduction réservés.

MADAME THÉODORE

I

MÈRE ET FILLE

Bien haut, entre terre et ciel, au quatrième étage d'une fort grande et assez laide maison, une fenêtre venait de s'ouvrir, et une jeune fille s'y accoudait pour contempler avec des yeux ravis le firmament radieux qui se déployait au-dessus de sa tête. Tandis qu'à l'horizon le soleil s'élevait lentement dans toute sa gloire, le regard de la jeune fille s'arrêtait sur la vaste étendue encore voilée de brumes légères qui en fondaient les nuances, les réunissant dans un ensemble d'une muette et délicate harmonie. Les prairies et les champs, d'un vert tendre, où se roulaient de blanches vapeurs, étaient entourés comme d'une ceinture de constructions situées sur la lisière d'un petit bois d'une teinte plus sombre que celle du gazon. Bien qu'il fût impossible à cette hauteur de distinguer nettement les détails du paysage, on n'y jouissait pas moins de la douceur et du charme de ces premiers moments du jour, auxquels le soleil couchant lui-même ne saurait être comparé.

Ce gracieux tableau faisait contraste avec son entourage. C'était un amas de maisons noires serrées les unes contre les autres comme pour arrêter au passage l'air et la lumière. De vieux pignons branlants, des cheminées effritées s'élevaient vers le ciel, le long d'une petite rue étroite et tortueuse qui semblait se traîner péniblement sur le sol, comme lassée des laides demeures qui la bordaient. Entre leurs sombres murailles, les cours avaient l'air de puits toujours privés de soleil. De loin en loin, un chétif jardin montrait sa verdure maladive, et un arbre rabougri s'efforçait de trouver de la nourriture pour ses pauvres racines dans un sol de pierres et de gravier; mais ces courageuses tentatives ne pouvaient durer, et bientôt, épuisés de cette lutte inégale pour ressembler quelque peu à leurs frères des prés et des bois, arbres et fleurs se résignaient à devenir aussi moroses, aussi tristes que leurs voisins eux-mêmes.

Et cependant tout cet ensemble enfumé augmentait encore par sa maussaderie l'éclat joyeux de cette brillante matinée de printemps. A voir les cheminées grognons envoyer à profusion vers le ciel des flots épais de fumée noirâtre, on eût pu croire qu'elles étaient résolues à en obscurcir la teinte claire et brillante, tandis que les toits et les murailles, effleurés çà et là d'un rapide rayon, reprenaient subitement des airs juvéniles.

La jeune fille de la fenêtre paraissait jouir vivement de ce spectacle. La tête appuyée sur sa main, elle laissait errer un regard non pas rêveur, mais intelligent et réfléchi. Une boucle noire échappée au filet soyeux et soulevée par la brise venait caresser sa joue fraîche, dont le riche coloris s'harmonisait avec la belle teinte brune du reste du visage.

Un instant, ses grands yeux enfoncés s'éclairèrent d'un joyeux sourire en s'arrêtant sur la masse informe de constructions qui représentait la ville; du bout de ses doigts pressés sur sa bouche, elle envoya un baiser dans l'espace. Puis une voix claire, bien timbrée, fit suivre ce gracieux message de quelques notes comme pour saluer l'aurore, la lumière et la vie.

Elle se tut subitement, et son regard revint aux nuages massés en groupes, de plus en plus épais et qui, poussés par le vent, se mettaient majestueusement en marche. Se retirant brusquement de la fenêtre, elle y attira un petit chevalet où était posée une ébauche, à qui elle fit subir un examen attentif.

« Ce sera bon, » dit-elle enfin.

Et prenant le pinceau encore humide, la palette chargée de couleurs, elle se remit avec ardeur à un travail interrompu, selon toute apparence, non par caprice, mais par sincère admiration pour les beautés généreusement offertes à sa vue. Maintenant il s'agissait de reproduire ce que la bonne mère Nature voulait bien déployer, insoucieuse de notre admiration ou de notre dédain. Ainsi penché sur la toile, où le pinceau passait et repassait sans se lasser, le profil élégant de cette belle tête brune se détachait avec une grâce extrême. Une robe légère drapait la taille svelte, dessinant nettement les formes pures des épaules et des bras. La main allait toujours plus vite, toujours plus sûrement, et les joues s'enflammaient d'une teinte pourprée. Rejetées en arrière, les manches laissaient voir la peau blanche et fine des poignets. Le fichu glissa jusqu'à terre; les boucles noires, d'abord massées sur la nuque, s'éparpillèrent sur le dos, sans que la jeune fille, absorbée par son bienheureux travail, y fît la moindre attention. Il lui fallait avancer aussi vite que possible, car le soleil et les nuages se modifiaient incessamment et compliquaient ainsi une tâche déjà très ardue. Bientôt cependant elle se leva et, reculant de quelques pas, contempla fixement son œuvre.

« Déjà occupée, Théodore! Le soleil se lève à peine! » dit tout à coup une douce voix partie de la chambre voisine, dont la porte était restée entr'ouverte, et dans le même moment la personne à qui appartenait cette voix parut sur le seuil.

« Bonjour, maman, dit Théodore se retournant de son côté. Que tu te lèves tôt! Je suis sûre que c'est mon absurde chanson qui t'a éveillée. Que ne suis-je restée tranquille! J'avais fait si peu de bruit jusque-là! Mais, une fois à la fenêtre, j'ai tout oublié, en disant de loin bonjour à Frédéric, lequel ne se doute pas de son bonheur.

— Ne te tourmente pas, ma fillette, répondit la bonne dame en souriant. Il est fort heureux que je me sois éveillée; les heures du matin sont les heures dorées, tu le sais bien; par conséquent, je vais faire mon petit mémoire pour la revue, avant qu'on m'apporte des épreuves à corriger. Mais d'abord, voyons ton œuvre. »

Elle examina la peinture d'un œil pénétrant.

« La couleur est très bonne, dit-elle enfin; mais les nuages devraient fuir davantage, ils ont des contours trop arrêtés, ne donnent pas assez l'idée de l'air et du lointain.

— Je ferai de mon mieux, maman, dit Théodore d'un

ton pensif; mais je ne puis toucher à mon horizon sans détruire toute l'harmonie de l'ensemble. Mes nuages sont bons, je t'assure; je les ai copiés sur ceux mêmes du bon Dieu. Quelle belle, bonne chose que de demeurer ici, où nous avons cette admirable vue, qui nous offre ainsi le ciel bleu et les champs verts à étudier! Malheureusement, les nuages sont comme les enfants, ils ne tiennent pas la pose et s'agitent sans cesse quand on veut faire leur portrait. Enfin j'ai travaillé de toutes mes forces, seulement je croyais avoir fini.

— Tu es toute rouge, enfant! » dit la mère, ramassant le fichu et le replaçant avec une tendre sollicitude sur les épaules de sa fille.

Théodore se mit à rire, secoua sa jolie tête et reprit son pinceau.

« Les couleurs se sèchent, et mon travail est inachevé. Maman, laisse-moi peindre encore. »

La mère n'insista pas et la laissa à son chevalet, devant lequel elle s'asseyait de nouveau d'un air résolu. S'enveloppant d'un châle jadis fort beau, mais désormais terni, la vieille dame s'installa à une table et fit bientôt courir sur le papier une plume évidemment exercée. Le bonnet de nuit, garni de dentelles jaunies, encadrait un visage ridé, mais intelligent et doux. Cette tête grisonnante, avec ses lunettes d'or assujetties sur un nez trop recourbé pour les règles de la beauté classique, faisait un singulier contraste avec celle de la jeune fille, qui, droite et fière comme un jeune pin, recevait sans en paraître incommodée le jour cru de la fenêtre. Pendant longtemps, les deux femmes travaillèrent sans interruption, le silence étant accompagné plutôt que troublé par le tic tac de la pendule et le grincement de la plume.

Enfin les marches de l'escalier résonnent sous un pas lourd qui se rapproche de l'appartement.

« C'est vous, Mercure? » dit Théodore, qui vient d'ouvrir la porte, que franchit un gamin portant une tête très vieille sur de larges épaules trop hautes.

« Bonjour, mademoiselle, bonjour, madame la conseillère, dit le petit homme d'une voix asthmatique, en tendant le journal à Théodore.

— Grissel viendra-t-elle bientôt? » demande la jeune fille d'un ton amical.

« Oui, elle savonne. »

Sur cette réponse laconique, le jeune garçon laisse retomber sur ses yeux de lourdes paupières qu'il ne semble avoir ouvertes qu'au prix des plus pénibles efforts. Tirant d'une armoire des brosses et des chiffons de toile et de laine, il entraîne son corps disgracieux dans la pièce voisine, d'où on l'entend frotter et souffler. Tout aussitôt, voici la porte qui se rouvre, et la sœur de Mercure, Grissel ou Griseledis, une jolie créature d'environ seize ans, entre d'un pas léger, une cruche d'eau à la main et un panier de provisions au bras. Autant Mercure est lent à mouvoir ses membres, depuis ses paupières jusqu'à ses jambes, qui dessinent entre les genoux un o plus remarquable qu'élégant, autant sa sœur est alerte : on dirait une goutte de vif-argent. Tous deux cependant ont un point commun : ils entendent fort bien leur service auprès de ces dames.

« Bonjour, chère madame! bonjour, chère demoiselle! Avez-vous bien dormi? » demande Grissel, dont la langue ne paraît pas moins agile que le reste de sa petite personne et qui, tout en nouant autour d'elle un grand tablier bleu, baise respectueusement les mains qui lui sont tendues avec une grâce amicale. Après quoi, elle se glisse derrière la chaise de Théodore, jette un coup d'œil sur la toile, secoue sa tête blonde et fait part de ses impressions.

« Très joli, très joli ! »

Ayant ainsi donné la preuve de l'influence exercée sur son goût par un milieu artistique, Grissel se consacre aux devoirs qui tout le long de l'année pèsent sur ses mignonnes épaules, devoirs qui consistent à tenir en bon état le ménage de ses maîtresses. D'abord elle se dirige vers la cuisine, où, en réveillant un feu assoupi, elle couvre de cendres blanchâtres sa tête fine. Dès que le feu se résout à faire craquer en pétillant le bois sec offert à ses morsures, la vive cuisinière y place une bouilloire remplie jusqu'au bord, et, s'en rapportant au zèle des flammes, elle la quitte et vole plutôt qu'elle ne court dans la chambre à coucher, où son frère s'acquitte d'une besogne qui n'est point régulièrement la sienne, mais qu'on lui confie souvent, parce que Grissel a aussi à soigner son père malade, une petite sœur, sans parler des soucis quotidiens du pauvre logis. La conseillère ne s'était nullement opposée à cette division du travail, à condition toutefois qu'il se ferait toujours avec le moins de bruit et de dérangement possible.

« S'il vous plaît, mesdames, le café est prêt, » dit Grissel, après beaucoup d'allées et venues.

Elle reste indécise devant la table surchargée de livres, de papiers et qui ne lui laisse pas de place pour poser son petit plateau. A la fin pourtant, la fillette repousse d'un geste aussi respectueux que résolu toute une masse de savants manuscrits, et sur le terrain ainsi conquis sont installées les tasses à demi cachées sous des piles de livres.

En dépit de l'invitation de Grissel, les dames travaillent toujours, ce que voyant, la fine mouche fait mine de battre les coussins du sopha et de brosser le parquet; ce bruit trouble les artistes.

« Laisse-nous en repos avec ton balai, Grissel, dit la conseillère d'un air effrayé. Je ne veux pas de rangement ici pour aujourd'hui. Demain, tu pourras faire tout ce que tu voudras.

— Au nom du ciel, laisse en repos mes dessins et mes notes, maligne incarnation de l'ordre et de la propreté! » dit Théodore en envoyant du bout de son appui-main un léger coup sur les petits doigts actifs.

Grissel se met à rire, s'incline, demande si l'on a encore des ordres à lui donner, et, comme on lui répond qu'on n'exige d'elle que la tranquillité jusqu'au dîner, elle fait sa révérence et s'éloigne lestement.

Mercure, rentré dans la chambre, suivait sa sœur du regard; aussitôt qu'elle a disparu et qu'on a cessé d'entendre sa chanson dans l'escalier, il se rapproche de la table.

« Pas de commissions? demande-t-il flegmatiquement en enfonçant ses mains dans les poches de son pantalon.

— Mais si, Mercure, il y en a une quantité, s'écrie Théodore surprise en se tournant brusquement vers le petit domestique. Il me faut des tubes de cinabre, du papier bristol. Ensuite il faudra changer cette musique contre d'autre que j'ai notée ici, puis prévenir le marchand que ma toile doit être encadrée pour demain, afin que tu puisses me l'aller chercher.

— Tu iras porter ce mémoire, reprend la conseillère en tendant un manuscrit au petit bonhomme silencieux, perdu, à en croire les apparences, — par bonheur il n'y a que les apparences, — dans une rêverie où les bruits de ce monde ne parviennent pas. Ensuite tu passeras au cabinet de lecture pour dire qu'on m'envoie désormais les journaux le vendredi au lieu du mercredi. Sur ta route, tu entreras chez le docteur Baum pour lui remettre ce billet.

— Que lui veux-tu, maman?

— Il doit m'envoyer le nouvel ouvrage de Tourguéneff pour que j'en fasse la critique, répond la mère.

— Et puis, Mercure, dit Théodore, tu m'achèteras un cahier de papier à lettres et un flacon d'encre bleue. Ma poudre d'or est à sa fin, tu m'en rapporteras de nouvelle. »

Sans mot dire, le jeune garçon prend l'argent et se retourne du côté de la porte, la tête aussi droite que si elle portait un verre d'eau et qu'il craigne d'en laisser échapper une goutte. A peine est-il sur le palier que la conseillère se lève et le rappelle.

« Mercure, j'ai oublié nos provisions, dit-elle vivement. Achète-moi une livre de bougies et une livre de thé comme le dernier, qui s'est trouvé excellent. Dis aussi à la laitière qu'elle devrait bien nous traiter moins cruellement; le lait qu'elle nous envoie est plus bleu qu'un ciel d'été. »

Mercure fait signe qu'il a compris et s'éloigne définitivement, puis la porte se referme, et la mère et la fille se retrouvent de nouveau seules et silencieusement occupées. Tout à coup, Théodore s'écrie :

« Mais, maman, et notre café?

— Ah! oui, c'est vrai, je n'y pensais plus, dit la conseillère, qui se lève et cherche le beurre et le sucre dans une armoire, tandis que Théodore fait de la place sur la table.

— Il n'y a plus de beurre depuis hier, je l'avais oublié, dit la vieille dame d'un ton de regret.

— Le malheur n'est pas grand, nous mangerons du pain sec. D'ailleurs les matières grasses sont malsaines et gâtent le teint, dit Théodore en levant le couvercle du sucrier. Maman, c'est le jour de la disette, fait-elle en riant et en secouant les quelques miettes qui restent seules au fond. Nous allons prendre du café à la turque. On assure qu'on n'en sent que mieux le parfum du moka. Espérons qu'il n'aura pas passé par la tête de Grissel de nous prodiguer la chicorée.

— Que c'est donc désagréable d'avoir oublié le sucre! » reprend la mère irritée contre elle-même.

Théodore continue de rire, et, prenant un volume sur un rayon, elle l'ouvre et en lit un passage à haute voix :

> Pourquoi, mon cœur, te plaindre ainsi sans cesse ?
> Pourquoi te torturer de soucis et d'angoisses ?
> Laisse-toi enlever par le joyeux zéphir
> Jusqu'au divin royaume de douce poésie,
> Où, enveloppée d'un charme souverain,
> L'âme oublie de ce monde toutes les douleurs,
> Et où les misères de notre vie terrestre
> Ne peuvent plus troubler un cœur enfin paisible.

« Et tu soupirerais mélancoliquement parce que tu n'as pas de sucre pour ton café, maman, toi, le poëte même qui a écrit ces vers? Non, non, je ne puis le croire! »

La bonne dame se mit à rire et avala sans plus de réflexions le café amer et le pain sec, pour se remettre ensuite à son travail momentanément interrompu, tandis que sa fille se dirigeait du côté du piano, sans songer le moins du monde qu'il eût été convenable de faire disparaître les débris du déjeuner.

« Cela te dérangerait-il, chère maman, si je consacrais une heure à mon vieux Beethoven ? J'aimerais à laisser reposer mon pinceau, parce qu'il me semble que je verrai mieux plus tard quelles modifications sont nécessaires pour terminer cette étude.

— Joue tant qu'il te plaira, tu sais bien que la musique m'est toujours agréable, » répondit la conseillère sans même relever la tête.

Et tout aussitôt les longs doigts effilés faisant vibrer les cordes avec un talent remarquable, le petit appartement s'emplit d'une magnifique et savante harmonie. La mère et la fille, absorbées dans leurs occupations artistiques, semblaient ne pas plus se soucier du monde réel et de ses exigences que s'il n'eût jamais existé. Il est cependant permis de croire que ces vulgaires, mais impitoyables soucis ne se laissaient pas complètement oublier et qu'ils venaient parfois se rappeler à leur souvenir d'une façon assez déplaisante.

Ce soir-là fut précisément témoin d'un de ces brusques réveils, Théodore, plongée dans sa lecture, s'aperçut tout à coup que la nuit était tombée et rejeta son livre loin d'elle.

« J'allais oublier que je dois passer la soirée chez Bianca Hoffmann, dit-elle avec effroi. Le soleil s'est couché sans que je m'en aperçoive, et Frédéric, dont la terrible ponctualité n'est jamais en défaut, va venir me chercher. Chère, bonne, tendre, incomparable maman, laisse ta plume de côté et viens au secours de ta Théo. Comment pourrai-je jamais être prête! »

Cette voix mi-rieuse, mi-plaintive, arracha la mère à son griffonnage obstiné, et les deux dames, prises d'une fébrile agitation, bouleversèrent leurs commodes et leurs armoires avec une vivacité inquiète, qui prouvait combien ces menues nécessités de la vie pratique leur étaient peu familières. Mais après tout, si l'insouciance native de Théodore la mettait souvent dans l'embarras, elle l'aidait aussi à se tirer gaiement d'affaire.

« Je pense, maman, que la robe de soie vert pâle est encore assez jolie pour être portée aux lumières; mais, comme le corsage a beaucoup perdu de sa fraîcheur primitive, je le couvrirai d'un fichu de dentelles dont les bouts sont troués, hélas! Cela ne fait rien! je le nouerai à la Marie-Antoinette, ce qui est gracieux d'abord et qui ensuite dissimulera ses glorieuses blessures. Et maintenant que mettrai-je sur ma tête? Ces fleurs ne jouent pas la nature, oh non! mais je compte sur toi, maman, pour les rappeler quelque peu à la vie en les exposant à la vapeur : j'entends la bouilloire de Grissel qui chante dans la cuisine. »

La conseillère obéit avec empressement à ces instructions, et bientôt les corolles rouge pourpre du géranium brillèrent dans les tresses noires dont était couronnée cette jeune tête expressive et charmante.

« Maman, ce n'est pas tout; passe mes gants à la gomme, je t'en prie. Moi je n'ai pas le temps, car je viens de m'apercevoir avec horreur que le volant de mon jupon est tout déchiré. Je m'en vais l'enlever, comme le jardinier fait des pousses inutiles sur se rosiers... Ma robe est trop lâche, donne-moi une épingle, chère maman. Quelle bénédiction que ces épingles, pour remédier aux boutonnières délabrées et aux agrafes branlantes! On ne remerciera jamais assez leur inventeur... Là, qui est-ce qui y voit encore quelque chose maintenant?... Me voilà prête, fit Théodore très satisfaite en tournant la tête de tous côtés pour surveiller l'ensemble de sa toilette. Et pourtant non, je ne puis aller à une soirée en pantoufles, — deux mignonnes chaussures étaient lestement envoyées à l'autre extrémité de la chambre. — Gracieuse fée sous forme maternelle, recouds, s'il te plaît, les bouffettes des petits souliers de ta Cendrillon pendant qu'elle met ses bas... Bonté divine! je n'en ai plus qu'une seule paire propre, et celle-là est tellement trouée qu'on y passerait le poing. Quel bonheur que ce soit sous la semelle! Je pourrai me répéter avec une satisfaction intime le proverbe corse : « Nos souliers seuls savent si le bas est usé. » Très judicieux, n'est-ce pas, maman? »

La toilette s'était achevée au milieu des rires et des exclamations provoquées par les désastres de la garderobe, et la jeune fille, radieuse de beauté, se tenait debout devant la glace, pour s'assurer que rien ne lui manquait, tandis que sa mère, une lampe à la main, tournait autour d'elle d'un air affairé. Ni l'une ni l'autre de ces deux dames ne remarquèrent que la porte ouverte par Grissel avait livré passage à un jeune homme d'une taille élancée, qui, s'avançant sans bruit jusque de Théodore, lui mit tout à coup ses deux mains yeux.

Frédéric! méchant traître, s'écria la jeune fille en

— Ma chérie, reprit le jeune homme en laissant retomber ses bras, quel plaisir de te surprendre une fois devant ton miroir! Et tu voulais me faire croire que toute vanité féminine t'était inconnue! Dieu soit loué! il n'en est rien, tu es une fille d'Ève comme les autres.

— Cela te fait plaisir, Frédéric? dit Théodore étonnée. Il faut bien que je me regarde dans la glace pour m'assurer qu'il ne manque rien à mes beaux ajustements, puisque je suis sous la domination d'un tyran dont les yeux valent ceux du meilleur limier de police dès qu'il s'agit de chiffons.

— Je ne croyais pas posséder cette précieuse faculté. Le fait est que je connais mieux le monde que vous deux, mesdames, que vous surtout, maman, qui menez la vie d'un saint ermite. A présent, mon cœur, je vais continuer mon rôle de despote et te prier de prendre mon bras, car il se fait tard. Tu es prête, n'est-ce pas?

— Oui, par miracle. Remercies-en la chère mère, qui mérite qu'on baise cent fois ses mains secourables, s'écria Théodore. J'ai fait de mon mieux aussi, grâce à la terreur salutaire que m'inspire ton mécontentement. Quelle femme soumise je ferai par la suite, si le fiancé m'effraye déjà! »

En dépit de cette terreur, les beaux yeux noirs de la jeune fille brillaient de tendresse, et elle laissa sans résistance l'affreux tyran l'envelopper de son châle.

« Eh mais! et ma musique! fit-elle tout à coup en revenant sur ses pas chercher un petit cahier abandonné près du piano. J'ai promis à Heinrich Turner de lu apporter un duo de Mendelssohn et une jolie sonate à quatre mains. Le cher garçon aurait été bien fâché contre moi si je l'avais oublié.

— Et tu tiens spécialement à ne pas fâcher ce cher garçon? » demanda Frédéric d'un ton ironique.

Théodore, tournant brusquement la tête de son côté, le fixa une minute de ses yeux pénétrants.

« Pacha d'Orient, s'écria-t-elle enfin, tu mériterais que pour te punir je me fasse faire la cour pour tout de bon par Turner. »

Frédéric rougit de colère ; sa fiancée, déjà repentante, lui prit le bras en disant d'une voix caressante :

« Ne te fâche pas, très cher, je n'ai pas voulu te faire de peine, et, si tu veux, nous laisserons la musique au logis. »

Il la regarda quelques instants en silence, puis il reprit à voix basse : « Pardonne-moi, Théodore ; je crois que je te tourmente avec mon absurde jalousie. Donne-moi le cahier; il faut tenir la promesse faite à Heinrich Turner, cela va de soi. »

La jeune fille lui tendit docilement le rouleau, et tous deux prirent congé de la conseillère, qui les avait écoutés sans mot dire et qui resta encore un instant penchée sur la rampe de l'escalier, d'où elle pouvait entendre résonner le rire argentin de Théodore. Frédéric gardait l'air soucieux.

II

LES FIANCÉS

C'était avec des yeux brillants d'orgueil que la vieille conseillère avait vu s'éloigner le jeune couple, et cependant, en rentrant chez elle, son visage se contracta sous l'influence d'une pensée pénible. Certes, c'était joyeusement, sans l'ombre d'une arrière-pensée, que Théodore avait accordé sa main au jeune homme, qu'elle aimait de toute son âme; mais la tendresse maternelle ne pouvait se défendre d'un vague effroi au moment de la séparation. Frédéric Gahlen, il est vrai, se montrait toujours irréprochable dans sa conduite depuis qu'il était le fiancé de Théodore, et cependant Mme de Kleist ne se rassurait pas, au contraire. Trop fine pour ne pas remarquer les légers dissentiments qui s'élevaient parfois entre les jeunes gens, elle se demandait ce que deviendrait leur avenir, car on ne pouvait se dissimuler que ni leurs habitudes ni leur manière de vivre ou de penser n'étaient en complète harmonie. Les jeunes fiancés avaient été élevés si différemment! comment pourraient-ils se comprendre dans l'étroit rapprochement de la vie commune?

L'indulgent mari de Mme de Kleist, bien loin de critiquer les goûts et les tendances de sa femme, les avait au contraire fortifiés de son mieux tant que cela lui fut possible, si bien qu'elle s'y était livrée corps et âme, oublieuse de tout ce qui n'était pas l'étude et la littérature. La naissance d'une petite fille troubla quelque peu cette existence studieuse et solitaire des époux. Heureusement qu'une de ces excellentes créatures connues sous le nom général de tante, et telles qu'on en rencontre quelquefois dans certaines familles privilégiées, se chargea obligeamment des soins nécessaires au poupon, soins que l'infortunée conseillère, mère tendre mais peu pratique, était incapable de donner elle-même. Le séjour de l'amie secourable, qui ne devait être d'abord que fort bref, se prolongea si bien que Mme de Kleist, dégagée de tout souci matériel, se consacra de nouveau à ses occupations favorites.

La mort du chef de la famille rapprocha dans un même chagrin les cœurs de la mère et de l'enfant, et ce fut alors que la conseillère travailla à instruire la jeune âme docilement soumise à son influence. Merveilleusement douée, aussi charmante de corps que d'esprit, Théodore excitait à bon droit l'orgueil maternel. Ajoutons que cette âme exquise de jeune fille ignorait la vanité et reportait tout l'honneur de ses talents à l'incomparable institutrice, dont les leçons assidues et la tendre patience avaient fait d'elle une femme accomplie. Pourtant la conseillère n'avait pu donner à son enfant ce qui lui manquait à elle-même : l'usage et l'expérience des soins nécessaires à une maison, et elle ne les avait point donnés, parce que non seulement elle ne les possédait pas elle-même, mais que de plus, dans tout le cours de sa vie, elle n'en avait nullement ressenti le besoin. D'une intelligence prompte et ouverte pour tout ce qui concernait les choses de l'esprit, Mme de Kleist regardait l'entretien du ménage comme un amer ennui à endurer philosophiquement, tout en le réduisant à sa plus simple expression. On ne peut s'étonner si sa docile élève hérita de cette répugnance. Mère et fille, désagréablement troublées dans leurs occupations par les inévitables exigences journalières de la vie domestique, s'en débarrassaient bien vite pour n'y plus songer. Grâce à sa pension, à une petite fortune personnelle dont ses travaux littéraires lui permettaient de grossir le capital et d'assurer l'avenir de Théodore, Mme de Kleist était à l'abri de tout souci, et la vie modeste que menaient les deux dames était due non à la nécessité, mais à la simplicité de leurs goûts. L'appartement si haut perché dominait une vaste étendue de champs, de bois et de prairies dont la vue faisait leurs délices, et, quant à l'absence de domestiques, elle ne pouvait qu'être fort agréable à des personnes qui respiraient plus librement aussitôt qu'après le départ de Grissel et de Mercure elles se sentaient à l'abri de tout dérangement pour le reste de la journée.

Mais combien différente avait été l'éducation de Frédéric Gahlen ! Né dans une petite ville où son père exploitait une pharmacie, toute son enfance et sa première jeunesse s'étaient écoulées dans une maison sévèrement ordonnée, dont les règles et les usages étaient devenus insensiblement pour lui une seconde nature. Il regardait la vie de ses parents comme un irréprochable modèle à suivre, et, de fait, M. et Mme Gahlen, gens simples, positifs, mais parfaitement droits et bien intentionnés, comptaient leur famille parmi l'une des plus honorables du pays.

La perfection n'est pas de ce monde, et le père de Frédéric, sa mère surtout, étaient trop figés dans leurs habitudes pour n'en avoir pas contracté une certaine étroitesse d'esprit, un grand dédain pour les êtres dévoyés qui adoptaient un genre de vie différent du leur, sans parler d'une cordiale aversion pour toutes les innovations modernes.

Pénétrés de vénération pour le bon vieux temps et ses coutumes, ils élevèrent leurs enfants comme eux-mêmes avaient été élevés, c'est-à-dire avec une sévérité allant parfois jusqu'à la rigueur, et lorsque, à la mort de son mari, Mme Gahlen fut laissée seule pour conduire son troupeau, elle saisit les rênes d'une main ferme et s'acquitta de sa tâche sans un moment de faiblesse ou d'hésitation. C'était une femme résolue, douée d'une intelligence non pas élevée assurément, mais vive et pénétrante, ce qui lui permit de diriger fort bien sa maison, ses affaires, tout son petit monde. A dire vrai, son autorité un peu rude se tempérait rarement de tendresse, et elle inspirait à son entourage des sentiments plus craintifs qu'affectueux. Malgré tout, cependant, ses enfants l'aimaient beaucoup, car, sous l'âpreté du langage et des manières, ils sentaient un cœur rempli du plus sincère dévouement maternel.

C'est sous cette influence que Frédéric avait grandi et contracté des habitudes d'ordre sévère, fort dignes d'éloges, mais dont sa nouvelle vie, lorsqu'il quitta le toit paternel pour achever ses études à l'Université, se chargea de lui démontrer l'exagération. Il lutta d'abord vaillamment pour maintenir ses chères opinions, ses plus chères habitudes, contre les éléments contraires; puis, contraint par la force des choses à en sacrifier une partie, il éprouva un sentiment de délivrance analogue à celui d'un oiseau captif qui fait pour la première fois au grand air l'essai de ses ailes et de la douce liberté. Cette modification inévitable apportée par le changement de milieu ne pouvait cependant altérer d'une façon sérieuse la nature du jeune homme; son respect et son admiration pour ses parents reprenaient d'ailleurs de nouvelles forces à chacune de ses visites à la vieille maison patrimoniale.

Les fiancés s'étaient rencontrés pour la première fois chez le conseiller Turner, oncle de Théodore, dont le fils, Heinrich, jeune musicien, avait introduit Frédéric dans sa famille. Le jeune homme fut bien vite attiré par l'éblouissante beauté de Mlle de Kleist, qui accueillait ses hommages avec une grâce enjouée et cordiale plus séduisante encore que sa beauté même. L'esprit clair et pénétrant, le sens critique de Frédéric Gahlen étaient hautement appréciés parmi les artistes et les écrivains; Théodore, de nature vive et impétueuse, trouvait un charme particulier à la conversation de ce jeune savant, dont la gravité précoce ne dédaignait pas de s'égayer auprès d'elle.

D'ailleurs, à quoi bon expliquer comment naît l'amour? Tous deux étaient jeunes, beaux, honnêtes, heureux de vivre; comment n'auraient-ils pas pensé que cet avenir, qui leur apparaissait couleur de rose à l'horizon, ne serait tout à fait charmant que s'ils s'en partageaient les joies?

Ni l'un ni l'autre cependant ne se faisaient illusion sur la profonde différence qui séparait leurs caractères, leurs goûts, leur façon de penser, d'envisager les choses et les êtres de ce monde. Si épris que fût Frédéric, il avait de trop bons yeux, savait trop bien s'en servir pour ne pas constater à tout instant que sa fiancée était totalement dépourvue de ces vertus de bonne ménagère si hautement appréciées par Mme et Mlles Gahlen et que lui-même, du reste, était loin de dédaigner. Devenu le commensal habituel de Mme de Kleist, il put voir que Théodore ne pourrait s'adresser à sa mère pour acquérir les qualités qui lui manquaient, et il dut se résigner à croire que l'amour, cet inimitable professeur, se chargerait d'enseigner à la jeune femme les procédés les plus sûrs pour plaire à son mari. Elle n'était ni susceptible ni boudeuse, ne se fâchait jamais des reproches que sa négligence lui attirait assez souvent; sûrement il était absurde de se tourmenter à propos de misérables riens.

Et pourtant ces riens le préoccupaient toujours, d'autant plus que sa pensée se reportait involontairement à sa mère, à l'impression que lui causerait la terrifiante découverte d'une future bru n'entendant quoi que ce soit à la couture, à la cuisine, à l'entretien du linge, etc., etc. Auprès de Théodore insouciante et joyeuse dans une chambre qui ne se souvenait plus d'avoir été rangée, il revoyait mentalement l'intérieur de la maison maternelle, et un léger frisson courait à travers ses veines. Que dirait Mme Gahlen, elle qui relevait avec une impitoyable sévérité les moindres fautes de ses filles? Bah! Théodore était charmante, elle possédait une facilité merveilleuse pour acquérir tous les genres de talent, et Mme Gahlen la formerait, se ferait gloire d'une pareille élève dont le mérite serait son œuvre. A cette idée, le cœur de Frédéric se remplissait de joie, et il cessait de redouter un rapprochement inévitable, puisqu'il avait accepté la direction du gymnase[1] de sa ville natale, poste très flatteur pour un homme si jeune encore.

De son côté, Théodore avait ses petits soucis tirés de l'importance que son fiancé attachait évidemment à certains détails, insignifiants pour elle. Elle savait fort bien que son éducation différait de celle de la plupart des autres jeunes filles et ne songea ni à souffrir ni à s'étonner de cette anomalie, jusqu'au jour où les reproches de Frédéric lui firent sentir son infériorité. Ce blâme, dont son mentor avait pris grand soin d'adoucir

---

1. Équivalent de notre lycée.

l'expression, elle l'accueillit sans humeur; mais il ne lui fut pas possible, en conscience, de promettre de se corriger, car elle eût été fort en peine de savoir comment s'y prendre. Ce n'était pas tout, et la jeune fille s'attristait d'autre chose encore que de ces niaiseries, ainsi que les traitait irrévérencieusement son ignorance de profane. Souvent son ardent enthousiasme pour certains hommes et certaines œuvres avait été subitement glacé par quelque impitoyable critique du jeune savant, et, si grande que fût sa confiance en son jugement, elle souffrait de le voir toujours si froid et si lucide, alors qu'elle lui eût souhaité avant tout plus de chaleur et de sympathie pour ce qui excitait chez elle une admiration passionnée. Ces sentiments de sympathie, elle les rencontrait chez son cousin Heinrich Turner; aussi le nom et les opinions du jeune musicien se trouvaient-ils souvent sur ses lèvres, tant que la jalousie facilement en éveil de Frédéric ne venait pas la forcer à une réserve fort pénible pour une âme aussi ouverte et aussi candide.

Quoi qu'il en fût, ces nuages n'étaient ni assez nombreux ni assez noirs dans le ciel de nos amoureux pour leur inspirer la crainte de l'avenir ou le regret de leur engagement. Ces mésintelligences n'avaient guère qu'une durée de quelques heures; un mot, un regard suffisait à les dissiper, et certes la tendresse mutuelle de ces deux loyaux cœurs était trop forte pour se laisser déraciner par un vent de discorde, qui d'ailleurs n'avait jamais soufflé en tempête.

Bien que les fiançailles du futur couple remontassent à quelques mois déjà, il n'avait pas encore été possible à Frédéric de conduire la jeune fille dans sa famille, mais il ne se lassait point de parler d'elle, et l'animation que respiraient alors les traits, la voix du professeur causait à la généreuse Théodore un extrême plaisir. De plus, ces entretiens lui procuraient l'occasion d'entrevoir un intérieur dont son genre de vie ne pouvait lui donner aucune idée, et, lorsque sa nonchalance avait scandalisé Frédéric, elle le poussait gaiement à lui raconter comment sa mère ou ses sœurs en usaient en pareille circonstance. Il ne se faisait point prier : la maison de sa mère était à ses yeux l'idéal du foyer domestique, et les récits qu'il en rapportait étaient écoutés avec une tendre attention, infiniment flatteuse pour le narrateur. Mais qu'on pût supposer qu'elle, Théodore de Kleist, s'aviserait jamais de marcher sur les traces du parfait modèle de la maîtresse de maison, c'était là une pensée qui ne venait pas à l'esprit de la jeune fiancée.

Un jour que Théodore, à la suite d'une joyeuse discussion, avait jeté en guise d'argument le coussin du sopha à la tête de Frédéric, il s'en échappa une poussière si épaisse que le jeune homme à demi suffoqué s'écria avec un accent d'indicible dégoût :

« Quelle horreur ! Vos meubles ne sont donc jamais battus ? »

Théodore remit en place le malheureux coussin et répondit en riant :

« Il me paraît qu'une telle aventure n'a jamais passé dans leurs innocentes vies. Grissel tente souvent quelque chose en ce genre, mais cela nous dérange et nous ennuie. »

Frappée de la mine sévère que faisait Frédéric, Théodore sentit que la plaisanterie n'était pas de saison, et, pour effacer le mauvais effet qu'elle venait de produire, elle s'empressa de demander quel système on employait dans la maison Gahlen. Théodore savait bien que sa question serait la bienvenue et affectait en conséquence une soif d'instruction dont les résultats ne pouvaient être et n'étaient vraiment que fort peu pratiques.

L'air de complaisance de Frédéric en donnant les détails sollicités indiquait suffisamment combien ils étaient importants à ses yeux ; il appuya surtout sur le fait que chez sa mère chaque jour et chaque heure avaient leurs occupations déterminées.

« C'est superbe ! s'écria Théodore. Tenir un ménage de la sorte, c'est imiter les lois immuables de la nature.

— Mais oui, l'ordre est partout le même, et je compte bien que tu sauras le pratiquer toi-même.

— Qui ça ? moi ? s'écria Théodore avec une grimace d'effroi comique. Eh bien, ce sera une merveille ! M'occuper des lessives bi-annuelles, des savonnages hebdomadaires, sans parler de l'époussetage assidu et quotidien de nos meubles, m'ennuierait à mourir ! »

Sans répondre, Frédéric détourna la tête du côté de la fenêtre et laissa errer son regard dans le vague ; mais Théodore avait vu le froncement de ses sourcils et en avait deviné la cause. Se rapprochant de lui, elle glissa son bras sous le sien avec un geste caressant et dit d'une voix douce :

« Sais-tu, mon cher trésor, comment nous nous tirerons d'affaire ? Tu écriras sur un registre la liste de tout ce que j'aurai à faire dans la journée, je l'apprendrai par cœur et te la réciterai le matin en prenant notre café. De cette façon, je serai sûre de ne rien oublier de mes devoirs de ménagère. Qu'en dis-tu ? »

Frédéric ne disait rien. Il regardait les yeux rieurs de la jeune fille, et à la pensée que cette femme charmante serait la sienne, qu'elle partagerait sa vie, il oublia tout le reste, même ce fait éminemment affligeant et qui pourtant ne lui était pas inconnu, à savoir, que son adorable fiancée était tout à fait incapable de confectionner une tasse de bon café.

Une autre fois, il dut faire remarquer à l'insoucieuse Théodore un grand accroc dans sa robe de soie noire.

« Malheur! s'écria la jeune fille, je crois que tous les coins de table et en général tous les angles quelconques se sont donné le mot contre moi. Heureusement que nous connaissons le remède ! »

Tout en parlant, Théodore relevait sa jupe et ajustait sous l'accroc une bande de taffetas d'Angleterre avec une prestesse, une aisance qui prouvaient à quel point ce commode expédient lui était familier.

« Tu ne couds donc jamais? demanda Frédéric d'un ton peu ravi.

— Jamais quand je peux m'en dispenser. Il n'y a que le tricot que je déteste encore plus que la couture; d'ailleurs je m'entends tout aussi mal à l'un qu'à l'autre. Maman, qui sous ce rapport n'est pas plus avancée que moi, s'est passée toute sa vie de ces beaux talents, et je compte en faire autant... Pourquoi prends-tu cette figure-là, s'il te plaît?

— Parce que je me représente le frisson d'effroi et d'horreur que ressentiraient les esprits familiers, gardiens de notre vieux logis, s'ils entendaient une pareille déclaration sortir des lèvres d'une future madame Gahlen. Sais-tu quel dicton j'ai souvent entendu répéter chez nous? C'est qu'une fille ne doit se marier que quand elle a tricoté de ses mains les douze douzaines de paires de bas de son trousseau?

— Miséricorde! Alors je pourrais bien ne me marier de ma vie ! »

Et la pensée de Théodore se reporta, non sans quelque malice, aux bas troués dont elle s'était philosophiquement chaussée pour aller en compagnie de Frédéric chez leurs amis Hoffmann.

« Après tout, reprit Frédéric gravement, tu ne saurais nier que cette exigence a du bon : quand une jeune fille a su trouver le temps de tricoter elle-même douze douzaines de paires de bas, qu'elle y a pris plaisir, on peut la croire douée de ces goûts d'activité intime et discrète sans lesquels il n'y a pas de vraie femme.

— Peut-être bien! dit Théodore quelque peu impatientée de la leçon; mais compte que ces goûts-là, je ne les aurai jamais. »

Puis, pour dissiper l'humeur un peu chagrine dont elle se sentait envahie, elle revint à ses préoccupations habituelles.

« Regarde, dit-elle en soulevant une belle gravure sur acier étendue sur la table. N'est-ce pas un miracle d'exécution? »

Frédéric étendit machinalement la main vers la feuille qu'on lui tendait, mais sa pensée et son attention étaient ailleurs. Théodore avait trop de finesse pour ne pas s'en apercevoir; aussi, écartant la gravure dédaignée qui lui dissimulait à demi le visage un peu sombre de son fiancé, elle dit doucement:

« Les esprits familiers, gardiens du vieux logis, sont-ils redoutables au point que pour ne pas les offusquer il faille attendre, avant de me présenter chez eux, que j'aie tricoté les fameuses douze douzaines? »

Au son de cette voix suppliante, le tricot, la couture, la vieille maison paternelle, tout cela disparut, et le jeune savant ne vit plus qu'un charmant visage penché sur lui. Ne lisait-il pas mille promesses d'amour dans ces magnifiques yeux noirs, et que lui fallait-il de plus pour trouver le ciel sur la terre?

III

LA FAMILLE GAHLEN

« N'écrirons-nous pas ensemble à ma mère, chère Théodore? » avait dit Frédéric le jour où il fut agréé comme prétendant de Mlle de Kleist, et sa jeune fiancée avait répondu avec empressement à un désir qui comblait le sien propre. Se rapprocher sans retard de la mère si tendrement aimée de Frédéric remplissait de joie ce cœur généreux et irréfléchi; aussi le billet de quelques lignes que la jeune fille passa à son compagnon n'était-il d'un bout à l'autre qu'un cri de bonheur enthousiaste.

En parcourant cette lettre avant de la joindre à la sienne, Frédéric se sentit envahi par une secrète inquiétude et regretta trop tard la demande faite sous l'impulsion du moment. Malgré la tendre vénération qu'il éprouvait pour sa mère, il n'en ignorait pas les défauts et les faiblesses, qui avaient jadis coûté plus d'un soupir et plus d'une larme à sa petite enfance. Parmi ces faiblesses, Mme Gahlen avait celle de priser avant tout la force de caractère et de dédaigner profondément toute effusion de sensibilité ; ses enfants avaient dû apprendre à son école le calme et la réserve, sous peine de déplaire. Que dirait-elle donc en recevant de sa future bru cette première lettre, témoin indiscutable d'une nature ardente et expansive? Frédéric pensa d'abord à ajouter quelques mots d'excuse, mais il comprit vite que cela ne ferait qu'aggraver les choses, et il s'en remit à la bienveillance du destin d'abord, puis surtout à la grande affection dont il se savait l'objet parmi les siens, affection qui se reporterait certainement en partie sur sa fiancée.

Suivons l'aventureux message jusqu'à son adresse, précédons-le même de quelques heures, afin de faire la connaissance du vieux logis et de ses habitants.

Comme dans la plupart des petits endroits, la place du Marché à M.... représentait le centre de la ville, le point où aboutissaient ses principales rues. Tout autour s'alignaient les hautes maisons aux toits rouges, aux façades fraîchement repeintes, contrastant vigoureusement avec le vieil hôtel de ville, dont les pignons gothiques, noircis par bien des siècles, dominaient ses jeunes et pimpantes voisines. Parmi celles-ci pourtant, l'une d'elles, grâce à ses antiques galeries de bois et à ses tourelles surplombantes aux encoignures, ne lui cédait en rien pour l'apparence de dignité solennelle et légèrement morose.

Bâtie un peu à l'écart des constructions plus modernes de la place du Marché, entourée de plus sur trois côtés d'un assez grand jardin, la maison Gahlen semblait vouloir clairement indiquer qu'il n'y avait rien de commun entre elle et son frivole entourage. Seule la pharmacie, à laquelle on avait accès par un large perron de pierre de taille, permettait aux regards indiscrets de plonger dans l'intérieur de ce logis, si bien défendu contre les importuns. Au-dessus du vitrage étincelant de la devanture, un aigle se dressait, déployant largement ses ailes, comme pour promettre un abri, un secours assuré à tous les malades, à tous les faibles qui venaient requérir son aide. Derrière ces vitres brillantes, dans le royaume même du pharmacien, s'étalaient fièrement tous les instruments de sa profession. Les pots de porcelaine s'alignaient en bon ordre sur les rayons de chêne poli, faisant face aux fioles de toutes dimensions, serrées, non dissimulées dans une armoire vitrée, chaque objet ayant l'apparence d'honnêtes gens qui sont sûrs d'occuper leur place et dont l'attitude seule est déjà une garantie d'ordre et de sécurité. Une grande pendule de forme arrondie, attachée à l'un des panneaux, indiquait les heures avec une exactitude silencieuse, tandis qu'au-dessous d'elle un aigle, fier cadet de celui de l'entrée, tenait du bout de son bec doré un flacon suspendu dans l'espace. Des poids sans nombre, depuis le plus lourd jusqu'à la mince feuille de laiton, attendaient sur une table, pendant que le patron ou son commis, retirés derrière le grillage de bois qui leur faisait une sorte de retraite, compulsaient les gros volumes, que leur tranche rouge très fané rendait d'autant plus fiers qu'elle était une preuve du nombre des services rendus.

Une odeur prononcée d'herbes sèches, d'essences, de mixtures de tout genre, planait sur cette pièce, gagnait le vestibule et pénétrait de là dans les coins les plus retirés, les plus secrets de la vieille maison. Depuis tant d'années que ce parfum imprégnait ses murailles, il lui était devenu aussi familier, aussi naturel que le sien l'est à la rose, et longtemps après, lorsque Frédéric respirait par hasard une bouffée de cette atmosphère propre aux pharmacies, il se sentait ramené en arrière et, pendant un instant, croyait revivre dans le passé.

Le large escalier de bois dont la rampe, en dépit de toutes les défenses maternelles, avait jadis servi de monture aux jeunes générations Gahlen, conduisait au premier étage, où une vaste antichambre meublée d'antiques armoires et d'une horloge dont le tic tac sonore, loin de chercher à se faire oublier comme celui de sa sœur de la pharmacie, rappelait au contraire que dans cette demeure elle régnait en maîtresse et que rien ne se faisait que par ses ordres, précédait l'appartement que Mme Gahlen habitait avec ses filles non mariées et son jeune fils, appartement séparé par une longue galerie des pièces réservées à son gendre Hans Altmann, époux de la jolie Rosa Gahlen et directeur de la pharmacie depuis la mort du chef de famille.

Dans la pièce favorite de Mme Gahlen, un rayon de soleil, glissant le long des profondes embrasures, va jouer sur les meubles, dont le bois a pris de riches teintes sombres qui s'harmonisent merveilleusement avec leurs formes antiques. Les commodes ventrues, aux galeries et aux poignées de bronze, s'appuient sur des griffes de lion, et de petites têtes d'anges sourient au-dessus des gonds des armoires et de chaque côté du cadre d'argent de la glace que couvrent à demi des rideaux de mousseline d'une blancheur éclatante, gracieusement relevés. Ni cire ni vernis n'ont jamais touché les lames du parquet, que couvre seule une étroite bande de tapis de nuance foncée, étendue devant le sopha. Ce dernier, avec son dossier bien droit et son air renfrogné, n'invite nullement à la mollesse, tout au contraire.

A côté de cette chambre, mais rarement ouvert, se trouve un salon, dont les fauteuils de bois doré sont recouverts de magnifiques étoffes de soie; seulement des housses et des stores voilent presque toujours ces splendeurs, qui ne se révèlent aux yeux profanes que les jours de fêtes carillonnées. La salle à manger n'a que le nécessaire, une lourde table et des chaises à l'avenant; toute la famille s'y réunit à des heures rigoureusement déterminées. Mme Gahlen ne tolère pas qu'on la fasse attendre.

C'est dans cet intérieur sévère que règne despotiquement la mère de Frédéric, avec sa volonté prompte et résolue, ses habitudes d'ordre et d'économie. En ce moment, elle vient de franchir le seuil de sa chambre, où le soleil fait danser sur le plancher immaculé le reflet des feuilles de vigne qu'encadrent les fenêtres. C'est en général un visiteur mal vu dans cette vieille maison que le soleil; on l'accuse de faner les étoffes et d'attirer les mouches; il s'y plaît pourtant et y revient sans cesse, se jouant sur les murailles grises, qu'il dore et rajeunit de son éternel et radieux sourire.

L'apparence robuste de Mme Gahlen, qui traverse l'appartement d'un pas ferme et rapide, est rendue encore plus frappante par le fardeau dont ses bras sont chargés et qu'elle porte sans qu'il fasse plier sa taille. Son double menton s'appuie sur la masse de linge fraîchement blanchi et repassé, afin de le préserver d'une chute, et les lèvres minces, étroitement serrées, ont au coin comme un sourire d'orgueil contenu fort éloquent. D'un geste sûr elle dépose son trésor sur la table de chêne, puis, choisissant dans le lourd trousseau qui résonne à sa ceinture, elle ouvre la vaste armoire, dont les rayons garnis de piles neigeuses offrent un coup d'œil ravissant pour un cœur de vraie ménagère. Ses yeux bleus et vifs plongent dans les profondeurs sans rien trouver de défectueux, car les douzaines de serviettes liées de rubans roses accompagnent fidèlement leurs nappes, les taies d'oreiller, les draps assortis à leurs numéros. Rassurée, Mme Gahlen passe une main caressante sur les serviettes satinées et range activement ce qu'elle vient d'apporter; puis elle jette un rapide coup d'œil sur le reste de son domaine, referme toutes les portes d'un air satisfait et va s'éloigner, lorsque tout à coup ses sourcils se froncent; elle secoue la tête et s'avance vers la porte.

« Marie! » crie-t-elle d'une voix impérieuse.

Aussitôt une jeune fille, aux joues rouges et à la mine effarée et inquiète, paraît sur le seuil.

« Tu as mal épousseté, dit la rigide maîtresse de maison. Tiens, regarde cette commode, où il y a encore une traînée de poussière. Et ici, — l'index de Mme Gahlen se promène sur la bordure d'un cadre, en revient grisâtre et menaçant du côté de la coupable repentante. — Tu n'as donc pas d'yeux? Prends garde, mon enfant, je n'avertis pas deux fois. Maintenant, va tirer les fers du feu, puis tu viendras m'aider à la cuisine. »

La servante bégaye un timide : « Oui, madame, » et se sauve du côté du fourneau, qu'elle ouvre pour en tirer des plaques incandescentes, occupation qui lui enflamme le visage et la fait ressembler momentanément à un forgeron.

De la lingerie s'échappent quelques éclats de voix qui nous annoncent que nous pourrons y rencontrer une grande partie de la famille.

En effet, tout autour d'une longue table recouverte d'une épaisse couverture de laine, quatre jeunes et jolies personnes manient adroitement le fer à repasser et à tuyauter, tandis que le long des murs s'empilent les chemises, les cols, les mouchoirs lisses et brillants, indices de bien des heures laborieusement occupées. On travaille encore ; mais comme la sévère maman a disparu, on en profite pour causer avec plus de liberté qu'en sa présence.

« Tu étais hier chez Anna Sandorf, Rosa, dit Sophie, dont la physionomie, quoique régulière, n'a rien de sympathique. Sais-tu ce que son fiancé lui a donné pour son anniversaire de naissance?

— Un objet d'art quelconque, selon sa coutume ; je me demande quel plaisir peut faire un pareil cadeau, répondit Rosa, l'ainée des sœurs, jolie jeune femme d'une éblouissante fraîcheur et qui, de ses doigts potelés, pliait vivement une petite robe d'enfant.

— Mais, Rosa, il lui a donné une gravure d'après la madone Sixtine, c'est superbe, s'écria Hélène, gracieuse fillette de seize ans, au visage singulièrement expressif.

— La madone Sixtine? Bah! et après? dit Rosa en haussant les épaules. Pour le cas que j'en fais, tu peux bien l'appeler madone de n'importe quoi. J'aurais mieux aimé une petite scène de famille, quelque chose qui me rappelle notre vie de tous les jours. »

Hélène jeta un coup d'œil rieur à sa pâle petite voisine, que, dans la famille Gahlen, où elle avait été élevée, on appelait cousine Johanne; mais Sophie s'écriait déjà d'un ton indigné :

« Vraiment, Rosa, il est heureux que personne ne puisse t'entendre, car je rougirais de honte ! Ne pas trouver belles les madones de Raphaël, c'est vraiment colossal ! »

Fort peu émue de la colère de celle qu'on appelait le Bas-bleu, Rosa éclata de rire.

« Oui, Fifi, c'est bien triste de n'en pas savoir aussi long que sa cadette Sophia la Sagesse ; mais ne te mets pas de mauvaise humeur, minette ; ça ne t'embellit pas, tu sais. »

Sophie tourna le dos à sa sœur en disant :

« Alors c'est que tu t'y es mise souvent, il me semble.

— Crois-tu, Fifi ? » s'écria joyeusement Mme Rosa en se regardant dans une grande glace qui lui renvoyait une image si jolie, si fraîche, si rose, que le sourire de triomphe avec lequel elle rejeta en arrière ses boucles brunes était assurément légitime.

Personne n'imaginait jamais de chercher une intelligence élevée dans cette jolie tête. Il suffisait amplement à Mme Rosa d'être la beauté de la famille, chérie de son mari et de ses enfants, qu'elle aimait elle-même de tout son cœur.

L'entretien entre les deux aînées aurait peut-être tourné à l'aigre s'il n'avait été interrompu par l'entrée d'une nouvelle venue, grande et maigre personne, dont le visage osseux était enveloppé d'une mentonnière, indice d'un mal de dents chronique, et qui couvrait ses rares cheveux blonds d'un tout petit bonnet. C'était la tante Selma, sœur du défunt M. Gahlen.

« Rosa, dit-elle, ton mari te fait dire de ne pas l'attendre pour le souper ; il a été forcé de partir avec le trésorier.

— Très bien, dit Rosa ; j'espère pourtant qu'il ne rentrera pas trop tard, non pas tant à cause de moi que pour maman, qui déteste qu'on ne soit pas exact.

— Tu n'as pas besoin de t'inquiéter, répliqua la tante Selma d'un ton acide ; ton mari obéit à sa belle-mère au doigt et à l'œil. Il en est ridicule. D'ailleurs ça ne pourrait guère marcher autrement. Par exemple, pour mon compte, je n'aurais jamais pu supporter une situation semblable : être le maître de nom, et en réalité le très humble serviteur de sa belle-mère, bonté divine !

— Il me semble, tante Selma, que l'honneur de notre famille n'a pas souffert d'être confié à ma mère, commençait Sophie, mais Rosa l'interrompit en riant.

— Si mon mari est content, pourquoi te tourmentes-tu, tante Selma? C'est un bon, excellent homme, facile à vivre, ami de la paix, et jusqu'ici notre arrangement ne nous a donné que du bonheur. Certes, si le favori de maman, notre pauvre Hermann, avait vécu, Hans ne serait pas venu ici ; mais, puisqu'il fallait un patron, m'est avis qu'on ne pouvait en trouver un meilleur. A propos, fit-elle brusquement, il me semble qu'il y a bien longtemps que Frédéric n'a écrit ; j'espère qu'il n'est pas malade. »

Un grand vacarme lui coupa la parole. Effrayées, les sœurs se tournèrent du côté d'où venait ce bruit insolite.

« Grand Dieu ! que tu es maladroite, Johanne ! s'écria Sophie. Laisser tomber ces fers ! »

Hélène disait d'un ton plus doux :

« T'es-tu fait mal, ma chérie?

— Non, non, je suis en effet une maladroite, voilà tout. »

L'attention fut détournée en ce moment par un chanteur dont la voix, si elle n'était ni juste ni mélodieuse, avait du moins l'inappréciable avantage — selon lui — de s'entendre de très loin. Les paroles, absolument dépourvues de sens, étaient d'accord avec la musique, ce qui paraissait le combler d'aise.

« Mon Dieu! voici cet intolérable vaurien! » s'écria tante Selma avec humeur.

Albert ouvrai la porte.

« Lui-même, ma douce petite tante, s'écria-t-il en étendant de grandes mains rouges. Enfin je vous retrouve! Tante Sellerie, montrez-vous grande et faites-moi une tartine de beurre; mon estomac crie famine.

— Ne dis donc pas de niaiseries dès que tu ouvres la bouche, » fit Sophie.

Mais, au lieu de recevoir ce charitable conseil avec reconnaissance, Albert allongea son nez, abaissa les coins de sa bouche et reprit gravement :

« De belles phrases, Fifi, mais d'une sagesse un peu desséchante; bois un bon coup pour te remettre le gosier en état.

— Comment peux-tu avoir faim, Albert? disait la tante Selma; il y a si peu de temps que nous avons dîné! Je n'ai jamais vu un garçon pareil.

— C'est que tu as mal cherché, petite tante, — répliqua ce brillant espoir de la famille en étendant les bras du côté de son estimable parente, geste caressant, mais dépourvu de grâce, car il lui fit remonter les manches jusqu'au coude. — Souviens-toi de celui qui a dit : « Nour-

« rissez ceux qui ont faim. » Or on a chauffé le four aujourd'hui, toute la maison est embaumée de l'odeur du pain frais, rien de plus facile que d'exécuter le divin précepte. Allons!... »

Et, comme la vieille demoiselle résistait encore, il ajouta d'un air terrifié :

« Oh! la plus gentille de toutes les tantes, tu ne vois donc pas que la porte est ouverte et que cela fait un courant d'air avec les tiroirs de la commode? Ton mal de dents va s'aggraver..... »

Et, passant le bras droit autour de la taille osseuse de sa tante, il l'entraîna hors de la chambre, non sans entonner à tue-tête un gracieux couplet improvisé, afin de perpétuer aussi longtemps que possible le souvenir de son aimable apparition :

> Fifi, ma douce enfant,
> Tu m'attendris jusqu'aux larmes.
> De l'aigre bise tu possèdes le charme
> Et de tes ciseaux le tranchant.

« Quelle stupidité! s'écria Sophie. Je lui pardonnerais ses impertinences si au moins il les accommodait d'un peu d'esprit.

— Laisse-le donc tranquille, tous les collégiens sont comme cela : on n'ira jamais chercher parmi eux des renforts pour les phalanges célestes, répondit Rosa du ton le plus placide ; mais, puisque ce gamin s'empare de la tante Selma, il faut que j'aille voir ce que deviennent mes fillettes abandonnées à elles-mêmes. »

Tout en parlant, elle serrait rapidement son ouvrage et s'éloignait, lorsqu'elle se croisa sur le seuil avec sa mère, qui rentrait, une lettre à la main.

« C'est de Frédéric, dit-elle d'un air radieux en montrant l'écriture.

— Quand on parle du loup, on en voit la queue, répondit joyeusement la jeune femme. Il y a une minute à peine que je me plaignais de la paresse du cher frère. Mais lisez toujours, je reviens. »

Mme Gahlen se rapprocha de ses autres filles, et sa joie maternelle s'effaça devant ses instincts de ménagère en examinant leur travail.

« Tout juste, Sophie, tu continues à faire des courbes aux ourlets des mouchoirs... Et ce bonnet! on ne voit plus le dessin de la dentelle, qui est ramassée au lieu d'être étendue. — Johanne! Johanne! qu'est-ce que tu fais? Tu appelles ça repasser, peut-être! — s'écria-t-elle en interpellant la jeune fille, dont la main distraite faisait courir le fer sur un tablier sans que ses yeux quittassent la lettre de vue. — Grand Dieu! faut-il donc que des enfants élevées par moi m'obligent à gronder du matin jusqu'au soir!

— Oui, maman, dit Hélène impatientée; mais cette lettre, cette lettre!

— Ah! oui, c'est vrai, » dit Mme Gahlen.

Et, s'installant sur une chaise de bois placée dans l'embrasure d'une croisée, elle tira ses lunettes de corne de leur étui, les posa bien droit sur un nez proéminent et commença sa lecture. Mais à peine avait-elle lu une ligne qu'elle écarta brusquement la feuille de ses yeux. Était-ce possible? Ces terribles mots : « Je suis fiancé, » étaient-ils réellement tracés en noir sur du blanc?... Hélas!... Et les bras de la mère de famille retombèrent avec accablement sur ses genoux, tandis que ses filles, émues, puis effrayées de son trouble, s'écriaient :

« Qu'y a-t-il donc, maman ? Est-il arrivé malheur à Frédéric ? »

Mme Gahlen ne répondait rien. Immobile, le regard fixe, les lèvres serrées, elle passait et repassait la paume de sa main sur l'étoffe de sa robe, geste qui chez elle décelait toujours de violentes émotions.

Tout à coup, elle se tourna vers ses filles inquiètes :

« Frédéric va se marier, sans m'avoir consultée, moi, sa mère !

— Frédéric se marier ! et avec qui ? s'écrièrent d'une seule voix Hélène et Sophie, tandis que Johanne tombait sur un siège avec un sourd gémissement.

— Tiens, lis toi-même, moi j'en ai assez, » répliqua la mère en tendant la lettre à Sophie.

Celle-ci parcourut rapidement les courtes lignes dans lesquelles le jeune homme avait exprimé le bonheur qui le transportait depuis qu'il avait la certitude d'être aimé de Théodore de Kleist. Il priait instamment sa chère mère de l'accueillir comme une fille de plus, car elle était en effet digne de toute son affection.

« Théodore de Kleist ? répéta Hélène d'un air rêveur. Ce doit être la jeune fille dont Heinrich Turner me parlait au bal l'hiver dernier quand il est venu pour quelque temps chez sa sœur. Il était si enthousiaste que je l'ai cru amoureux. Maman, cette jeune fille est très belle et pleine de talents. Heinrich Turner dit qu'elle peint très bien et chante comme un ange.

— Peut-être, s'écria la ménagère modèle ; mais elle peut bien rester chez elle à cultiver les arts, car je m'en soucie peu : à quoi ça sert-il ? Une femme d'ordre, telle qu'il en faut une à Frédéric, doit s'occuper d'autre chose que de ces niaiseries. Une chanteuse, une faiseuse de tableaux, que peut-elle connaître à la conduite de sa maison ? Enfin, c'est comme cela qu'on élève les jeunes filles dans les grandes villes. Et, par-dessus le marché, c'est une noble. Introduire une belle demoiselle dans notre vieille famille de bourgeois ! Je comprends maintenant pourquoi Frédéric ne m'a pas demandé mon consentement à l'avance, ainsi qu'il l'aurait dû ; sa conscience lui disait ce que j'aurais pensé d'un semblable projet. Oh ! s'il m'avait laissée faire !

— Mais, maman, est-ce une honte que sa fiancée soit de la noblesse ? dit Hélène surprise.

— Ces nobles se croient au-dessus de tout, s'écria Mme Gahlen. Quand je pense à la belle-fille que j'avais en vue !

— Reste à savoir si Catherine Bauer, qui a de hautes prétentions, aurait accepté Frédéric, reprit Sophie avec une certaine aigreur.

— Qu'est-ce que tu dis ? Savoir si elle l'aurait accepté ! s'écria Mme Gahlen, que l'indignation fit se dresser sur ses pieds. Tu divagues, Sophie. Mon fils pouvait s'adresser à n'importe quelle jeune fille, riche ou pauvre, noble ou roturière, avec la certitude de ne point essuyer un refus : les hommes comme lui ont le droit de frapper à toutes les portes. »

Les yeux enflammés et le sein gonflé d'orgueil, ayant oublié ses regrets et son chagrin, la mère repliait la lettre et faisait un pas pour s'éloigner, lorsque Hélène vit briller près de sa chaise une bande de papier satiné et la ramassa en s'écriant :

« Maman, voici un autre billet que tu as laissé tomber : il est de la main de Mlle de Kleist probablement, car l'écriture en est charmante.

— Comment ! elle se permet de m'écrire avant que je lui en aie accordé l'autorisation ! Voilà du nouveau, et cela fait bien le pendant de ces aimables manières des enfants envers leurs parents, dont monsieur mon fils vient de me donner un échantillon. »

Elle se rassit, étudiant non sans peine les fines pattes de mouche de Théodore.

« Dieu me pardonne ! elle me tutoie, moi qui toute ma vie ai été habituée à dire respectueusement *vous* à mes parents. Elle m'appelle sa mère, sans même se douter que je pourrais bien ne pas être enchantée de l'avoir pour fille. Ça commence bien, je dois l'avouer. »

Elle continua sa lecture en secouant la tête d'un air mécontent, puis finit par jeter la lettre de côté avec un geste méprisant.

« Rien que du flafla sentimental, pas une parole un peu sensée dans tout ce verbiage. Ah ! mon Dieu ! pauvre Frédéric ! quel choix que le sien ! Jamais mon Hermann n'aurait fait pareille folie. Il serait venu trouver sa mère et s'en serait rapporté à elle pour décider de son mariage, selon la coutume de nos deux familles.

— Mais, maman, dit Hélène, puisque Frédéric est amoureux de cette jeune fille, n'est-il pas tout naturel qu'il l'épouse ? »

Mme Gahlen, qui remettait ses lunettes dans leur étui, s'interrompit une seconde.

« Dispensez-nous de vos sages réflexions, petit béjaune à moitié sorti de la coquille, et que je ne vous prenne plus à vous occuper de pareilles choses ! »

Puis, ayant rajusté soigneusement sur ses cheveux gris le majestueux bonnet que tant d'émotions avaient secoué et poussé de travers, la mère de famille sortit

« Je suis un béjaune, dit Hélène d'un ton plaintif, mais je me croyais débarrassée de ma coquille. En tout cas, je persiste à croire que Frédéric est assez grand pour savoir fort bien ce qu'il fait. Pourquoi nos chers parents veulent-ils toujours nous mener à la lisière ?

— Si maman t'entendait, Linette ! Songe qu'à son point de vue elle n'a pas tort, car elle a été mariée selon les principes de la vieille école : nos grands-parents ont arrangé le mariage sans permettre un mot d'observation à leurs enfants, bien qu'on n'ignorât point que mon père aimait la mère de Johanne. C'est même pour cela qu'il a toujours porté tant d'intérêt à cette jolie nabote et qu'il l'a prise chez lui lorsqu'elle s'est vue orpheline. Ne parle pas de tout ce que je te dis là, Hélène. Qui sait si c'est vrai d'ailleurs ? On en raconte toujours plus qu'il n'y en a.

— Quelle triste histoire ! Et la mère de Johanne a été si malheureuse ! C'est d'elle que sa fille a hérité ses yeux mélancoliques.

— Voilà une idée qui ne plairait guère à maman. Je me demande comment une fille de la maison Gahlen peut avoir si peu de bon sens.

— Si ma dignité de fille de la maison Gahlen exige que mon futur se cache derrière les jupes de notre mère, au lieu de s'adresser franchement à moi, je m'en débarrasserai, car j'entends choisir moi-même l'homme avec lequel je passerai ma vie.

— D'ici à tes noces, fillette, tu auras amplement le loisir d'y songer, » répondit Sophie en éclatant de rire.

Mais Hélène, plongée dans la lecture de la lettre de Théodore, ne parut pas l'entendre.

Sophie se rapprocha d'elle pour lire par-dessus son

épaule ; mais tandis qu'Hélène, affectueuse et enthousiaste, se laissait gagner par l'ardeur expansive que respirait chaque mot du message dédaigné, l'impression produite sur Sophie était très différente. Au fond de l'âme, elle se sentait peu disposée à accueillir cordialement une belle-sœur dont les talents, l'esprit supérieurs aux siens, ne pourraient manquer de la battre sur un terrain où jusqu'alors elle se considérait comme maîtresse absolue. Ce genre de sentiment ne s'exprime guère, mais il se sent, se manifeste surtout de manières variées. Par exemple, Sophie, qui se souciait peu qu'on devinât sa jalousie, ne fut pas fâchée de la supposer chez Rosa, laquelle pourrait bien se voir dépossédée par une rivale plus jeune du titre de beauté de la famille dont elle avait joui toute sa vie sans contestation possible ; aussi, désertant la lingerie, elle s'empressa de lui porter les nouvelles.

Aussitôt seule, Hélène abandonna les fers et grimpa d'un pas vif et léger à la petite chambre qu'elle partageait avec sa cousine.

« Ma pauvre Johanne, murmurait-elle, comment supportera-t-elle ce chagrin ? » Ouvrant doucement la porte, elle jeta un coup d'œil autour d'elle pour s'assurer que personne ne pouvait l'entendre, puis s'élança vers une petite forme agenouillée devant une couchette et que secouaient des sanglots convulsifs.

« Ma chérie, » dit-elle en l'entourant de ses bras.

Un sanglot plus violent que les autres lui répondit, et le petit visage tout gonflé de larmes, à demi voilé de boucles brunes, s'appuya sur son épaule.

« Hélène, je l'aimais tant ! »

Sa cousine caressa les joues brûlantes de l'enfant

sans trouver un mot de consolation pour cette amère douleur; au bout d'un instant, les yeux bruns se levèrent sur elle avec inquiétude.

« Tu m'avais donc devinée ?

— Oui, un peu.

— Et les autres ?

— Personne ne soupçonne rien, sois tranquille.

— Dieu soit loué. Mais, Hélène, comment as-tu....

— Deux amies ont-elles besoin de paroles pour se comprendre, et, si j'étais malheureuse, te faudrait-il une confession sans réserve pour m'accorder ta sympathie?

— Mais, Hélène, j'ai ignoré moi-même ce qui se passait dans ce misérable cœur jusqu'à ce que cette terrible révélation fût venue m'ouvrir les yeux. Que de moqueries n'aurais-je pas à subir si l'on soupçonnait ma folie! Qui sait ce que tu penses de moi?

— Je t'aime doublement pour compenser l'ingratitude d'un aveugle, voilà tout. Peut-être que s'il avait pressenti quelle noble tendresse.....

— N'achève pas, Hélène; ma seule consolation en ce moment, c'est l'assurance qu'il n'a jamais vu en moi qu'une quatrième sœur, plus chétive que les autres et pour laquelle son affection se nuançait de pitié.

— Ne t'agite pas ainsi, tu sais bien que je suis incapable de te trahir. Mais auras-tu la force de supporter la présence de Théodore quand il l'amènera parmi nous? »

Johanne s'était levée.

« Dis-moi, Hélène, as-tu appris quelques détails sur sa fiancée? Elle s'appelle Théodore ? Est-elle bonne, belle, aimable? Je me suis enfuie dès les premières paroles de ma tante, car je craignais de mourir de honte et de douleur sous vos yeux. »

Hélène tira les deux lettres de sa poche et les lut à haute voix. Celle de Frédéric fit couler de nouvelles larmes à l'enfant, dont le cœur se brisait de se sentir oubliée de l'homme qui depuis des années était pour elle l'objet d'un véritable culte; mais, lorsque la gentille lectrice passa au message de Théodore, la petite figure bouleversée changea graduellement d'expression.

« Hélène, dit la jeune fille d'une voix tremblante encore, mais non plus désolée, je crois que mon fardeau ne sera pas trop lourd pour mes épaules. Ce qui m'aurait désespérée, c'eût été de voir Frédéric époux d'une femme indigne de lui; or la lettre que tu viens de me lire a été inspirée par l'âme la plus tendre et la plus généreuse, je le jurerais. Je remercie Dieu de toute mon âme du bonheur qu'il accorde à deux êtres bien faits pour le mériter, et je le conjure de me pardonner un moment d'absurde folie, que je ne pourrai jamais me pardonner moi-même. »

Elle s'était rapprochée de la fenêtre et tenait levés vers le ciel ses grands yeux noyés de larmes, dont toute amertume avait disparu. Hélène se retira discrètement; sa cousine n'avait plus besoin de sa présence, car elle avait su monter assez haut pour trouver l'appui du suprême Consolateur des nobles cœurs blessés.

IV

PETITS SOUCIS

Ce ne fut pas sans une anxiété assez vive que Frédéric déchira l'enveloppe qui contenait la réponse de sa mère à son propre message et à celui de Théodore, et cette anxiété, à en juger du moins par la contraction de ses traits pendant sa lecture, avait bien sa raison d'être. Peu à peu, cependant, le front qu'il avait appuyé sur sa main d'un air soucieux s'éclaircit; les lèvres, à demi voilées par l'épaisse barbe blonde, eurent un léger sourire, et ses doigts passèrent sur le papier avec un geste caressant, comme s'il eût voulu apaiser de loin une irritation dont il ne devinait pas le motif et qui ne pouvait assurément être de longue durée. Il s'assombrit de nouveau lorsqu'il s'aperçut qu'un mince billet, soigneusement plié, qu'il croyait à l'adresse de Théodore, venait de Sophie et ne concernait que lui. De toute la famille, la petite Hélène avait seule pensé à envoyer quelques mots de cordiale bienvenue à la nouvelle fiancée, alléguant la faiblesse de la vue de sa mère pour excuser son silence. Le jeune homme eut un mouvement de douloureuse impatience; il savait fort bien que sa mère aurait pu écrire si elle l'avait voulu, et devant ses yeux se dressa la scène d'intérieur dont avait été témoin le vieux logis, en traits aussi nets que s'il l'avait vue. Sa mère, raide, les sourcils froncés, passant et repassant la main sur ses genoux et répondant par un « non » catégorique à ses filles qui la priaient timidement de répondre à Mlle de Kleist. Sophie invoquait l'honneur de la famille, son thème favori; Hélène les égards dus à son frère; toutes deux échouaient également; mais Hélène imaginait un prétexte et écrivait quelques mots affectueux, afin d'atténuer la rudesse du procédé.

Repris plus fortement qu'auparavant des craintes que lui inspirait un désaccord probable entre deux femmes aussi différentes de goûts, d'esprit, d'habitudes, que sa mère et sa fiancée, Frédéric allait et venait dans sa chambre, en se demandant d'où venaient tout au moins les préventions clairement manifestées contre une inconnue, lorsque tout à coup il se mit à rire.

« Catherine Bauer, fit-il joyeusement, et moi qui n'y pensais plus! Mes projets sont venus à la traverse des plans de ma mère; de là une mauvaise humeur bien naturelle. Bah! dès qu'elle connaîtra ma Théodore, elle sera ravie de l'échange. Elles s'aimeront, il le faut. »

Il le fallait, en effet, sous peine de chagrins domestiques, car les deux dames Gahlen se devaient voir souvent dans la petite ville où Frédéric venait d'accepter définitivement le poste de directeur du gymnase. Si flatteuse que fût cette nomination, elle n'avait pas causé au jeune homme une joie sans mélange, puisqu'elle l'obligeait de renoncer à des rêves longtemps caressés. Pourtant son sacrifice fut bientôt fait, car il se voyait en mesure de presser son mariage avec Théodore; aussi ce fut avec un empressement où ne se marquait aucune nuance de regret qu'il vint lui annoncer la nouvelle.

La jeune fille, outre qu'elle ne se doutait pas que ces espérances de gloire, étouffées dans leur germe, eussent jamais vécu, n'avait pas davantage l'idée des modifications qu'apporteraient dans sa vie, jusque-là si indépendante, les habitudes un peu tracassières de la province; elle ne fut donc inquiète qu'à la pensée de se séparer de sa mère.

« Il faut d'abord que je finisse mon tableau, dit-elle en s'efforçant de sourire à Frédéric, qui la pressait de choisir la date de la cérémonie.

— Ton tableau! fit le jeune homme; d'autres jeunes filles parleraient de leurs meubles, de leur trousseau.

— C'est pourtant vrai, s'écria Théodore; mais cela n'a pas grande importance. Pour deux personnes, il faut si peu de chose. »

Frédéric se tut. Il se rappelait les dix-huit mois que sa sœur Rose, aidée de tous les doigts féminins de la famille, avait passé à parfaire un trousseau monumental. Pendant les préparatifs, sa mère répétait : « Après la bénédiction nuptiale, ce qu'une fiancée doit avoir de plus cher, c'est sa lingerie. » Que dirait-elle devant la scandaleuse insouciance de Mlle de Kleist?

Devinant une partie de ces réflexions, la conseillère reprit vivement :

« Rien de plus facile ici à un jeune ménage que de se procurer le nécessaire. Votre maison sera jolie, et rien ne manquera dans la grande armoire au linge, c'est moi qui vous le promets. »

Ces paroles inattendues furent un baume pour Frédéric. Fort au courant des coutumes inquisitoriales des petits endroits, il savait bien que non seulement ses parentes, mais encore toutes les amies et toutes les connaissances voudraient passer son intérieur en revue, et que les commentaires sur sa jeune femme se ressentiraient de cet examen.

« Si nous voulons faire plaisir à ma mère, dit-il en souriant, nous n'aurions en effet que des armoires bourrées de linge. Les siennes sont ses trésors, et une partie de leur contenu provient de son rouet et de celui de ma grand'mère.

— Mais à quoi bon tant de linge? demanda Théodore. Achetons plutôt des livres et des objets d'art, qui sont une joie perpétuelle pour le cœur et les yeux.

— Tu n'y entends rien, mon enfant, laisse-nous faire, » dit Mme de Kleist, laquelle, au fond, partageait l'avis de sa fille, mais qui, persuadée que son bonheur dépendait en grande partie de la bienveillance de la future belle-mère, désirait se la concilier.

Trop docile pour discuter les résolutions maternelles, même lorsqu'elles lui paraissaient extraordinaires, comme dans le cas présent, Théodore se soumit et, se rapprochant de la conseillère, lui passa les bras autour du cou.

« Il faut pourtant me promettre une chose, maman ; après quoi vous pourrez décider tout le reste à vous deux sans que je fasse la moindre objection.

— Qu'est-ce donc ?

— C'est que tu viendras demeurer avec nous ; notre future maisonnette aura de la place pour trois, et de la sorte je n'aurai plus rien à désirer au monde. »

Frédéric joignit ses prières à celles de la jeune fille, exprimant un sincère regret à l'idée de laisser Mme de Kleist à la solitude, lui promettant une absolue indépendance chez lui ; mais la conseillère refusa et demeura inflexible dans sa décision.

« Non, non, mes enfants, dit-elle en passant doucement la main sur les tresses noires de Théodore : ce sont là des arrangements plus beaux à voir de loin que de près. De jeunes mariés doivent être seuls pour s'habituer l'un à l'autre, et la présence d'un tiers, même lorsque ce tiers est une mère tendrement aimée, ne peut être qu'importune. D'ailleurs, pour ce qui me concerne, ne vous tourmentez pas. Le travail est un bon compagnon, lui et moi avons déjà passé ensemble

4

beaucoup de douces heures, et il m'aidera à supporter l'absence de mon enfant. Laissez-moi dans ma cellule d'ermite ; je penserai à votre bonheur, et ce me sera une joie suffisante pour que je ne songe point à me plaindre de la solitude que votre affection redoute pour moi. »

Les paroles étaient braves, mais le cœur était triste, et Théodore ne devina jamais ce que coûtait à sa mère la décision dans laquelle elle s'obstina devant les plus tendres instances.

« Et maintenant, ma chère petite fille, occupons-nous des affaires sérieuses, s'écria la conseillère dès que Frédéric fut sorti. Dépose ton pinceau, et viens m'aider à faire la liste des emplettes nécessaires pour ton ménage. »

Théodore obéit avec empressement ; mais l'entreprise était plus ardue que la mère et la fille, aussi inexpérimentées l'une que l'autre, ne l'avaient imaginé. Ces mains élégantes et fines, habituées à manier la plume et le pinceau, n'entendaient que peu de chose à l'art d'aligner des chiffres, de ranger des armoires, pour se rendre compte de ce qu'elles contenaient ou pouvaient contenir, et le résultat final de leurs efforts fut un profond découragement et un embarras plus inextricable qu'auparavant. Cependant, lorsque le lendemain Frédéric trouva la jeune fille, les joues rouges de fatigue et de dépit, entourée d'une literie en désordre, sa surprise ne fut pas déplaisante, comme elle le supposait, tout au contraire ; mais Théodore, heureuse d'échapper à un travail qui lui était antipathique, s'empressa de l'entraîner dans une autre pièce, afin d'oublier le plus vite possible ses malheureux débuts dans la carrière domestique.

Ce soir-là, Mme de Kleist songeait en soupirant à reprendre l'œuvre interrompue, lorsque sa fille s'écria :

« Maman, à nous deux nous ne ferons jamais rien qui vaille ; appelons plutôt à notre aide la tante universelle de la famille. Elle sera charmée de conduire tout cela à sa guise, et nous ne le serons pas moins de n'en avoir plus le souci.

— Une bonne idée ! s'écria la conseillère, dont la figure rembrunie s'éclaira subitement. Je m'en vais écrire tout de suite, afin que personne ne nous l'enlève quand elle quittera sa cousine, chez qui elle a soigné tous les enfants malades de la rougeole. Quel trésor qu'une tante universelle ! »

Et sans plus tarder, tandis que Théodore faisait disparaître les caisses et refermait les armoires, sa mère appelait à elle un pilote expert qui saurait bien faire arriver à bon port la petite barque perdue dans des parages ignorés.

V

LA TANTE POLLY

Quelques jours après, vers le soir, une voiture de louage, dont l'intérieur plein de boîtes, de paniers, de paquets de toute espèce ne laissait pas soupçonner l'existence d'un être vivant, s'arrêtait devant la porte de la maison habitée par la conseillère. Au premier abord, le cocher manifesta peu d'inclination à descendre des hauteurs où il trônait, pour ouvrir la portière ; mais, après avoir attendu vainement quelques minutes, il se résigna, en grognant, à mettre son fouet à l'écart et à rendre lui-même ce petit service au voyageur. Aussitôt une vive agitation vint déranger l'équilibre des bagages, et la petite tête rose et grassouillette qu'ils avaient dissimulée jusqu'alors s'avança curieusement.

« Mon bon cocher, dit une voix claire, vous allez me venir en aide, je suis si encombrée ! »

Et la petite dame, ayant jeté un regard interrogateur sur les fenêtres voisines, qui restaient inhospitalièrement fermées, mit sur le bras du cocher une pile de paquets, qu'à son inexprimable horreur le rustre laissa froidement tomber ; pour comble, il déposa sur le trottoir une malle restée à côté de son siège, et, cet exploit accompli, il remonta sur son trône sans avoir prononcé une parole.

« Mais, mon bon ami, à quoi songez-vous ? s'écria la petite dame scandalisée ; qui est-ce qui va me porter tout cela le long des escaliers ?

— Je m'en moque bien, pourvu que ce ne soit pas moi, » répondit ce personnage, peu versé dans les détours gracieux de la galanterie.

Un regard suppliant glissa sur le cœur de roc de l'aimable fonctionnaire, lequel consultait sa montre, tout en grommelant quelques paroles peu flatteuses à l'adresse de l'infortunée voyageuse, toujours debout et fort en peine au milieu de la rue jonchée de ses bagages. Tout à coup, apercevant un gamin qui contemplait cette scène en observateur philosophique des misères de notre pauvre humanité, elle se précipita vers lui.

« Mon cher petit, s'écria-t-elle en le saisissant par

le bras, voici une occasion de gagner un groschen : aidez-moi à porter tout cela.

— Pour un groschen, merci ! pour deux, je ne dis pas non, » répliqua d'un ton impudent cette jeune fleur éclose dans la serre chaude d'une civilisation trop raffinée.

La petite dame resta stupéfaite à sa place, incapable d'exprimer de vive voix l'indignation, le mépris, la colère qui se peignaient d'ailleurs suffisamment sur une physionomie d'ordinaire fort enjouée.

« Voilà donc les habitants de la Résidence ! » fit-elle enfin ; puis, tournant le dos aux détestables spécimens de la population d'une grande ville, elle chargea d'un air résolu ses bras potelés de deux paniers et d'une demi-douzaine de paquets, lorsque tout à coup une voix fraîche résonna à son oreille.

« Permettez-moi, madame, de vous porter quelque chose. »

C'était une jolie blonde, notre Grissel en personne, qui venait offrir ses services, et cette marque d'obligeance inattendue vint éclairer le visage assombri de la petite dame. Malheureusement, avant de s'abandonner au plaisir de trouver un sentiment humain chez une compatriote du cocher sans cœur, il fallait régler le compte de ce dernier.

« Combien vous dois-je ? »

L'épithète amicale était désormais supprimée.

« Nous avons douze groschen pour une course de quarante-deux minutes, cinq groschen pour votre coffre, cinq pour vous avoir attendue à la gare, et cinq pour ce que vous me faites droguer ici, en tout vingt-sept silbergroschen. »

Les yeux de la petite dame lançaient des flammes; mais ce fut sans une seule observation qu'elle jeta un thaler sur le siège.

« Pas de monnaie, madame, dit le cocher en haussant les épaules.

— Gardez le tout, et allez au diable ensemble le plus vite possible, » dit la voyageuse exaspérée.

Fort peu ému par ce souhait charitable, le serviteur du public empocha son thaler, fouetta ses chevaux et fut bientôt hors de vue.

« Oh! ma bonne, mais cette ville est pire que Sodome et Gomorrhe! s'écriait la petite dame quelques instants plus tard, lorsque, ayant escaladé trois étages en compagnie de Grissel et de ses paquets, elle se trouva dans les bras de la conseillère. Quelles gens! Comment peux-tu endurer de vivre parmi eux? Un agneau se sentirait pousser des instincts de tigre dans un pareil voisinage. Oh! les insolents! »

Il fallut quelque temps et un récit circonstancié de la froide effronterie avec laquelle le cocher d'abord, le gamin ensuite avaient récompensé sa politesse, avant que la visiteuse se calmât; sa première intention avait été de porter plainte à l'administration; mais elle ne put jamais retrouver le numéro de la voiture qui l'avait amenée, et, sur ces entrefaites, l'arrivée de Grissel vint par bonheur la réconcilier avec les habitants de la Résidence, ou tout au moins lui faire concevoir l'espérance qu'il se trouvait parmi eux d'honorables exceptions.

La tante universelle, Mlle Apollonia Frohreich, que ses parents, amis et connaissances désignaient communément sous le nom familier de tante Polly, était une

des meilleures et des plus heureuses créatures qui
aient jamais foulé le sol de cette vallée de douleurs
qu'on appelle la terre. La petite personne semblait répandre autour d'elle l'animation et la joie, si bien
qu'on ne pouvait jamais rester bien longtemps triste ou
inactif dans sa société. D'ennemis, elle n'en avait pas :
qui donc aurait pu se faire l'ennemi d'une femme inoffensive dont l'âme n'entretenait que bienveillance envers tout le monde et toutes choses? Son âge restait
incertain, et, quoique les personnes bien informées
affirmassent qu'elle était du mauvais côté de la quarantaine, quiconque voyait cette figure rose éclairée
par des yeux noirs, ce nez retroussé, cette petite bouche dont on n'entendait sortir que des paroles vives et
cordiales, se sentait pris de sympathie et ne songeait
plus guère à se demander depuis combien de temps
durait cette aimable jeunesse.

Notre petite tante Polly était la favorite de tous ses
amis, la conseillère sagace des mères et des enfants,
le bon génie infatigable des familles sur lesquelles fondait la maladie, la consolatrice des heures soucieuses
ou chagrines trop fréquentes dans les vies même les
plus douces et les plus paisibles. Pleine d'un véritable besoin d'activité, tout son temps, tous ses efforts
étaient consacrés à sa famille, comme elle disait,
famille nombreuse et dont son infatigable obligeance
accroissait chaque année le cercle. Ce qu'elle ne
disait pas, la bonne demoiselle, c'est qu'à cette famille
aimée elle sacrifiait parfois secrètement des ressources
pécuniaires très peu larges ; aussi n'est-il pas étonnant
qu'on la recherchât partout, et Mme de Kleist se félicitait à bon droit d'avoir pu s'assurer l'aide de son

expérience au moment où elle lui devenait si nécessaire.

« Théo est ma filleule, elle a besoin de mes conseils, » avait dit la tante Polly en s'excusant de repousser d'autres invitations. Sur quoi elle emballa ses effets et partit malgré toutes les instances que faisaient pour la retenir des gens qui l'avaient souvent payée de son dévouement par de flagrants manques d'égards. Ici du moins, chez Mme de Kleist, elle était accueillie avec une joie affectueuse, pleine de reconnaissance.

Avec son arrivée, toutefois, un changement rapide s'effectua dans les deux chambres silencieuses où jusqu'alors les beaux-arts avaient régné en maîtres : la conseillère connaissait trop sa cousine, avait trop de confiance en elle pour ne pas la laisser libre d'agir à sa guise; elle ne se plaignit donc point de voir ses habitudes bouleversées, tandis que Théodore, après avoir offert son aide à sa tante dans les grands préparatifs du trousseau, eut la mortification de s'entendre dire qu'elle ne faisait que retarder la marche des affaires.

« Va t'asseoir devant ton chevalet ou devant ton piano, c'est là ta vraie place, ma fillette, dit la tante Polly en caressant les belles joues brunes de Théodore. Sois tranquille, tout sera bon et bien fait, je t'en donne ma parole, et tu sais qu'on peut s'y fier. »

Tante Polly avait pourtant une compagne de travail digne de la comprendre et de la seconder : cette jolie Grissel, dont l'aide imprévue avait gagné le cœur de l'excellente demoiselle dans une heure d'amer désenchantement. Toutes deux, drapées de grands tabliers bleus, et les manches retroussées jusqu'aux coudes, offraient la plus parfaite image d'une joyeuse activité.

« Maman, disait Théodore tournant à demi le dos à sa toile inachevée, pourrais-tu me dire ce que fait la tante Polly? Je ne comprends pas le plaisir qu'on peut trouver à faire tant de choses inutiles et dont nous nous passions le mieux du monde. Notre ménage allait très bien sans tant d'agitation, n'est-ce pas, maman?

— Il manquait souvent de confortable, répondit la conseillère en souriant. Pour ma part, sur mes vieux jours, je me fais plus sensible au bien-être, et la tante Polly est en train de me gâter. »

De fait, la bonne tante avait pris la direction du ménage, et c'était merveille de voir les transformations qu'y opéraient les courtes petites mains rondes. Avant tout, elle s'était assuré les services de Grissel pour la journée entière, sans préjudice des fonctions de commissionnaire réservées à Mercure. Sous ses auspices, le dîner, que la conseillère avait l'habitude de se faire apporter du restaurant, se confectionnait désormais au logis, et Théodore elle-même, si indifférente d'ordinaire au menu des repas, fut forcée de convenir qu'elle se mettait à table avec beaucoup plus de plaisir qu'autrefois; on ne voyait plus de déjeuner sans sucre et sans beurre, et, ce qui était plus agréable encore, on ne perdait pas son temps à chercher les objets égarés, car un ordre irréprochable régnait dans les armoires. De leur côté, le tapis et les meubles avaient bénéficié du changement de régime, au point que Frédéric aurait pu faire une partie de balle avec les coussins sans soulever le moindre petit nuage de poussière.

« Tantine, une fois mariée, je t'emmènerai avec nous,

tu dirigeras mon ménage à ravir, dit Théodore un jour que cette idée importune qu'il lui faudrait bientôt savoir entretenir autour d'elle l'ordre et l'abondance l'obsédait sérieusement.

— Oui, oui, quand j'aurai quelques jours de loisir, je me ferai une fête d'aller tout ranger chez toi, mais auparavant il faut que tu fasses ton apprentissage de maîtresse de maison. D'ailleurs, je suis parfaitement de l'avis de ta mère : un nouveau couple ne doit pas laisser troubler son tête-à-tête par la présence importune d'un tiers.

— Alors, ma petite tante, mets-moi sur les épaules une tête de cordon-bleu, car pour le moment je me connais en cuisine à peu près aussi bien que mon canari, reprit Théodore d'un air pensif. Il est temps pourtant que je sois au courant de mes nouveaux devoirs, puisque dans deux ou trois semaines mon mariage sera chose accomplie.

— Si tu le désires réellement, mon enfant, dit la tante Polly en hochant la tête d'un air dubitatif, je te donnerai quelques leçons ; mais, à parler franchement, je n'en espère pas grand'chose. Une jeune femme dans son propre royaume apprendra plus vite que sous la meilleure maîtresse, pour peu qu'elle y mette de la bonne volonté. »

Éprise du louable désir de se faire cordon-bleu, comme elle disait, Théodore étudia de bonne foi sous la direction de la tante Polly ; mais ni le professeur ni l'élève ne surent mener à bien cette tentative. D'abord, l'excellente demoiselle n'avait pas le don de l'enseignement ; ensuite, tous ses instincts de ménagère économe se révoltaient à l'idée d'abandonner de savoureuses denrées, payées de bon argent, à la manipulation de doigts aussi novices que maladroits. Il s'ensuivit que la jeune fille dut rester simple spectatrice et, par conséquent, n'apprit absolument rien. La pratique seule peut faire acquérir l'adresse aux femmes qui n'en sont pas douées naturellement; de plus, la prudence et la responsabilité vont presque toujours de compagnie; on ne réfléchit, on n'observe et on ne retient jamais mieux que quand on court le risque de pertes sérieuses et répétées.

Découragée par l'insuccès, d'ailleurs fort peu portée vers la culture des arts domestiques, Théodore renonça bientôt, au grand soulagement de sa tante, à une étude antipathique à ses goûts. Tout ce qu'elle en retint, c'est qu'une maison devait être tenue autrement que celle de sa mère. Or beaucoup de jeunes femmes de sa connaissance, infiniment moins intelligentes qu'elle-même, s'acquittaient de cette tâche avec une facilité qui lui faisait espérer beaucoup pour l'accomplissement de la sienne. Ce qui la rassurait surtout, c'est que, dans les premiers temps de son mariage, Grissel devait demeurer chez elle; que pouvait-elle craindre avec un ministre de l'intérieur aussi capable?

La tante Polly ne bornait pas ses soins à l'entretien du ménage de sa cousine; cela même n'occupait que la seconde place dans ses pensées; sa première, sa grande affaire, c'était le trousseau. L'ardeur de son zèle à ce sujet divertissait Théodore; bien d'autres yeux que ceux de la jeune fille se fussent amusés à suivre les petits doigts carrés maniant bravement les longs ciseaux, tandis que de hautes piles de toile s'élevaient pour être cousues selon des instructions sévères minutieusement données. Mlle Apollonia ne ménageait pas plus ses paroles que ses peines, et, de tous ses membres, sa langue n'était certes pas le moins actif.

Après tout, il ne fallait pas chercher dans les appartements de la conseillère le véritable théâtre où savaient se déployer les talents exceptionnels de la tante Polly, mais bien plutôt chez les différents marchands où l'appelaient ses emplettes et qu'elle favorisait de son aimable présence douze fois au moins dans le courant d'un après-midi. Là, elle triomphait. Son habileté à s'assurer les services de tout le personnel des magasins, à faire accepter d'avantageux compromis décidés à l'avance dans sa pensée, aurait pu faire envie à un diplomate de profession. Aux premiers jours de sa ferveur de néophyte, Théodore s'était offerte pour accompagner sa tante; mais sa présence, son insouciance, son dédain du marchandage, qui lui paraissait une injure à la probité du vendeur, avaient tout gâté, si bien que l'acheteuse consommée, sincèrement indignée de voir brouiller ses plans et déranger une tactique fertile en bons résultats, avait prié sa filleule de la laisser vaquer seule à ses affaires.

« C'est chose coûteuse que d'être noble, » répétait souvent la tante Polly; or nous devons avouer que si rien n'était plus noble que le fond du cœur de la bonne demoiselle, ainsi que le prouvait une vie de dévouement incessant, ses procédés et ses négociations évoquaient rarement l'idée d'un grand seigneur. Pour épargner quelques groschen ou même quelques pfennig, elle courait d'une boutique à l'autre, faisait charger le comptoir d'étoffes dont elle n'achetait pas un mètre, mais dont elle se faisait imperturbablement couper d'innombrables échantillons destinés à être comparés avec les marchandises du concurrent. Mais quel triomphe aussi lorsqu'elle rentrait chez ses parentes, fière de son marché, intarissable dans ses récits des ruses des marchands et de l'énergie qu'il lui avait fallu pour les déjouer ! Sa joie était d'autant plus incompréhensible pour Théodore qu'elle ne portait pas l'ombre d'intérêt aux conquêtes orgueilleusement étalées devant elle.

« Regarde, petite, s'il te plaît, disait la tante de retour d'une de ses fructueuses expéditions et déchargeant Grissel d'un paquet gigantesque. As-tu jamais vu de plus belle toile? Est-ce assez fin, assez uni, assez solide? Et ceci! ce n'est que du coton si tu veux, mais qui te durera assez pour habiller tes petits-enfants. Maintenant ce service de table damassé! Se peut-il voir un dessin plus charmant? Impossible, j'y compte bien; on cueillerait les fleurs de la bordure. Quant à ces rideaux, la broderie est une merveille de goût et d'exécution. Et tout cela à si bon marché! Mais ce n'a pas été sans peine, il faut savoir se défendre en ce monde. »

Bien que ni Théodore ni sa mère ne fussent à la hauteur de cet enthousiasme, il va de soi qu'elles ne refusaient pas à la bonne âme leurs chaleureuses félicitations et leurs tendres remerciements, ce qui, même de la part de profanes, ne pouvait être que flatteur.

Les emplettes enfin terminées, vint le tour de la couture, poussée avec une activité qui étourdissait la pauvre Théodore. Le salon suffisamment spacieux des deux dames avait été transformé en atelier, où les ouvrières tiraient l'aiguille du matin jusqu'au soir sous l'œil vigilant de la petite directrice, qui, ses ciseaux d'une main et son aune de l'autre, en guise de sceptre et de main de justice, avait l'air d'une joviale petite souveraine au milieu de sa cour. Théodore, consultée pour la forme, approuvait toutes les décisions de sa tante, non sans se demander comment des personnes sensées pouvaient attacher la moindre importance à la coupe d'une chemise, à la forme et au plus ou moins de largeur des plis d'une camisole, au point de marque ou à la broderie des chiffres, questions discutées et résolues devant elle avec une vivacité stupéfiante. Si la jeune fiancée s'était étonnée à combien de menus détails, insignifiants à ses yeux, sa tante accordait chaque jour ses soins et sa scrupuleuse attention, elle fut réellement abasourdie en constatant qu'elle se donnait infiniment de peine et de fatigue pour réunir une masse d'objets dont la plus grande partie lui serait inutile et ne ferait jamais que l'encombrer. Pendant ce temps, Mlle Apollonia, bien loin de songer à sa fatigue ou à toute autre futilité de ce genre, jouissait d'un avant-goût du paradis en se voyant libre de dépenser largement pour remplir de vastes armoires de linge qu'elle considérait, en bonne Allemande qu'elle était, comme le principal élément du bonheur dans la vie d'une femme qui n'a pas renié les vertus de son sexe.

Tout a une fin en ce monde, même les travaux de tante Polly, que Théodore trouvait interminables. Un beau soir, les petites mains potelées nouèrent la dernière faveur rose à la dernière douzaine de serviettes, et l'artiste, fière de son œuvre, jeta un coup d'œil radieux sur ses trésors. Puis, ouvrant la porte à deux battants, elle convia les fiancés et la conseillère réunis dans la pièce voisine à venir admirer à leur tour. Parmi ses nombreuses et si précieuses qualités, notre tante comptait une petite faiblesse, celle des coups de théâtre; aussi avait-elle longtemps médité celui-là, ainsi que la petite allocution qui le suivit, où, s'adressant à Théodore, elle exprima en termes émus le vœu que le magnifique trousseau réuni avec tant d'amour pût l'accompagner tout le long de sa vie, en même temps que le plus parfait bonheur. Je ne sais si tante Polly avait le don de l'éloquence, mais son discours eut un grand succès, elle fut embrassée, remerciée, félicitée, et Théodore, indifférente, presque hostile jusque-là à tous ces minutieux préparatifs, eut comme le vague sentiment de la poésie très réelle qui se cache sous les occupations les plus vulgaires lorsqu'on les entreprend dans une pensée de tendresse et de dévouement. Il lui semblait aussi qu'on la traitait en général vainqueur d'une ville rebelle, qu'on lui en remettait solennellement les clefs; mais les lauriers n'avaient pas été gagnés par elle, ils auraient dû couronner la tête de notre petite tante, qui, de même que d'autres vaillants lutteurs, se dépouillait des insignes de la victoire pour les déposer aux pieds de son prince.

Quel orgueil dans le cœur de la vraie ménagère quand elle contemple le trousseau dont sa main a cousu chaque pièce, dont les matériaux bien souvent n'ont été acquis qu'à force de courage et de privations! Chaque couture lui est familière, chaque pli du trésor si durement conquis est un plaisir pour ses yeux, qui ne se peuvent détacher de la contemplation de ces modestes richesses, fondement et sécurité de son avenir. Cette joie fut refusée à Théodore, qui recevait sa propriété toute faite des mains de tante Polly, sans s'être donné la moindre peine à son sujet, et pour qui, par conséquent, elle ne pouvait être qu'une étrangère, non une fidèle amie.

VI

UN STRATAGÈME

Pendant ces préparatifs, l'été s'était écoulé, la date du mariage se rapprochait de plus en plus, et Théodore ne connaissait ni la mère ni le reste de la famille de son fiancé. Maman Gahlen, femme judicieusement économe, regardait les voyages comme une superfluité; cependant on espérait bien qu'elle viendrait assister aux noces de son fils, et, à l'idée de la voir, le cœur de Théodore battait de joie et d'appréhension. Naturellement, Frédéric comptait sur l'arrivée de sa mère, mais sans pouvoir se défendre d'une certaine inquiétude en voyant que les lettres du logis ne lui en parlaient pas. Quelle fut donc sa douleur lorsqu'il apprit par Hélène que sa mère était décidée à ne pas bouger de chez elle, manifestant ainsi sa prévention contre une bru peu souhaitée!

« C'est elle qui doit venir ici, ce n'est pas à moi de prendre les devants, » avait-elle répondu à toutes les supplications de ses filles, désireuses d'éviter un chagrin à leur frère et qui n'espéraient guère pour elles-mêmes la permission de faire ce voyage, auquel leur mère se refusait si catégoriquement.

Frédéric fut mis hors de lui par cette nouvelle, et il lui fallut toute sa force de volonté pour dissimuler provisoirement son chagrin à Théodore, car il espérait que sa mère, insensible aux prières de ses sœurs, céderait aux siennes. Déçu de cet espoir au bout de quelques jours, il se demandait comment il adoucirait devant sa future la dureté de cet inqualifiable procédé, lorsqu'on frappa à la porte et que la petite tête ronde de la tante Polly parut dans l'entre-bâillement.

« On peut entrer, n'est-ce pas, docteur? s'écria-t-elle et riant; je m'en vais à M...., aux fins de mettre votre résidence en état de vous recevoir, et je viens vous demander vos commissions.... Mais qu'est-ce que c'est, s'il vous plaît? dit-elle en changeant de ton, lorsque Frédéric se fut tourné de son côté. Voilà une figure de marié bien lamentable. Et à quel propos, je voudrais bien le savoir? »

Frédéric essaya d'une dénégation impossible, puis il finit par confier sa peine aux oreilles attentives et sympathiques de la bonne tante Polly. Celle-ci écouta en branlant gravement la tête. Comment pouvait-on faire volontairement de la peine à quelqu'un, surtout à ses enfants? Ce tendre cœur n'y comprenait rien. En attendant, elle pria Frédéric de ne rien dire à Théodore, tant qu'elle n'aurait pas essayé elle-même d'attendrir Mme Gahlen, et, bien que Frédéric eût peu de confiance dans la diplomatie de Mlle Apollonia, il consentit volontiers à un délai qui le dispensait d'une pénible communication.

Ce même jour, une voiture prise à la station de M.... emportait vers la future demeure des jeunes époux les deux fidèles associées, tante Polly et Grissel, perdues et tassées dans des montagnes de coffres et de paquets. Derrière elle suivait un immense camion chargé de meubles, et ce fut tout au plus si la petite maison put contenir tout ce qu'on lui apportait. Des âmes moins fermes que celles de nos amies se fussent effrayées devant l'œuvre qui leur restait à accomplir; mais, trop intrépides pour connaître la crainte ou l'hésitation, elles déployèrent une si prodigieuse activité, qu'on vit bientôt les chambres en ordre, les armoires rangées, dissimulant discrètement leurs trésors derrière leurs portes fermées, la cuisine étincelante avec sa nouvelle batterie de cuisine. Tout semblait sourire et souhaiter la bienvenue aux maîtres impatiemment attendus. Tante Polly attachait des guirlandes et posait des bouquets dans chaque pièce, jusque dans la cuisine, jusque dans la buanderie et dans la décharge, où se prélassaient les balais et les brosses.

« C'est si gentil, disait-elle à Grissel, qui ne pouvait lui cueillir assez de fleurs, c'est si gentil, ça orne si bien! Naturellement, ce sera flétri quand nos jeunes gens viendront; mais cela leur montrera comme on les aime, comme on pense à eux, et c'est l'essentiel. »

D'amicales sympathies l'attirèrent au dehors. Par un heureux privilège dont notre petite tante ne pouvait trop se féliciter, à peine avait-elle mis le fin bout de son nez dans une demeure que tous les habitants lui en devenaient chers; aussi Théodore n'aurait pu mieux choisir l'ambassadeur chargé de briser les glaces dont s'entourait le cœur de sa future belle-mère. Dès la première entrevue, ces deux dames se comprirent, échangèrent une foule d'anecdotes et de recettes, fruits d'expériences sérieuses; on les aurait facilement prises pour des amies de vingt ans. Soit dit par parenthèse, tante Polly ne négligeait pas les petits moyens, et, en exhumant fréquemment quelque objet particulièrement remarquable du riche trousseau confié à sa garde, elle sut conquérir à sa filleule l'estime d'une âme sévère, mais nullement détachée des biens terrestres. Malheureusement, les progrès de la mission qu'elle avait entreprise marchaient d'un pas beaucoup plus lent que ceux de son intimité avec la famille Gahlen. En vain la brave petite tante avait-elle risqué de compromettre la fraîcheur de son teint en bravant par un jour d'été les flammes ardentes du foyer, pour aider à la confection des confitures; en vain avait-elle respiré les vapeurs moins que suaves qui s'échappent d'un cuvier plein de savon liquide, tout avait été inutile : dès que la tante Polly abordait le sujet défendu, Mme Gahlen trouvait un prétexte pour s'éloigner, laissant l'excellente demoiselle se désoler de son impuissance; les jours disparaissaient rapidement, et le voyage ne se décidait pas.

Enfin une occasion de se rendre utile vint à se présenter, et la tante Polly s'en empara comme d'une dernière chance de salut; on allait faire la grande lessive d'automne, opération qui réclamait l'aide de toute la famille et au cours de laquelle la fine mouche entendait bien arriver à ses fins. Pourtant elle fut près de se désespérer : la froide détermination de Mme Gahlen mettait à néant les plans les mieux conçus.

Un jour que, abattue et humiliée, tante Polly aspergeait et pliait soigneusement les masses de linge sec dont le fer des repasseuses devait adoucir les rugosités, l'idée d'attaquer son adversaire sur un point plus sensible que la tendresse maternelle lui traversa l'esprit. Prompte à l'exécution, elle réfléchit tout en étendant avec un soin scrupuleux les coins d'une serviette, puis, jetant ses yeux vifs du côté de Mme Gahlen :

« Oserais-je vous prier de m'aider une seconde, chère madame? » fit-elle d'un air innocent tout en se disant mentalement : « Je te tiens maintenant, je sais par quel bout te pincer! » Remarque fort irrespectueuse en soi, mais que ne trahissaient aucunement la physionomie et la voix du diplomate en jupons. Elle tendait le bout d'un drap à son hôtesse, qui avait pris son poste de l'autre côté de la table et tirait vigoureusement pour égaliser les plis.

« Vraiment, reprit notre tante en entrelaçant un instant ses doigts à ceux de l'ennemie (quiconque a jamais plié son linge reconnaîtra ce mouvement), vraiment ce temps-ci ne ressemble guère au nôtre. C'est un grand bonheur pour vos enfants que vous ayez si bien su diriger votre maison; eh bien, on croirait volontiers de nos jours qu'une bonne ménagère est une femme sans instruction élevée, dépourvue de tout raffinement.

— Oui-da! Où croit-on cela? Dans les grandes villes peut-être, mais je vous assure qu'ici on en juge différemment, répondit Mme Gahlen d'un ton piqué.

— Oh! même dans les grandes villes, on sait fort bien distinguer; seulement, le mieux, à mon sens, c'est de ne pas donner prise à des suppositions déplaisantes. Par exemple, poursuivit la bonne demoiselle en jetant une petite pluie étincelante sur son drap, par exemple, lorsqu'une ménagère modèle se renferme dans une réserve excessive, on en conclut que la lumière ne lui serait pas favorable et qu'elle a de bonnes raisons pour l'éviter.

— Qui est-ce qui se permet des suppositions de ce genre, mademoiselle, et que signifie tout cela? » reprit Mme Gahlen en attachant un regard pénétrant sur sa petite interlocutrice.

Celle-ci, absorbée par la contemplation d'une serviette, avait la mine plus candide que jamais.

« Quel dommage! une déchirure au milieu du dessin, dit-elle en secouant gravement la tête; je m'en vais à l'instant y faire ma plus fine reprise. »

Et s'installant devant la table à ouvrage :

« Ce que cela signifie, chère madame? Mon Dieu, tout simplement que ma bonne cousine Kleist ne peut pas s'expliquer d'autre façon votre refus d'assister au mariage du jeune docteur. Vous sachant native d'une petite ville que vous n'avez guère quittée, elle pense que vous vous sentiriez mal à l'aise à la Résidence, sur un terrain qui n'est pas le vôtre. N'en soyez pas affectée, de grâce, disait notre petite tante, choisissant son coton d'un air affairé et enfilant lestement son aiguille, vous savez le dicton : « Chacun mesure le prochain à « son aune. » D'ailleurs, pour s'apprécier, il faut se connaître, et ma bonne Kleist ne vous connaît pas, sans quoi des idées aussi absurdes ne lui viendraient pas à l'esprit. Pour vous faire aussi ma confession, je vous avouerai que je les ai partagées avant d'avoir eu le plaisir de vous voir. Inutile d'ajouter qu'elles sont bien loin maintenant. »

Pendant ce discours, Mme Gahlen avait pris une physionomie sévère, mais il ne lui fut pas possible d'interrompre la tante Polly, dont la langue infiniment plus agile que la sienne ne lui laissait pas le temps d'achever un mot.

« Mademoiselle Apollonia Frohreich, — dit-elle enfin en élevant puissamment la voix, ce qui produisit un effet décisif, — mademoiselle, vous venez de me dire des choses fort désagréables, fort désagréables. Mais, pour vous bien prouver que je ne crains pas de me rencontrer avec ces superbes dames de la Résidence, je vous déclare que j'entends assister au mariage de Frédéric. On leur fera bien voir, à ces modèles de l'univers, qu'elles ne sont pas seules au monde, et qu'on peut soigner son ménage sans être pour cela un épouvantail ou une sotte ! »

Et, redressant la tête d'un air majestueux, elle envoya d'un grand coup de pied un panier de linge rouler de l'autre côté de la chambre, comme si l'inoffensif ustensile eût été un ennemi qui se dressât audacieusement sur sa route. Cet acte de justice accompli, Mme Gahlen ouvrit une de ses grandes armoires contenant de lourdes robes de soie, jeta un coup d'œil rapide sur chacune d'elles ; mais, peu satisfaite sans doute de cet examen, elle repoussa les battants avec une brusque énergie qui en fit gémir les gonds.

« Hélène ! » cria-t-elle d'une voix impérieuse, et lorsque parut la jeune fille inquiète, presque bouleversée : « Je veux être le 8 courant à la noce de Frédéric, cela me paraît plus convenable, et c'est toi qui m'accompagneras. Rose ne peut pas quitter ses enfants, et Sophie a accepté une invitation chez notre cousine. Rappelle-toi, Linette, que j'entends que tu me fasses honneur à la Résidence. Dépêche-toi de t'habiller ; j'ai des emplettes à faire pour renouveler nos toilettes, et tu viendras avec moi choisir les étoffes. Je n'entends pas que nous soyons plus mal mises que tout ce beau monde. Nous les valons bien, j'espère. Allons, va! »

Hélène, stupéfaite et se demandant si la terre n'avait pas cessé de tourner, s'empressa d'obéir. Par quel miracle ce voyage refusé à ses instances et à ses larmes se trouvait-il subitement résolu? Et sa mère entendait qu'elle lui fît honneur, elle, la béjaune, la petite niaise! De plus, cette mère, dont l'économie bien connue était fort redoutée de ses enfants, allait renouveler sa toilette, alors que très peu de temps auparavant elle lui avait donné une jolie robe pour l'anniversaire de sa naissance. Incroyable! Dans sa surprise, Hélène restait immobile sur le palier, lorsque tout à coup la porte s'ouvrit et une voix joyeuse vint la faire tressaillir:

« Êtes-vous contente, petite? »

C'était la tante Polly, dont la figure rayonnante fit à Hélène l'effet du soleil dissipant les nuages.

« Oh! mademoiselle, est-ce bien vrai? Est-ce possible que maman aille à B..... et qu'elle m'emmène? » s'écria la jolie enfant, qui attachait sur le radieux visage de notre tante un regard plein d'anxiété.

Elle se rassura vite. Mlle Apollonia s'était dressée sur la pointe de ses mignonnes bottines et lui chuchotait à l'oreille :

« C'est vrai, Linette, elle va faire ce voyage sans se douter que c'est moi qui l'y décide; surtout ne dites rien qui puisse lui faire supposer que ce n'est pas dû à sa seule inspiration. »

Enfin convaincue de son bonheur, Hélène s'empressa de l'annoncer au reste de la famille. La préférence flatteuse dont elle était l'objet ne laissa pas d'y exciter un peu de jalousie; Johanne seule se réjouit sans arrière-pensée du plaisir de sa cousine.

« Après tout, je suis charmée que maman se soit résignée à cette démarche, dit Sophie ; l'honneur de la famille l'exigeait, et je suis surprise qu'elle n'y ait pas réfléchi plus tôt.

— Laisse-moi donc tranquille avec ton sempiternel honneur de la famille, répondit Rose en haussant les épaules. Il sera drôlement représenté par Linette, notre tardillon. Je ne vois pas pourquoi je n'irais pas moi-même ; on peut se passer de moi pendant deux jours sans difficulté, et ce serait autrement mieux.

— Une belle chose que la modestie, Rose, fleur de mon existence, astre de mon âme, dit Albert. Oh ! une bien belle chose ! Mais il faut savoir s'en priver. »

Peu disposée à bien prendre la plaisanterie, Rose leva la main et l'abattit sur la joue de la tante Selma, innocemment occupée à rajuster son bandeau. Le jeune drôle était déjà près de la porte, riant aux éclats.

« Mal visé, ma pauvre chatte ! bien mal visé ! ce sera pour une autre fois, ma chérie, aujourd'hui tu n'es pas en veine. Hourra ! »

VII

LE MARIAGE

« Sois la bienvenue, mille fois la bienvenue, ma chère mère ; je te suis si obligé d'avoir fait ce voyage ! disait Frédéric en introduisant sa mère et sa sœur dans le confortable petit appartement qu'il avait loué à leur intention. Et maintenant je vais chercher ma Théo, qui sera heureuse de vous voir.

— Patience, mon fils, patience, laisse-moi le temps de m'habiller.

— Pour Théodore ? c'est bien superflu, c'est l'enfant la plus simple...

— Quelle sottise ! Il ne s'agit pas d'elle, c'est pour moi que je tiens à être soignée, dit Mme Gahlen avec une certaine aigreur. Je ne veux pas que ma future belle-fille me voie couverte de poussière et les vêtements en désordre. Ma belle-mère à moi a reçu ma première visite en robe de brocart et en coiffure de cérémonie. De ma vie je n'ai été plus impressionnée.

— Autre temps, autres mœurs, ma chère mère, répondit Frédéric en riant. Une pareille réception effrayerait Théodore, et, à dire vrai, je trouve aussi que ça manquerait de gaieté.

— Ne te moque pas des vieilles coutumes observées par ta mère et ta grand'mère, Frédéric. Il faut craindre un peu les gens que l'on doit respecter. D'ailleurs j'imagine que tu ne comptes pas m'imposer ta manière de voir.

— Non, certes, » dit Frédéric en se dirigeant vers la porte.

Hélène s'élança à sa suite.

« Emmène-moi, Frédéric, il me tarde de voir Mlle de Kleist.

— Non, tu vas rester ici : c'est à la bru à venir saluer sa nouvelle famille, selon les anciennes mœurs que j'aime et auxquelles tu te soumettras, dame Linotte. »

La figure d'Hélène s'allongea, et elle suivit d'un regard attristé son frère, qui traversait rapidement la rue. Mais il lui fallut s'habiller, selon les ordres de sa mère ;

puis, tandis que celle-ci prenait place sur le sopha en étalant sa splendide robe de soie, elle alla se remettre à son poste d'observation au coin de la fenêtre.

« Les voici ! » s'écria tout à coup Hélène, qui se précipitait à la rencontre des arrivants ; mais Mme Gahlen la retint et la contraignit de s'asseoir à ses côtés.

Enfin la porte s'ouvrit, et Théodore s'avançait impétueusement les bras déjà ouverts, lorsque, saisie par l'attitude rigide et solennelle de cette dame qui se soulevait à peine de son siège pour l'accueillir, elle s'arrêta et prit en hésitant la main qu'on lui tendait froidement. L'émotion de la jeune fille était très vive ; son imagination lui avait représenté tout autrement la mère de Frédéric. Elle l'aimait déjà, elle arrivait le cœur plein d'affection et se voyait rebutée dès la première minute. Tout son être se sentit glacé, et ce ne fut pas sans peine qu'elle put répondre aux quelques paroles affectueuses que Mme Gahlen lui adressait en l'appelant sa fille. Heureusement qu'Hélène vint faire diversion.

« Bonjour, ma nouvelle sœur, » dit-elle en l'entourant de ses bras.

Les caresses lui furent rendues avec usure, et Théodore s'animait en faisant connaissance avec la charmante fillette ; mais Mme Gahlen ayant donné quelques signes d'impatience, Hélène assit doucement la jeune fille sur le sopha.

L'entretien continuait, toujours froid et contraint, lorsque la porte s'ouvrit de nouveau, et la figure de tante Polly, plus fraîche et plus ronde que jamais, fit son apparition.

« Je pensais bien vous trouver causant aussi gravement que dans une église, s'écria-t-elle. C'est toujours comme cela lors de la première entrevue. Je m'y connais, je vous assure, bien que, Dieu merci! j'aie toujours su sauvegarder ma précieuse indépendance. Les jeunes gens sont trop vifs; nous autres, nous sommes peut-être trop lents, ça ne va pas. Où est donc ma cousine? fit-elle en s'interrompant subitement; je monterais trois fois l'escalier avant qu'elle en ait escaladé trois marches. »

A ce moment même, la conseillère entrait, et Mme Gahlen, frappée de la dignité douce et calme de son attitude, se levait avec empressement pour aller au-devant d'elle. Cette prévenance d'une visite sur laquelle la bonne dame n'avait point compté l'adoucit subitement, et bientôt une aisance cordiale régna parmi tous les membres du petit cercle.

Mme de Kleist voyait le côté aimable de la redoutée Mme Gahlen; mais Théodore restait secrètement inquiète et plus silencieuse qu'à son ordinaire, méditant sur ce nuage qui se levait à son brillant horizon. Les jours suivants furent plus agréables et effacèrent en partie cette pénible impression. Très au courant des thèmes favoris de sa mère, Frédéric sut y amener la conversation, et, de son côté, la tante Polly avait jeté un voile trop épais sur les lacunes de la maison de sa cousine pour qu'aucun désaccord pût s'élever entre personnes d'ailleurs pleines du désir de se plaire mutuellement. Une grande part de cette bonne harmonie était due à Mme de Kleist, qui savait se montrer empressée et attentive auprès de la future belle-mère, au point que celle-ci en abjurait complètement sa raideur et ses préventions. Quant à Hélène, le séjour de la Résidence était pour elle si fertile en plaisirs et en étonnements, son admiration de Théodore était si vive, qu'il ne lui vint pas même à l'esprit cette pensée généralement assez répandue, que le bonheur complet n'existe pas sur terre.

Enfin le grand jour est fini, Théodore a été une mariée si belle et si touchante que le cœur de maman Gahlen elle-même s'en est gonflé d'orgueil et de tendresse. Selon l'avis des meilleurs juges, Hélène était incontestablement la plus jolie des demoiselles d'honneur. Avec sa robe de soie rose, ses fleurs dans les cheveux, on eût dit une incarnation vivante du printemps, du moins Heinrich Turner l'affirme, il faut l'en croire.

Et maintenant la mère et la fille doivent se séparer. Un grand combat se livre dans le cœur maternel qu'un étranger dépouille de son unique trésor; mais les yeux sourient, et les lèvres n'ont que des paroles de tendresse et d'encouragement pour l'enfant qui va affronter à son tour, avec un nouveau compagnon, les périls de la vie. C'est seulement lorsqu'elle se verra seule que la veuve donnera un libre cours à cette douleur, si habilement dissimulée pour ne pas attrister l'enfant adorée. Nul, s'il n'a subi cette épreuve, ne peut comprendre les angoisses et les appréhensions de cette âme qui, après avoir joui de l'affection exclusive d'un être chéri, se voit forcée de le céder à un étranger, à qui appartiendra désormais la plus grande part de son amour. Cet amour, saura-t-il l'apprécier, saura-t-il s'oublier, écarter les pierres du chemin, choisir les fleurs, comme faisait la mère qu'on lui sacrifie insoucieusement?

VIII

LE NOUVEAU LOGIS

Les quelques semaines que le nouveau couple passa en Italie s'égrenèrent bien vite dans une suite de délicieuses journées. Si radieux qu'eussent été les rêves de bonheur de la jeune fille, il lui parut que la réalité les dépassait. Ce voyage à deux, la vue de tant de richesses artistiques sur cette terre privilégiée entre toutes la remplissaient d'un enthousiasme que Frédéric, amoureux, ému et ravi comme il ne l'avait pas été encore, était bien près de partager.

Maintenant qu'ils étaient seuls, qu'aucun importun ne pouvait venir les troubler, ils apprenaient vraiment à se connaître, et Frédéric, délivré de tout souci d'études ou d'affaires, jouissait particulièrement du bonheur de se consacrer à sa jeune femme. Lorsque Théodore emplissait son album de croquis, il s'asseyait à ses pieds, ou bien tenait soigneusement le grand parasol au-dessus de cette tête charmante, qui se détournait souvent de son travail pour lui sourire. Jusqu'alors, sa sympathie pour les talents de Théodore avait été fort tiède, elle n'en eut que plus de plaisir à le voir s'animer jusqu'à la plus sincère admiration devant la rapide sûreté de sa main, la justesse de son coup d'œil, et, par-dessus tout, son sentiment exquis des beautés de la nature.

Les lettres de Théodore à sa mère se ressentaient de cette heureuse ivresse de la jeune femme : Mme de Kleist les lisait partagée entre le sourire et les larmes.

Elle aussi avait fait autrefois un voyage en Italie avec son mari, homme fort distingué ; elle en avait conservé un doux souvenir, le plus doux de sa vie, que les récits de sa fille venaient réveiller d'un assoupissement longtemps douloureux, mais qui se dissipait dans sa joie de pouvoir sympathiser encore et toujours avec l'enfant tant aimée.

Le voyage est fini ; il s'agit de rentrer au foyer domestique, le plus riant, le plus coquet qui ait jamais été offert à de nouveaux mariés.

La petite maison, si empressée à les recevoir dans ses étroites murailles, est située à l'entrée de la ville. Devant la porte s'élèvent deux vieux tilleuls et par derrière s'étend un jardin de modestes proportions, mais tout fleuri de ces belles filles de l'automne qui rachètent leur manque de parfum par une variété et une richesse de couleurs incomparables. A l'intérieur, les bouquets et les guirlandes desséchés de la tante Polly ont été renouvelés par des mains affectueuses, et presque tous les membres de la famille Gahlen se sont réunis pour que les jeunes gens ne trouvent pas à leur arrivée un logis froid et désert.

Assise dans l'encoignure de la fenêtre sur une chaise très haute, maman Gahlen, dédaigneuse de l'appui du dossier, tricote en se tenant droite comme un cierge ; ses cheveux gris n'ont jamais été plus lisses, son bonnet plus droit, sa robe d'une propreté plus scrupuleuse, et, ce qui vaut mieux encore, ses traits se sont empreints d'une expression de bienveillance extraordinaire ; son double menton même s'enfonce presque avec bonhomie dans les plis moelleux du foulard blanc, et ses lunettes ont un éclat véritablement joyeux.

De l'autre côté de la chambre, installée sur le divan d'une forme moderne, Sophie feuillette quelques volumes, tandis qu'Hélène, qui ne peut tenir en place, bat une marche sur les vitres. Hans Altmann, le gendre de Mme Gahlen, se promène de long en large avec impatience.

« Bientôt quatre heures ! s'écrie-t-il après avoir consulté sa montre. Je ne saurais attendre davantage. Qu'est-ce qui peut donc les retenir ?

— Je n'en puis plus moi-même à force d'impatience, dit Hélène, qui ouvre la fenêtre pour mieux voir.

— Veux-tu bien fermer cette fenêtre, Hélène ! » dit Mme Gahlen, qui ajoute placidement : « Ceux qui n'ont pas le temps d'attendre peuvent s'en aller, personne ne les retient. »

Cette allusion délicatement transparente au libre arbitre des mécontents n'a sans doute pas été comprise, car Hans Altmann, au lieu de s'éloigner, prend un journal qui lui sert à dissimuler son honnête figure carrée et ne souffle plus mot.

« Ne pourriez-vous, chère mère, me raconter quelques détails sur cette noce ? demande Sophie. Depuis que je suis arrivée hier, je n'ai eu que les récits d'Hélène, trop enthousiastes pour n'être pas confus.

— Je ne vois pas qu'il y ait quoi que ce soit à raconter, répond Mme Gahlen, tricotant toujours. Tout ce que je peux dire, c'est que je ne regrette ni ma peine ni ma dépense, car tout s'est passé de la façon la plus convenable. Certainement ce n'est plus comme dans mon temps, mais les personnes qui ont droit au respect ne se le sont pas vu refuser, Dieu merci ! tout au contraire. Mme de Kleist est une femme remarquable.

Quant à Théodore, elle me plait beaucoup plus que je ne pensais, quoiqu'elle ne paraisse pas s'entendre au ménage.

— Tu vas voir Théodore, Sophie, dit la petite Hélène, dont les yeux sont rayonnants, et tu seras aussi enthousiaste que moi. C'est la beauté, la grâce, l'amabilité en personne.

— Espérons que ce bonheur ne tardera pas trop, » dit Sophie d'un ton peu gracieux, en se levant pour examiner les tableaux suspendus à la muraille.

Au même instant résonne le roulement d'une voiture. Hélène, transportée de joie, disparaît comme un tourbillon, et bientôt Théodore est entourée de deux bras caressants, tandis que des lèvres fraîches se pressent sur ses joues. Elle n'a pas le temps de répondre comme elle le voudrait, car maman Gahlen a paru sur le seuil, et Frédéric l'entraine.

« Soyez les bienvenus, mes chers enfants ! que Dieu bénisse votre séjour dans votre nouvelle demeure ! » dit la mère de famille, qui oublie, en embrassant tendrement son fils, sa froideur et sa réserve accoutumées.

Théodore est accueillie avec une égale cordialité. Elle s'y attendait si peu de la part de la femme austère qui a repoussé ses premiers élans, que dans sa joie elle saute au cou de ceux qui l'entourent. Hans Altmann, ne s'attendant nullement à pareille bonne fortune, en est tout émerveillé ; sa jubilation n'est point partagée par Mme Gahlen, il s'en faut de tout.

« Quelle liberté de manières avec un homme totalement étranger ! pense-t-elle en jetant un coup d'œil mécontent sur la jeune femme qui, entourée de son mari, de Hans, d'Hélène, babille, parcourt l'appartetement, admire, plaisante et sort enfin en dansant presque pour continuer la revue du petit royaume qui doit devenir le sien.

« Il me semble, dit Sophie restée seule avec sa mère, que notre présence ici est tout à fait superflue. Mon admirable belle-sœur considère sans doute les égards envers la famille de son mari comme au-dessous de sa grandeur, à moins qu'elle ne s'étonne de ne pas nous voir lui faire une escorte d'honneur en compagnie d'Hélène et d'Altmann. »

Ces aimables paroles restèrent sans réponse ; mais Sophie connaissait trop bien sa mère pour ne pas la croire irritée et froissée. Enfin Mme Gahlen se leva et mit son chapeau.

« Il est temps que je rentre chez moi, » dit-elle froidement à Théodore, de retour de sa joyeuse excursion.

La jeune femme, parfaitement innocente de toute impolitesse voulue, ne s'aperçut pas du courroux maternel, qui resta invisible pour Frédéric lui-même, trop heureux pour jouir de son habituelle perspicacité. Il promit de conduire le plus tôt possible la jeune Mme Gahlen dans la chère vieille maison patrimoniale, et l'on se sépara.

« Sur mon honneur, Rose, cette Théodore est magnifique ! s'écria Hans Altmann en entrant dans la chambre de sa femme, retenue chez elle par de menues affaires de ménage. Elle est belle, brune et ardente comme ces Italiennes idéales des vieux peintres. Frédéric est homme de goût, il faut en convenir, et sa femme mérite tout l'amour imaginable. »

Avouons que Rose n'aurait pas été une vraie femme

si elle avait écouté avec satisfaction un tel éloge sortir de la bouche de son mari.

« Mon Dieu, est-ce que tu vas tomber en extase devant ta belle-sœur? On dirait vraiment que tu n'avais jamais vu une jolie femme auparavant. Ce serait malheureux s'il n'y en avait qu'une au monde.

— Toi, ma petite Rose, tu es un ange! s'écria l'époux ainsi rappelé au sentiment de ses devoirs, en passant le bras autour de la taille de sa femme. Sais-tu, ma mignonne, que je vous comparerais volontiers, toi et ta jolie belle-sœur, l'une à un champagne pétillant, l'autre à une bonne bière? Vous êtes incomparables chacune dans votre genre.

— Quelle sottise! dit Rose rouge de colère, en se dégageant brusquement de la tendre étreinte conjugale. Tu es gris, j'imagine, et tes comparaisons s'en ressentent. Tout ce que je peux voir, c'est que Théodore te plaît beaucoup plus qu'il ne conviendrait à un homme de ton âge. Cela ne me va pas, je te le déclare. Personne n'emploiera un pareil langage en parlant de ta femme, et Dieu sait que je n'en fournirai jamais l'occasion! Mais vous autres, vous n'aimez que les belles dames bien provocantes, qui savent retenir les messieurs autour d'elles à force de coquetteries. J'espère que mon mari saura tenir une conduite plus digne. »

Rose s'arrêta essoufflée et trop animée pour voir le sourire froidement moqueur qui brillait dans les yeux de l'excellent Altmann.

« Sais-tu, ma petite Rosine, quand tu te mets en colère, tâche que ton nez se tienne droit; d'ordinaire, il ne fait que s'agiter, et ça nuit beaucoup à l'effet de ton éloquence. D'ailleurs, pour calmer tes nerfs, je te conseillerai de faire un peu de gymnastique : c'est souverain. Essaye quand tu te sentiras prête à t'emporter, et tu verras. »

Rose, qui attendait une tout autre réponse à sa véhémente sortie, resta d'abord bouche béante; puis, pour résister à l'envie de rire qui lui chatouillait les lèvres, elle tourna le dos et sortit en faisant claquer violemment la porte derrière elle.

Altmann, sans perdre un atome de son impassibilité, alla à une armoire, y prit une fiole, une plume d'oie, et, rouvrant la porte, se mit à en huiler soigneusement les gonds.

Rose étonnée se rapprochait.

« Que fais-tu là? ce n'est pas ton travail.

— Non, ma chère petite, c'est vrai, mais la porte ne glissera que mieux la première fois que tu voudras renouveler cet aimable exercice. »

La jeune femme n'y tint plus et poussa un grand éclat de rire qui emporta le reste de sa maussaderie.

« Pince-sans-rire, disait-elle sans résister cette fois aux caresses si vertement repoussées dix minutes auparavant; ne te verrai-je donc pas une bonne fois sérieusement fâché?

— Non, ma petite rose des buissons, c'est ta partie, et tu t'en acquittes trop consciencieusement pour que j'aille sur tes brisées, dit le mari en baisant les joues délicates de la jeune femme. Seulement j'aime encore mieux te voir de bonne humeur, alors je suis prêt à soutenir qu'il n'y a pas dans tout l'univers une paire d'yeux qui vaille ceux de ma Rosa.

— Flatteur! tu n'en crois pas un mot, » dit la petite femme en jetant un coup d'œil ravi à la glace.

La paix était faite, mais il restait au fond du cœur jaloux un levain d'hostilité contre Théodore, cause involontaire de cette escarmouche.

Vers le soir, Frédéric emmena sa jeune femme en triomphe du côté de la maison qui résumait pour lui tout ce qu'il peut y avoir en ce monde d'honneur, de travail et de dignité. Chemin faisant, le jeune couple aperçut plus d'une tête curieuse penchée à la fenêtre pour les voir passer, sans parler des : « Bonjour, monsieur le directeur ! » des gens que l'on croisait dans la rue. Théodore s'amusait de la nécessité où se trouvait Frédéric de porter sans cesse la main à son chapeau.

« Chez nous, disait-elle, je pourrais courir les rues toute une journée sans avoir à rendre un salut ; mais c'est plus agréable d'être connu : cela donne comme un sentiment d'affectueuse solidarité. »

Elle fut très surprise également que le trajet fût si court ; on lui avait dit que la place du Marché était fort loin de chez elle.

« Dans les grandes villes, les distances sont plus longues, plus rapidement franchies aussi, je crois, car tout le monde a l'air pressé, affairé. Ici, les passants vont tranquillement à leurs petites affaires, en gens assurés de ne pas manquer de loisir pour les mener à bien. J'aime mieux cela. »

La vieille maison de ville excita sa plus vive admiration. Plusieurs personnes, la voyant rester immobile en contemplation, lui jetèrent des coups d'œil étonnés.

« Qu'est-ce que madame trouve donc de si beau dans ces vieilles pierres rongées ? dit un homme d'âge respectable qui passait près d'elle. Il y a ici des maisons neuves plus agréables à voir que ce nid de hiboux. »

Théodore regarda avec surprise le vieillard, qui s'éloignait en hochant la tête d'un air mécontent.

« Est-ce mal d'admirer les vieux monuments? dit-elle en souriant. Ce digne monsieur en est un aussi, quoique d'un genre différent.

— Tu ne trouveras ici que fort peu de gens capables de comprendre tes goûts. Mais allons chez ma mère; tu pourras y poursuivre tes études sur les siècles écoulés et leurs mœurs disparues. Tout ce qu'on a pu en sauver est resté là. »

Le cœur de la jeune femme battait à coups pressés lorsqu'elle monta le perron de cette antique demeure où son mari était né, où il avait été élevé et où il l'amenait comme un enfant de plus à chérir et à protéger. Son regard à la fois timide et joyeux errait le long des vastes pièces, et Frédéric put constater, non sans orgueil, que l'impression produite répondait et au delà à l'attente qu'avaient fait naître ses chaleureuses descriptions.

Maman Gahlen, qui n'avait pas encore pardonné la négligence du matin, reçut sa nouvelle fille un peu froidement, et Rose ne se montra pas non plus très cordiale, car la beauté, la grâce de la jeune belle-sœur n'étaient pas faites pour la charmer. Heureusement qu'Hélène fut affectueuse et empressée, puis l'arrivée des deux petites filles de Rose acheva de rompre la glace. Théodore aimait passionnément les enfants et les attirait à elle par une sorte de magnétisme. Tante Selma, qui était chargée de la présentation, fut saluée d'un cri joyeux : « Ah! voilà encore une tante! Je me sentirai désormais parfaitement en famille. »

Si la tante Selma ne fut pas très flattée au premier

abord de cette allure familière, la sympathie que lui témoigna Théodore, en s'informant de sa santé et de ses innombrables maux, vint calmer aussitôt sa susceptibilité, et elle se sentait déjà de ses amies lorsque Albert fit son apparition. Le brillant collégien, rouge d'embarras et de confusion, voulut tout au moins se donner les dehors d'une aimable aisance, et commença un ricanement qui lui fendit la bouche d'une oreille à l'autre. Puis, ayant donné une poignée de main avec la grâce d'un chimpanzé qui demande une noix, il tordit une des brillantes serviettes, polies comme un miroir, qu'un destin malheureux avait mise à sa portée, et s'échappa finalement, non sans embarrasser ses longues jambes dans les jupes de la tante Selma, que cette bousculade enchanta fort peu.

« Mais Johanne, où est Johanne ? dit Théodore, cherchant autour d'elle. Frédéric m'a parlé si souvent de sa douce petite cousine, que je me réjouis de faire sa connaissance. »

A ces mots, une petite figure rougissante quitta timidement l'embrasure de croisée qui lui avait jusqu'alors servi de retraite et s'avança du côté de Théodore. Celle-ci, que toute souffrance, quelle qu'elle fût, touchait au cœur, saisit dans ses bras et embrassa cordialement la jeune fille, rendue intéressante à ses yeux par l'expression d'indicible angoisse qui se peignait sur ses traits enfantins.

Par bonheur, le mouvement qui se faisait dans la salle à manger, où Mme Gahlen appelait tout son monde à la table majestueusement présidée par elle, ne permit pas que d'autres que Théodore fussent témoins du trouble violent auquel la pauvre Johanne était en proie, trouble qui gonflait ses paupières de larmes brûlantes et qu'elle était presque impuissante à maîtriser. Cette émotion douloureuse, dont elle était loin de deviner la cause, excita au plus haut point l'intérêt de la jeune femme, qui dès ce moment éprouva pour l'orpheline une sympathie à la fois vive et attendrie, qu'aucun des membres de la famille Gahlen, pas même la jolie Hélène, n'avait su lui inspirer.

Ce soir-là, dès qu'elle fut bien seule, Johanne écrivit sur son journal intime :

« Oh ! mon Dieu, je te remercie ! Tu as exaucé mes plus ferventes prières. Il est heureux. Mon cœur peut saigner encore, mais je ne songe plus à me plaindre ; j'admire, j'adore ta bonté. Comment ne serait-il pas heureux, puisqu'il est aimé de cette noble créature, belle et bonne comme un ange ! Achève ton œuvre ; étends sur cette tête charmante une main protectrice, et ne permets pas qu'elle se courbe jamais sous le poids du chagrin. Éloigne également les soucis, les menues contrariétés qui flétrissent la vie, comme la rouille tache les plus belles fleurs.

« Et maintenant je te dirai avec Jean-Paul, mon consolateur et mon ami : Pardonne-moi, Dieu de tendresse et de miséricorde ; mais je vais pleurer... Lorsque la douleur fond sur nous, notre cœur se révolte contre le destin ; il se remplit d'amertume, devient lourd comme une pierre, et nous succombons sous le fardeau. Mieux vaut laisser couler ses larmes jusqu'à ce que cette amie compatissante des âmes blessées, la mort, vienne nous apporter sous son aile le silence et la véritable paix.

« Je ne pleurerai pas toujours cependant, si j'ai

jamais le bonheur de me rendre utile, au lieu d'être une gêne ou un ennui. Je n'ai pas fait le mal, mais, hélas! les deux plateaux de la balance sont également vides; il n'y a dans ma misérable vie pas plus de bonnes que de méchantes actions... »

IX

NOUVELLES CONNAISSANCES

« Le jeune ménage vous a-t-il déjà fait sa visite? Je veux parler de Frédéric Gahlen et de sa femme, » disait quelques jours plus tard une grosse dame, un peu trop parée, à sa convive spécialement invitée par elle dans l'intention de bavarder un peu sur le thème qui tenait toute la ville en émoi, à savoir l'installation du nouveau directeur. Cette grosse dame, épouse d'un négociant prospère, jouait, en sa qualité de personne riche, un des principaux rôles dans la société de l'endroit. A part ses toilettes d'un goût moins pur que fastueux, c'était une excellente femme, tendre et dévouée, à laquelle nul ne songeait à reprocher quelques travers fort inoffensifs pour autrui, comme, par exemple, un peu de vanité et des attitudes que la digne créature croyait de bonne foi aussi nobles que majestueuses, mais qui, grâce à sa corpulence, la faisaient ressembler à une frégate se lançant en pleine mer toutes voiles déployées. Son mari, petit homme blond, court et trapu, pouvait être considéré comme la vraie personnification d'une bienveillance universelle. Des jours de sa jeunesse consacrés au service du public derrière un comptoir, il avait gardé un sourire d'une politesse peut-être trop obséquieuse et un peu banale; mais le mari de même que la femme n'avaient pas au monde de plus grand plaisir que de traiter leurs amis. « Dieu soit loué! disait la brave Mme Wunderlich avec un légitime orgueil, nos moyens nous le permettent. » Et jamais réceptions ne furent plus cordiales que les leurs.

« Quelle question, chère madame! répliqua d'un air pincé la visiteuse. Il va de soi qu'une des premières visites du directeur nous était due.

— Et comment avez-vous trouvé la jeune dame? poursuivit Mme Wunderlich en fixant ses bons yeux clairs sur le visage pointu qui lui faisait face.

— Il serait difficile d'émettre un jugement après une entrevue de quelques minutes, répliqua Mme Felsing en jetant un coup d'œil interrogateur de l'autre côté de la table, où siégeait son mari causant avec leur hôte; mais, à dire vrai, je dois avouer que la première impression ne lui a pas été favorable. Cette aristocratique demoiselle n'a, ce me semble, rien à faire ici.

— Elle s'habituera, dit la bonne dame, et en attendant il faut convenir que c'est une charmante femme, qui s'habille admirablement, quoique j'aie trouvé la nuance de sa robe trop pâle; mais son paletot était une merveille : je lui demanderai de me permettre d'en retirer le patron.

— Je ne m'arrête pas à l'extérieur des gens, chère madame, répondit Mme Felsing d'un ton aigre en enfonçant si brusquement son poinçon dans sa broderie que le coup semblait destiné à transpercer sa trop bienveillante interlocutrice. D'ailleurs, pour ce qui est de sa toilette, tout va bien aux tailles minces. Ainsi, lorsque j'ai acheté mon paletot de velours de soie, il me collait comme un gant, tandis que ma grosse cousine, qui l'avait essayé, ressemblait à une caricature. »

Mme Wunderlich se baissa brusquement vers la théière, puis remua les tasses avec bruit; mais ces gestes n'avaient point en vue, ainsi qu'on pourrait le croire, de dissimuler l'impression pénible causée par la gracieuse allusion de Mme Felsing aux désagréments qu'apporte avec lui le développement exagéré du corsage; pas du tout, Mme Wunderlich se trouvait bien faite et s'inquiétait fort peu qu'il y eût à ce sujet des opinions différentes. Ce qui lui donnait une fâcheuse envie de rire, c'était la manie de sa visiteuse de tout rapporter dans sa vie, idées et événements, à cette date mémorable entre toutes de l'achat de son paletot « en velours de soie ».

M. Felsing, professeur au gymnase et par conséquent futur subordonné de Frédéric Gahlen, avait accepté avec le plus vif empressement de s'asseoir à la table opulente du bon négociant, où le vin ne rappelait que fort peu la boisson aigrelette décorée chez lui de ce nom menteur; mais en ce moment, au lieu d'écouter son hôte qui lui détaillait minutieusement la provenance des cigares, à l'arome desquels il avait rendu copieusement justice, le professeur s'était détourné du côté des deux dames et prêtait attentivement l'oreille à leur conversation. Peu satisfait sans doute de la part qu'y prenait sa femme, il jugea bon de lui couper la parole par une légère toux, signal qui fut compris instantanément, car Mme Felsing se tut, non sans faire quelque peu la moue. La physionomie du professeur était singulière, et d'une singularité qui n'avait rien de sympathique. Les yeux surtout, avec leurs paupières à demi baissées, relevées de temps à autre par un éclair furtif, souvent enflammé, produisaient une impression déplaisante, que n'adoucissait point la bouche trop petite, trop serrée et flétrie en outre par les morsures que deux larges dents très blanches infligeaient à la lèvre inférieure. Ce visage était encadré par des cheveux jaunes, si raides qu'ils se redressaient sur le front comme la huppe d'un cacatoès en courroux, et que le professeur avait coutume de caresser doucement de la main, tout en causant.

« Cette nouvelle mariée, dit-il en intervenant dans la causerie féminine, me paraît aussi séduisante par ses gracieuses manières que par sa beauté.

— Ah! oui, je comprends, c'est l'effet qu'elle produit sur les hommes, qui tous n'aiment que les coquettes, » reprit vivement Mme Felsing.

Mais un nouvel accès de toux de son mari vint l'arrêter; elle pâlit même légèrement en rencontrant son regard.

« D'ailleurs je pense aussi qu'elle n'est point faite pour la vie étroite d'une petite ville, poursuivit le professeur d'une voix douce, trop douce. Je suis surpris que Frédéric Gahlen ait songé à transplanter cette belle fleur de serre dans notre sol rustique, où elle ne pourra que languir.

— Oui, certes, il aurait mieux fait de laisser la place à de plus méritants, ce très jeune homme, qui ne la doit qu'aux protections. »

A peine ces imprudentes paroles étaient-elles sorties de sa bouche, qu'elle eut lieu de les regretter, car un coup de pied adroitement lancé sous la table dans sa direction par son tendre époux ne put lui laisser aucun doute sur ses sentiments. Elle rougit cette fois; les larmes lui montèrent aux yeux lorsqu'elle reprit en balbutiant :

« Je voulais dire... il me semblait seulement... »

Le professeur ne la laissa pas achever.

« Ce que tu voulais dire, chère Augusta, bien d'autres l'ont pensé, mais je ne suis pas de ceux-là. Tout au contraire, je m'incline devant les brillantes facultés de ce jeune homme, qui le rendraient digne de plus hauts emplois encore.

— Certainement, dit le maître de la maison, dont les petits yeux brillaient d'un plaisir attendri; certainement, la famille Gahlen est respectable entre toutes. Que d'heures agréables j'ai passées en compagnie du père, mort trop tôt pour jouir de l'honneur dévolu à son fils ! Il en aurait été si heureux, si fier !

— Je crains bien que la mère ne fasse la vie difficile à sa bru, dit Mme Wunderlich d'un air pensif. C'est une femme si sévère !

— Et la bru, à ce qu'il m'a semblé, n'entend rien à l'économie domestique, reprit l'incorrigible Mme Felsing. Naturellement, je lui ai parlé ménage ; croiriez-vous qu'elle ne sait pas encore ni quand ni comment elle fera sa première grande lessive, et qu'elle n'a aucune provision pour cet hiver ? J'ai entendu dire que c'est un vrai bas bleu ; nous verrons bien ce que Mme Gahlen, femme pratique, dira de ses beaux talents.

— Pauvre jolie petite dame ! reprit Mme Wunderlich. Que je voudrais pouvoir venir en aide à son inexpérience, au moins par quelques conseils !

— Non, non, ma chère amie, croyez-moi, laissez-la se débrouiller seule, répliqua l'aimable Mme Felsing, dont le nez déjà pointu s'allongea encore. Ces belles dames de la Résidence s'imaginent qu'elles ont la science infuse, et l'on n'obtient que des ennuis pour tout remerciement après leur avoir rendu service.

— Tu te fais plus mauvaise que tu n'es, ma chère, dit le professeur de sa douce voix, bien que le regard rapide jeté sur sa femme fût empreint de tout autre chose que de douceur. Je connais trop bien ton cœur pour ne pas savoir que tu n'es jamais plus heureuse que lorsque tu trouves l'occasion d'obliger. Quant à la récompense de nos bonnes œuvres, nous la trouvons dans l'approbation de notre conscience : il ne nous faut rien de plus. »

Sans répondre une syllabe, Mme Felsing avala d'un air soumis le thé qui restait au fond de sa tasse, tandis que Mme Wunderlich examinait son mari pour s'assurer de l'effet produit par cette belle tirade. Ayant constaté que les petits yeux n'exprimaient qu'admiration, elle se leva brusquement sous prétexte de quelques ordres à la cuisine : l'excellente créature n'était rien moins qu'une sotte, et on ne l'aveuglait pas facilement ; mais elle était surtout trop honnête pour assister de sang-froid à ce déploiement de mielleuse hypocrisie.

Bientôt la domestique annonçait que le souper était servi ; le bon Wunderlich, toujours épanoui, offrait son bras à Mme Felsing et la conduisait à table, où il put manifester à sa guise son approbation pour les nobles maximes que débitait le mari, c'est-à-dire en lui remplissant constamment son verre de ce vin du Rhin, si clair, si étincelant dans le cristal, procédé que l'éloquent professeur paraissait apprécier avec une touchante gratitude.

« Dieu soit loué, ils sont enfin partis ! » s'écria Mme Wunderlich lorsque ses hôtes eurent pris congé d'elle à une heure avancée de la soirée.

Ce départ tardif ne pouvait être imputé à Mme Felsing, qui consultait souvent sa montre ; mais son mari semblait infatigable et ne bougeait pas.

« Et pourquoi donc : « Dieu soit loué, » ma petite femme? demanda le candide Wunderlich. Je me suis bien amusé. Le professeur est un homme de sens, qui, de plus, parle fort bien.

— Je suis bien aise que le temps ne t'ait pas semblé aussi long qu'à moi, mon bon vieux ; mais j'avoue que pour mon compte les belles phrases de ton homme de sens me déplaisent cordialement. Que signifie, par exemple, cette histoire à propos de Frédéric Gahlen, sinon qu'il étouffe de rage et de rancune de n'avoir pas été nommé directeur, comme il y comptait? Il tâchera de le mettre dehors, je le jurerais, car on n'a pas pour rien le recteur pour beau-père et son influence à sa disposition.

— Mais, Minna, penses-tu réellement qu'il songe à s'emparer de cette place? » s'écria M. Wunderlich, dont les petits yeux, dilatés par l'étonnement, devenaient presque d'une dimension moyenne. « Il parlait avec tant de modestie des talents exceptionnels de Frédéric ! J'en étais touché.

— Oui, oui, il s'entend à jeter de la poudre aux yeux, mais il faut avoir comme toi un cœur incapable de concevoir le mal et la bassesse pour se laisser prendre à ses discours. Je ne suis pas si bonne que toi, et par conséquent je ne me fie pas à ce monsieur, qui ne me regarde jamais en face, qui joue perpétuellement la comédie avec sa femme, laquelle a du moins le mérite de ne pas être fausse, mais qui doit s'attirer de terribles mercuriales lorsqu'elle répète innocemment ce qu'elle a appris à son école. Un drôle de couple; mais, si tu veux m'en croire, mon vieux, nous ne l'inviterons pas de sitôt.

— Comme tu voudras, Minna, comme tu voudras, répondit le docile petit homme en furetant dans sa boîte. Après tout, j'aime à voir mieux apprécier mes cigares de la Havane que par le professeur, qui ne m'écoute même pas quand je raconte par quelle bonne fortune j'ai pu me les procurer. Si nous invitions le jeune ménage, puisque la jolie dame te plaît tant? Qu'en dis-tu, Minna?

— Certainement, mon chéri, dit Mme Wunderlich en tapotant amicalement le crâne luisant de son vieil époux; mais auparavant il faut que je leur rende une visite, et pour cela j'attends que la modiste m'ait envoyé mon chapeau neuf, car je ne peux guère me montrer, à la fin de l'automne, en chapeau d'été. Tu sais que je tiens à ces petites choses, bien qu'elles soient coûteuses.

— Dieu merci, Minna, nos moyens nous le permettent, » répondit le mari en répétant d'un air de jubilation la phrase favorite de sa femme.

Au même instant, un entretien conjugal aussi, mais infiniment moins tendre et moins semé d'épithètes caressantes, se poursuivait entre le professeur et sa femme sur le chemin du logis.

« Il y a vraiment de quoi désespérer un homme, Augusta, disait M. Felsing d'une voix mesurée où l'on sentait gronder la colère, de te voir si imprudente. De quelles sottises ne t'es-tu pas rendue coupable aujourd'hui ? Heureusement que j'ai pu t'arrêter avant que ton bavardage eût fait trop de mal.

— Mais, mon Dieu, Féodor, je n'oserai plus ouvrir la bouche, de crainte de m'attirer tes reproches, répliqua Mme Felsing en gémissant. Qu'ai-je donc dit de si fâcheux ?

— N'est-ce rien que de te permettre de parler des Gahlen comme tu l'as fait ? Insinuer que je ne me souciais pas de Gahlen comme directeur ! Peut-on manquer de tact à ce point !

— Mais toi-même tu as longuement parlé à ma mère de l'odieuse injustice qu'on t'avait faite en te frustrant d'une place qui te revenait de droit ? Si tu ne voulais pas que je le susse, tu aurais dû te taire devant moi. Il ne peut être bien mal de montrer par un mot qu'on a senti l'injure.

— Ce n'est pas mal, c'est stupide, c'est idiot ! dit le professeur exaspéré. Mais à quoi bon raisonner une bêtise devant laquelle les puissances célestes resteraient impuissantes ? Je te conseille de m'obéir, voilà tout. D'abord rappelle-toi que tu ne dois mentionner Gahlen et sa femme que dans les termes les plus élogieux : peu importe que tu penses tout le contraire ! C'est seulement en ma présence ou bien avec ta mère que tu diras la vérité. Devant ton père, tu accentueras un peu les ombres du tableau, surtout en ce qui concerne la coquetterie de cette belle jeune femme. Quant à elle personnellement, tu lui témoigneras d'aimables, d'affectueux égards, entends-tu? N'oublie pas mes recommandations, et tâche que je sois content de toi.

— Mais pourquoi tout cela?

— Parce que je le veux, » répliqua le mari d'un ton si impérieux qu'il coupa court à toute objection, si bien que la femme, blessée et irritée, mais craintive, se contenta de le suivre en silence jusque chez eux.

Dès que la porte fut retombée sur ses gonds, sans même paraître voir son mari, Mme Felsing passa rapidement devant lui, et, entrant dans la chambre de ses enfants, elle s'y enferma pour aller tomber à genoux devant une petite couchette, dont elle inonda la couverture de larmes brûlantes.

« Oh! mon Dieu! mon Dieu! disait-elle d'une voix haletante, pourquoi faut-il que je sois si malheureuse? »

Elle pleura longtemps, pressant son visage enflammé de ses deux mains, tandis que des pensées toujours plus amères, toujours plus sombres, venaient l'assaillir. Elle s'était mariée sans amour, mais avec l'espoir du bonheur, car l'homme à qui elle accordait sa main avait su plaire à tous; sa mère surtout le favorisait particulièrement. Mais, aussitôt le mariage accompli, les manières insinuantes avaient fait place à la rudesse, et la jeune femme, qui n'était naturellement ni douce ni soumise, ayant voulu se révolter, eut à subir une véritable tyrannie. Ses ennuis domestiques ne la rendirent pas aimable; ensuite son intelligence fort médiocre lui valut de la part du mari mécontent de mortifiantes rebuffades, si bien qu'elle en était venue à redouter toute sortie, toute visite, presque inévitablement suivie de scènes où son manque de grâce et d'aisance lui était durement reproché. La pauvre créature chercha d'abord un refuge auprès de sa mère, mais elle fut mal reçue.

« Le premier devoir d'une femme est de se soumettre à son mari. Le tien est intelligent, avisé; il saura suivre une belle carrière. Tu devrais lui être reconnaissante de ce qu'il te reprend sur ton langage et tes manières, car il prévient ainsi plus d'une sottise qui pourrait vous être nuisible. Et tu te plains! Je n'aime pas cela, ma fille, je te le déclare. Chaque maison a sa croix, il faut savoir la porter en silence, d'ailleurs la tienne n'est pas lourde. »

Et la pauvre femme se tut, mais la croix devenait chaque jour plus pesante.

L'enfant endormi se redressa tout à coup et, voyant sa mère, sourit en lui tendant les bras.

« Maman! maman! Ernest a été bien sage; qu'est-ce que tu lui as rapporté? »

Cette petite voix claire, ce visage d'enfant tout rayonnant de plaisir furent comme un rayon de soleil dans les ténèbres pour la pauvre femme humiliée et désolée. Ses traits convulsés par la colère et la douleur s'adoucirent, et, souriant à son tour aux grands yeux bleus attentifs, elle tira de sa poche, abondamment garnie par la bonne Mme Wunderlich en prévision de cette occurrence, un bonbon que les petites dents blanches eurent bientôt fendu en deux.

« Mais tu as aussi un bonbon pour Gustave, n'est-ce pas, maman? » dit le petit gourmand, la bouche pleine, en se tournant du côté d'un autre lit placé près du sien et où son frère persistait à dormir.

La mère baisa doucement le joli visage rose, plaça le

bonbon sur une chaise, afin qu'il l'aperçût à son réveil, puis revint à Ernest.

« Rendors-toi maintenant, mon trésor, dit-elle en arrangeant les oreillers. Qui sait si demain matin je ne trouverai pas encore quelque croquet pour les enfants sages? »

L'enfant eut un sourire ravi, puis, ayant ramassé quelques miettes éparses sur la couverture, il enfonça dans l'oreiller une tête blonde sur laquelle le sommeil s'appesantit bien vite. Pendant quelques instants encore, la mère resta debout auprès des berceaux, calmée et adoucie par la vue des innocents dont l'amour lui restait. N'était-ce pas une compensation de la funeste erreur qui aigrissait sa vie? Désormais elle viendrait près d'eux chercher la paix, et pour eux elle supporterait tous les chagrins et tous les déboires.

X

LE JEUNE MÉNAGE

Il ne se peut rien voir de plus charmant qu'un jeune ménage à ses débuts dans sa nouvelle vie. Tout en eux comme autour d'eux a revêtu de fraîches et gracieuses apparences, tout leur parle de bonheur et leur suggère de riants espoirs. Ils ne connaissent point encore les amers mécomptes qui ont brisé tant de faibles cœurs, ils ne se doutent pas même qu'on se puisse lasser de parler d'amour et qu'on en puisse venir, par une pente insensible, de la plus vive tendresse à une froide indifférence.

D'ailleurs Frédéric et Théodore formaient vraiment un couple exceptionnel. Ces deux êtres si intelligents et si beaux, si unis, si bien faits pour se comprendre, semblaient avoir droit à toutes les joies que ce monde, souvent rude et maussade, peut offrir à ses favoris. Il est vrai que Théodore ne jouissait plus incessamment de la présence de son mari comme pendant leur voyage de noce, car ses fonctions le retenaient loin de chez lui une partie de la journée ; mais quelle fête que chaque retour ! Comme elle épiait le bruit de ses pas, comme elle guettait son arrivée pour se précipiter au-devant de lui et l'entraîner dans le gai petit parloir !

Elle avait toujours une foule de choses à lui conter, tantôt la visite d'un voisin, tantôt la gracieuse attention du laitier qui décorait d'un bouquet de fleurs la cruche destinée à ses nouveaux clients. Grâce au charme tout-puissant du premier amour, chaque objet, chaque événement se coloraient aux yeux des jeunes époux de teintes douces et poétiques. A coup sûr, ces heureuses gens possédaient tous les matériaux du bonheur, depuis les plus grands jusqu'aux plus petits. Une affectueuse sollicitude avait veillé à ces derniers ; elle avait garni les chambres de meubles confortables, rempli les armoires d'argenterie massive, rangé sur les étagères de fines porcelaines couvertes de dessins délicats ; l'époussette même, placée dans une mignonne corbeille, se voyait ornée d'une belle bande rouge ; ne devait-elle pas servir à une jeune mariée ?

Inquiète de l'inexpérience de sa fille, la conseillère s'était privée pour quelque temps en sa faveur des services de l'adroite Grissel, qui sut si bien faire marcher la maison que Théodore s'étonna d'avoir pu appréhender l'exercice de ses nouvelles fonctions; puis, naturellement insoucieuse, elle oublia vite tout souci à ce sujet.

Sous la direction éclairée de l'incomparable tante Polly, notre jolie Grissel avait fait de merveilleux progrès dans toutes les branches de l'économie domestique. D'un caractère actif, ravie au surplus de se voir reine et maîtresse d'une belle cuisine où les casseroles de cuivre toutes neuves entretenaient une perpétuelle illumination, la gracieuse fille déployait un zèle passionné; du matin au soir, ses mains ne se lassaient point de frotter, de laver, de fourbir, de repasser, etc., sans que Théodore, habituée à la laisser agir, s'occupât jamais de contrôler ses actions. Dans les premiers jours, il est vrai, poussée par l'attrait de la nouveauté, elle avait voulu se mettre au courant des soins nécessaires à un intérieur, mais l'attitude étonnée, presque hostile, de la bonne dressée par Grissel afin de la remplacer plus tard, son rire à peine comprimé lorsqu'une méprise de la jeune maîtresse de maison décelait sa profonde inexpérience, l'ayant trop vite découragée, elle laissa sans remords toute l'autorité à Grissel. Celle-ci ne pouvait cependant lui éviter quelques légers embarras, comme par exemple lorsqu'un rôti fut placé sur la table et que ni Frédéric ni sa femme ne surent de quelle manière s'y prendre pour le découper.

« Bah! dit Théodore, qui avait pris le parti de rire, tu couperas d'un côté, moi de l'autre; de cette façon, nous serons sûrs de nous rencontrer au milieu du plat. »

Cette lutte en champ clos, au risque des éclaboussures de graisse et de jus, parut médiocrement du goût de Frédéric.

« Non, dit-il en souriant, découpe toi-même. Ne sais-tu pas que celui qui se tire le mieux de cette délicate opération est assuré d'être le maître ? »

D'un geste rapide, Théodore avait poussé l'objet du litige devant son mari.

« Raison de plus pour que tu t'en charges, fit-elle d'un ton mi-plaisant mi-sérieux : j'ai horreur des maîtresses femmes, et j'espère bien n'être jamais comptée parmi elles. Voici donc les insignes de ta souveraineté, ajouta-t-elle en lui tendant le long couteau pointu et la fourchette à fortes dents aiguës. Je préfère garder pour ma part une humble soumission. »

De fait, elle était charmée de se débarrasser d'un désagrément, si puéril qu'il fût, car il lui en restait beaucoup plus qu'elle n'aurait voulu en convenir. De ce nombre étaient le linge et les vêtements de Frédéric, lesquels réclamaient les soins d'une ménagère attentive, car le jeune homme, habitué à un ordre minutieux, souffrait réellement lorsqu'il lui fallait sortir avec des manchettes sans boutons — nous ne disons pas effilochées : cet excès d'horreur n'avait pas encore été imposé à son stoïcisme — ou un paletot imparfaitement brossé. Or, ces détails paraissant d'une complète insignifiance aux yeux de Théodore, elle les négligeait très souvent.

« Ma petite femme, tu as oublié de coudre des boutons à mes manchettes, comme je t'en avais priée hier soir, et maintenant je n'ai pas le temps de me déshabiller, disait Frédéric d'un ton d'impatience à la table du déjeuner.

— Mais, cher ami, je vais te les coudre tout de suite, cela prendra un instant à peine, » s'écria Théodore en s'empressant d'aller chercher son dé, ses ciseaux et une aiguille.

Par bonheur, l'art de remplacer les boutons absents ne lui était pas étranger, et Frédéric baisa tendrement à plusieurs reprises les doigts délicats qui travaillaient avec tant de grâce pour son service.

Ces petites scènes n'ont tout leur prix qu'à condition d'être rares; or elles se renouvelèrent si fréquemment dans le jeune ménage que Frédéric passa de l'accent de l'impatience à celui du blâme, d'abord voilé, puis énergique et grave, lorsque le temps lui manquait pour attendre qu'on réparât le désordre. Théodore, désolée de lui déplaire, se fit de sérieux reproches et prit d'excellentes résolutions, malheureusement peu exécutées, et de nouveaux oublis amenèrent à leur suite leur vilaine escorte de mécontentement et d'irritation.

Tant que Grissel conserva son poste, il ne survint aucun ennui vraiment pénible; mais le jour arriva où la jeune fille dut retourner auprès du vieux père laissé depuis si longtemps dans l'attente, et pour la première fois Théodore put apprécier la valeur du trésor disparu. Grissel avait disposé librement des provisions de la cave et de l'office, dont les clefs, après son départ, furent remises soigneusement dans un petit panier, sur la table de Théodore, qui seule désormais devait entrer dans les deux sanctuaires domestiques. Rien ne pouvait être plus désagréable à la jeune femme que ces visites incessantes à l'office et à la cuisine, d'autant plus que, ignorante comme elle l'était des quantités nécessaires aux mystérieux apprêts d'un dîner, elle se trouvait à la merci d'une servante bien peu digne de remplacer l'honnête Grissel. Certain livre de recettes, cadeau de la tante Polly, était consulté avec une ardeur qui eût bien étonné Mlle de Kleist quelques mois auparavant; mais ce précieux conseiller lui-même restait muet sur bien des points où Théodore devait agir à l'aventure et par conséquent sans grande autorité sur une fille qui, bien convaincue de l'incapacité de sa maîtresse et de sa propre importance, devenait chaque jour plus audacieuse, repoussant les timides tentatives de la jeune femme sur son territoire avec une impertinence qui lui eût mérité un renvoi immédiat, décision à laquelle la bonne Théodore ne pouvait se résoudre, bien qu'elle souffrît de plus en plus de l'insolence de Lisette.

Puis elle supportait avec une extrême impatience la nécessité de s'occuper de ces menus détails qui venaient à toute minute la troubler au milieu de ses occupations les plus chères. Jadis, elle avait pu faire de la musique pendant des heures entières, peindre, lire, étudier, sans que personne se permit jamais de l'interrompre. Que les temps étaient changés !

« Madame, les choux sont au feu, maintenant il me faudrait de la graisse, puis un œuf pour la soupe et de la mie de pain pour paner les côtelettes, disait la voix de Lisette, résonnant à travers la porte au moment même où l'artiste, excédée de son rôle de ménagère, étudiait une sonate hérissée de difficultés.

— Tout de suite ! » répondait Théodore avec impatience; car Lisette choisissait presque toujours mal le moment d'adresser ses ennuyeuses requêtes.

Avant d'aller à la cuisine, elle voulait achever ce passage : la graisse et l'œuf ne pressaient pas si fort, l'heure du dîner était loin. Le passage se trouva difficile entre tous, il fallut le répéter pour être sûre de ne plus l'oublier. Puis vinrent quelques notes si mélodieuses, si charmantes, qu'on ne pouvait se priver du plaisir de les entendre résonner immédiatement sous des doigts heureux d'en faire valoir les délicates nuances. L'étude se faisait de plus en plus attrayante, la musique de plus en plus enchanteresse ; le chou et les côtelettes étaient bien oubliées ; leur modeste, mais importun souvenir ne serait jamais revenu à l'esprit de l'artiste, emportée bien loin des vulgaires soucis d'un monde où il faut non seulement manger soi-même de temps en temps, on s'y résignerait, mais encore se préoccuper du dîner d'autrui, si la figure vinaigrée de Mlle Lisette n'avait reparu dans l'entre-bâillement de la porte, tandis que cette aimable créature déclarait que ce ne serait pas sa faute si le dîner ne se trouvait pas prêt, attendu qu'elle n'était pas sorcière et capable de faire quelque chose avec rien.

Confuse de sa négligence, Théodore se leva précipitamment sans appliquer à Lisette la verte réprimande qu'elle eût si bien méritée, d'autant plus que, sous prétexte de remédier au retard, la péronnelle activait le feu et bousculait ses casseroles d'une manière qui ne promettait aux choux dédaignés qu'une saveur de graillon peu réjouissante.

Uniquement préoccupée de ses études, la jeune femme trouva ces dérangements chaque jour plus insupportables, et lorsque, la palette au pouce ou les mains sur le clavier, il lui fallait se lever pour aller chercher quelque provision à l'office, elle répondait souvent :

« Prends les clefs dans la corbeille et choisis toi-même ce qu'il te faut. »

Cette liberté était une véritable bonne fortune pour Lisette, qui ne comptait pas, loin de là, la probité au nombre de ses vertus; aussi s'arrangea-t-elle de façon à multiplier ses petits profits aux dépens de son insouciante maîtresse.

Malgré ses grandes prétentions et ses airs d'importance, Lisette n'était rien moins qu'un cordon bleu et présentait sur la table des mets qui mettaient à l'épreuve toute la patience du jeune mari, à qui les paroles de tendresse de sa femme faisaient avaler, non sans grimaces, — les saints sont rares, — mais au moins sans plaintes, un potage trop salé, des légumes à moitié crus et une viande desséchée, quand elle n'était pas réduite en charbon. Même le désordre de l'appartement, si pénible pour ses instincts soigneux et auquel Théodore ne prêtait pas la moindre attention, ne lui arrachait que des remarques fort adoucies et très enjouées. Plus tard, en constatant qu'il n'obtenait rien, que la poussière s'épaississait sur les meubles, qu'un chaos désolant régnait dans les armoires, il finit par parler sérieusement, par exiger de sa femme qu'elle fît au moins un effort pour que leur intérieur ressemblât à celui de sa mère, resté à ses yeux l'idéal du foyer domestique. Ce fut inutile, et ses vœux exprimés d'abord sous une forme tendre et courtoise, ensuite plus sévère, ne reçurent pas l'ombre d'exécution. S'étonnera-t-on beaucoup d'apprendre que Frédéric Gahlen, si amoureux qu'il fût, manifestait clairement sa

mauvaise humeur lorsqu'en rentrant à midi il trouvait
que le couvert n'était pas mis sur une table où restaient
encore les tasses non lavées du déjeuner, que la
chambre à coucher n'avait pas été faite, et qu'au milieu de ce désordre Théodore jouait du piano d'un air
ravi ou s'absorbait, oublieuse du reste de l'univers,
dans quelque délicieuse peinture?

Sèchement grondée en pareil cas, la jeune femme,
qui n'avait jamais trouvé que joie et bonheur dans
l'exercice de ses brillants talents, ne s'y livrait plus
qu'avec remords et tristesse. Tremblante à l'idée qu'elle
avait peut-être négligé quelque devoir essentiel, dès
qu'elle entendait le pas de son mari, elle quittait son
travail comme une coupable surprise en flagrant délit
et s'emparait d'un plumeau, ou bien ouvrait sans but
une armoire, s'installait à la hâte devant sa table à ouvrage. Ces petites ruses, étrangères à sa nature loyale,
l'humiliaient à ses propres yeux; mais Frédéric ne les
remarquait point, car il avait ses ennuis personnels
et revenait chez lui soucieux, la pensée absente et
préoccupé des sentiments hostiles que différents professeurs ne prenaient presque plus la peine de lui dissimuler.

Felsing surtout semblait prendre à tâche d'exaspérer son chef, et le jeune directeur, sachant qu'il
avait longtemps compté sur cette place finalement
donnée à un autre, ne voulait pas irriter encore par
des altercations ou des réprimandes une blessure
d'amour-propre facile à deviner sous le triple voile
d'hypocrisie dont s'enveloppait la déplaisante victime
d'un espoir déçu. Encouragé par une indulgence qu'il
prenait pour de la faiblesse, Felsing affectait une atti-

tude provocante, que le jeune directeur, en dépit de son empire sur lui-même, sentait ne pas pouvoir supporter longtemps. Peu expansif et persuadé en outre que ces sortes d'affaires ne doivent pas être débattues en famille, il se taisait, et Théodore, anxieuse de sa tristesse, ne pouvant obtenir de réponses à ses tendres questions, attribua naturellement sa froideur à quelque irrégularité de sa part et s'étonna qu'un homme pût attacher tant d'importance à ce qui n'était, selon elle, que de véritables niaiseries, indignes de l'attention des esprits sérieux.

Un jour que Frédéric, impatient et nerveux, avait raillé le zèle que mettait Théodore à peindre une aquarelle, tandis que Lisette flânait impunément tout le long du jour, la jeune femme répondit tristement :

« Avoue-le, cher ami, ne préférerais-tu pas qu'au lieu de posséder quelques talents inutiles, je fusse une bonne ménagère, bien bornée, mais positive et pratique? »

Le mari rougit d'autant plus vivement que des réflexions sinon identiques, du moins analogues, lui avaient récemment traversé l'esprit. Le reconnaître cependant, c'eût été blesser cruellement Théodore; aussi répliqua-t-il avec un sourire :

« Ma chère enfant, si je te disais cela, j'imagine que tu ne me croirais pas. Il me semble seulement que ces occupations, qui te sont si chères à bon droit, ne devraient pas absorber toutes tes heures, ni te faire négliger tes devoirs de maîtresse de maison. Ces dons charmants dont tu es comblée sont comme les sculptures d'un édifice, elles en sont l'ornement, nous les admirons, mais elles ne doivent pas enorgueillir l'architecte au point qu'il en oublie d'assurer la solidité de sa charpente. En tant que jeune fille, tu étais libre de te consacrer à tes travaux favoris; épouse, tu dois les réserver pour tes moments de loisir. »

Théodore se tut : les paroles de son mari l'avaient froissée, et elle ne voulait pas le laisser voir, bien que le souvenir d'un passage de Jean-Paul lui montât involontairement aux lèvres :

« Les petites querelles avant le mariage sont comme le vent du nord qui, doux et chaud en été, devient, en hiver, une bise glaciale. »

Puis elle s'efforça de secouer le pressentiment douloureux qui lui disait que son bonheur était menacé. Non, certes, cela ne serait pas tant que le courage et la volonté y pourraient quelque chose. Dès le lendemain, elle s'occuperait de ces odieuses affaires de ménage, et Frédéric aurait bientôt oublié son fugitif mécontentement.

Ainsi déterminée, elle passa une soirée paisible à se représenter la joie qu'éprouverait son mari en constatant l'heureuse amélioration qui s'opérait chez elle et autour d'elle. Paisible, après tout, n'est pas le mot; agitée lui conviendrait mieux, quoiqu'elle fût exceptionnellement silencieuse ; Théodore resta même assez longtemps sans pouvoir s'endormir, car les projets de réforme s'accumulaient dans sa tête, et d'autres soucis plus pressants encore venaient s'y ajouter, soucis que Théodore n'avait jamais connus, qu'elle avait dédaignés comme vulgaires et indignes d'une âme élevée, et qui venaient maintenant retomber lourdement sur elle, c'est-à-dire les soucis d'argent. Théodore en était à savoir qu'il peut être pénible de manquer de quelque chose; jeune fille, sa mère pourvoyait à sa toilette, remplissait sa bourse en vue des menus plaisirs et ne s'étonnait jamais de la trouver vide ; or ce système si simple, si commode, n'avait pas été du goût de Frédéric, accoutumé depuis longtemps au calcul et à la prévoyance. Il fit même une mine assez longue lorsque sa femme lui demanda de venir en aide à sa caisse prématurément allégée de son contenu.

« Cela ne pouvait marcher ainsi, dit-il ; sans quoi nous n'aurions plus un sou à la moitié du semestre. »

Aucun démêlé n'est plus irritant, plus propre à entrainer l'aigreur entre époux que ceux causés par la dépense, et par malheur aucun n'est plus fréquent. L'homme qui reste gracieusement souriant devant les saignées faites à sa bourse peut être cité comme le modèle des bons maris ; mais, comme toutes les perfections, il est presque introuvable. Naturellement il est sous-entendu que cette âme généreuse doit posséder les moyens de donner, c'est-à-dire une grande fortune, ce qui n'est guère le cas dans les rangs de la bourgeoisie, auxquels appartenaient Théodore et Frédéric. Par contre, la généralité des chefs de famille se contentent de recommander l'économie aux pauvres ménagères, et une fois ce devoir accompli, la conscience sereine, ils espèrent bien que, aidées d'un aussi judicieux conseil, leurs femmes trouveront le moyen de pourvoir à tout le confortable nécessaire à leurs précieuses existences.

Ce genre de préoccupations pesait donc sur Théodore, qui voyait chaque jour se dresser devant elle comme un importun fantôme cet éternel problème : Que ferai-je demain pour le dîner qui soit bon et surtout à bon marché, attendu que mon tiroir se vide avec une rapidité désespérante et que Frédéric répète volontiers : « Un pfennig dépensé à tort tous les jours fait un thaler au bout de l'année; la croûte gaspillée finit par former un pain entier. » Enfin elle avait trouvé. Mais Frédéric serait-il content? Elle s'assit tout à coup dans son lit et regarda son mari, qui, semblait-il, ne dormait pas encore, car il s'était retourné plusieurs fois, et son souffle était inégal.

« Frédéric, dit-elle enfin en lui touchant l'épaule; dors-tu! »

Il tressaillit brusquement, tiré de son demi-sommeil par une voix dont l'accent plaintif l'effraya.

« Es-tu malade, ma chérie, te faut-il quelque chose?
— Non, non, je suis très bien. Je voulais seulement te demander si tu mangerais volontiers du riz au lait. »

Le jeune homme poussa un grand éclat de rire.

« Oui, je raffole du riz au lait; mais dors, ma pauvre petite, car, si ta mère venait à savoir quelles mesquines inquiétudes culinaires te procurent des insomnies, elle viendrait immédiatement t'enlever, afin de te rendre au culte des muses, que je t'ai fait si cruellement délaisser. »

XI

TENTATIVES

Pendant quelques jours, le paisible royaume des arts où se complaisait la jeune femme resta abandonné et désert, car, fidèle à sa parole, elle ne s'occupa que des mille et un détails dont se compose l'entretien d'un ménage. Elle rangea les armoires, remit en place les objets dispersés, s'assit devant sa table à ouvrage, épousseta les meubles et soumit Lisette à une surveillance attentive. Ce n'était là d'ailleurs que les préliminaires de sa grande réforme, puisqu'elle tenait à étonner son mari par une preuve éclatante de ses progrès dans une science restée jusqu'alors pour elle obscure et fermée : celle de la cuisine. Aussi, feuilletant avec ardeur le conseiller de la tante Polly, elle choisit finalement une sorte de pouding qu'elle avait entendu vanter par Frédéric et qui paraissait souvent sur la table de Mme Gahlen. Une fois décidée à cette aventureuse entreprise, elle s'en alla bravement faire ses préparatifs dans la jolie cuisine ensoleillée. Le pire de la chose, c'est que Lisette, courroucée de voir sa maîtresse sur le point de secouer le joug si insolemment imposé par elle, ne ménageait pas plus les observations malignes que les commentaires sournoisement désobligeants. On ne parut même pas les entendre, et Théodore se débattit sans mot dire contre un travail si étrange pour son inexpérience, maniant le lourd pilon afin de bien mêler le beurre et la farine, pétrissant la pâte de ses belles mains fines et allongées, beurrant son moule, pressant un citron, etc.

Enfin tout est prêt, l'appétissant monticule est déposé dans le four autour duquel pétille une joyeuse flamme. La cuisson doit durer une heure, et Théodore, se méfiant de sa servante, vient s'installer avec son livre devant la porte du fourneau, non sans consulter souvent sa montre, car une agréable odeur se répand dans la pièce ; le pouding se gonfle, brunit, et il tarde à son auteur triomphant de le présenter à Frédéric et de voir la mine qu'il fera en apprenant ses heureux débuts.

Théodore prend une assiette, y dépose un morceau, la passe à son mari et attend les éloges qui pour l'heure lui seront plus précieux que ceux prodigués jadis à ses tableaux ou à sa brillante exécution de pianiste.

Mais qu'arrive-t-il ? A peine le jeune homme a-t-il avalé une bouchée, qu'il fait une effroyable grimace, s'exclame et boit un grand verre d'eau.

« Mais qu'y a-t-il donc ? Est-ce que ce n'est pas réussi ?

— Goûte seulement, ma chère, je ne te dis que cela ! » répond Frédéric, partagé entre la colère et l'envie de rire, et reprenant la carafe.

Théodore suit le conseil et pousse à son tour un cri d'horreur :

« Fi donc ! c'est abominable ! Qu'est-il arrivé ? Je n'y comprends rien.

— Moi si, je comprends, dit Frédéric flegmatiquement : tu as pris le sel blanc pour du sucre en poudre, et tu l'as prodigué d'une main trop libérale.

— C'est impossible, répond Théodore luttant vainement contre ses larmes... et pourtant... je crois plutôt que Lisette m'a joué un méchant tour et jeté une poignée de sel dans ma pâte au moment où j'avais le dos tourné. Elle paraissait furieuse de ce que je me mêlais de la cuisine.

— Eh bien, je crois qu'on peut dire, au sens littéral du mot, qu'elle y a mis son grain de sel. Maintenant que le mal est fait, je te serais obligé de nous servir autre chose, car avec la meilleure volonté du monde il me serait impossible de manger ton premier plat. »

Sans répliquer, la pauvre Théodore s'empressa de

faire apporter le second service; mais, ne voulant pas que Lisette pût jouir de la méchante satisfaction de constater que le pouding était immangeable, elle le mit à l'abri de sa curiosité dans une armoire dont elle tira la clef, aussi triste, aussi découragée de son insuccès que si un véritable malheur avait fondu sur elle. Peut-être que, si son mari lui eût adressé quelques mots d'affection et de remerciement pour une tentative qui montrait tout au moins un désir évident de lui plaire, elle se fût consolée; mais Frédéric venait de recevoir une lettre sans doute peu agréable, puisque, en la lisant, son front se couvrait de nuages et que ses sourcils se fronçaient. Oublieux du chagrin de sa femme, chagrin puéril selon lui, il se hâta de finir son dîner et quitta la chambre afin de répondre à son correspondant, lequel n'était autre que Felsing.

Jusqu'au dernier moment, Théodore avait espéré que son mari la remercierait d'avoir commencé son éducation de cuisinière aux dépens de sa musique et de sa peinture tant aimées. L'essai ne se trouvait pas heureux, c'est vrai; mais n'aurait-il pas dû considérer l'intention plutôt que le résultat? A quoi bon sacrifier les belles et précieuses heures d'une matinée? Qu'y gagnait-elle? Pourquoi abandonner un travail sympathique où elle excellait, puisqu'on ne lui savait aucun gré de ses efforts en sens contraire? Théodore ne regardait nullement ses occupations de ménagère comme un devoir à remplir et ne les supportait que par égard pour son mari; il lui semblait absurde de ne songer qu'à la triste prose de la vie, et, quant à l'amour de l'ordre qui distinguait Frédéric, elle le trouvait exagéré, pédantesque; si elle avait moins aimé son mari, elle aurait ajouté insupportable et à endurer pour l'amour de la paix seulement.

Pour en revenir aux misères présentes, que fallait-il faire de cet infortuné pouding resté dans l'armoire comme un ironique monument de sa maladresse? On ne pouvait songer à le donner aux pauvres avec les autres restes, et par-dessus tout il ne devait pas revenir sous les yeux de la sournoise Lisette, véritable auteur de la catastrophe. Ainsi décidée, Théodore enveloppa le gâteau d'un journal, mit le paquet dans une petite corbeille, et à la nuit tombante elle se glissa au jardin, où elle creusa furtivement la terre. Ce fut dans cette fosse improvisée qu'alla dormir l'innocente victime d'une cuisinière novice et d'un méchant cœur. Malheureusement, Théodore y enterra en même temps, avec l'intention amère de ne les y réveiller jamais, tous ses projets de réformes et de perfectionnements dans la voie pratique où elle s'était bercée un instant du trompeur espoir de marcher d'un pas aussi assuré que la plupart de ses contemporaines. Alors seulement le côté comique de l'aventure lui apparut, et elle en fut tellement divertie qu'elle accueillit Frédéric à son retour avec une gaieté qui ne lui laissa rien soupçonner de la mélancolie à laquelle elle avait été en proie pendant tout l'après-midi.

Théodore avait renoncé à poursuivre le cours de ses expériences dans la région culinaire; mais le désir de gagner l'approbation de Frédéric à force de courageux efforts n'était pas complètement éteint dans son cœur. Elle chercha donc un autre moyen, sans penser à la peine et à l'ennui qu'il pourrait lui en coûter personnellement.

Les paroles du fiancé sur les fameuses douze douzaines de bas du trousseau lui étaient restées dans la mémoire. Il va de soi qu'elle ne songeait pas à s'amasser cette énorme provision; mais pourtant, avec l'aide d'Hélène, elle se monta un tricot et attendit curieusement ce que Frédéric, qui avait paru jadis regretter si fort son aversion pour ce genre de travail, pourrait dire en le lui voyant dans les mains.

Toute sa vie, le jeune homme avait été habitué à étudier seul dans sa chambre, et même après son mariage il conservait le goût de la solitude et ne s'installait que rarement auprès de Théodore. Celle-ci s'était plainte de son abandon, si bien qu'un beau soir il vint au salon apportant avec lui les épreuves d'un livre à corriger. Ravie, la tricoteuse novice prit son bas, s'assit doucement à côté de son mari, dont elle guettait le premier regard et la première exclamation de joyeuse surprise à cette vue inusitée. Une aiguille suivait l'autre, tandis que Frédéric, absorbé dans son œuvre, lisait et corrigeait, corrigeait et lisait sans jamais lever les yeux.

« Quand cette page sera finie, il me regardera, » pensait Théodore qui l'examinait avec anxiété. Mais, en voyant que l'attention de Frédéric s'attachait exclusivement à son livre, elle prit le parti de tousser légèrement, puis plus fort :

« Désires-tu quelque chose, ma chère? demanda Frédéric, levant la tête d'un air moins inquiet qu'ennuyé.

— Oui, dit la jeune femme en souriant, je veux que tu jettes un coup d'œil sur mes doigts.

— Très volontiers, mais à quel propos? reprit Frédéric fort étonné.

— A quel propos? mais tu ne vois donc pas? s'écria Théodore en faisant bruyamment cliqueter les cinq aiguilles de son tricot.

— Non, qu'est-ce qu'il y a donc à voir?

— Que je tricote ! » s'écria Théodore d'un ton triomphant en élevant le bas à la hauteur des yeux du mari, que ce spectacle laissa parfaitement froid. Sans le moindre soupçon de l'importance que sa femme y attachait, il se borna à cette remarque peu encourageante :

« Je vois bien; mais qu'est-ce que cela a d'extraordinaire? »

Et revenant à ses épreuves, que son index immobile sous une ligne n'avait point quittées, il laissa la pauvre Théodore, amèrement déçue, courber en silence la tête sur son ouvrage. Vexée contre son mari, dont elle n'avait pas prévu l'indifférence, irritée aussi contre elle-même de s'être si follement exagéré la valeur de ses moindres faits et gestes, elle éprouvait, pour la seconde fois, un cruel mécompte. A vrai dire, Frédéric était si bien fait à l'habitude de voir un tricot aux mains de sa mère et de ses sœurs, qu'il croyait de bonne foi que cet appendice pousse naturellement et sans effort à toutes les mains féminines. Or ce n'était point le cas pour Théodore, qui continuait à égrener silencieusement ses mailles à côté de lui. Quelle occupation insipide! Si au moins elle avait pu lire; mais son inexpérience ne lui permettait pas cette pratique si commune aux personnes familiarisées dès le jeune âge avec ce bel art. Elle laissa donc errer ses pensées, qui s'en vinrent, par une pente facile à concevoir, aux attrayantes lectures que la jeune femme avait faites dans ces derniers temps. Pour ne pas oublier l'anglais, elle avait repris un à un tous ses auteurs favoris.

« Je me suis entretenue avec mes bons amis, Frédéric, dit-elle en voyant que son mari interrompait son travail et se renversait sur le dossier de sa chaise, et j'ai remarqué encore une fois que les auteurs n'aiment pas que leurs héroïnes aient des mères. Isolée, sans protection, la jeune fille apparaît en pleine lumière. Bulwer Lytton et Walter Scott, s'il leur arrive d'épargner les jours de la mère de famille, lui donnent volontiers un rôle odieux, comme celui de lady Ashton dans la *Fiancée de Lamermoor*. D'ailleurs tous nos écrivains ont leurs petites faiblesses : les filles de pasteurs, par exemple, sont presque toujours des créatures idéales, dans le genre de la Frédérique von Sesenheim, de Gœthe; or, à ma connaissance tout au moins, ces demoiselles ne sont ni plus ni moins charmantes que les autres. Ensuite les héroïnes possèdent immanquablement, par grâce spéciale de la Providence, de longs cheveux bouclés qu'elles rejettent en arrière d'un geste coquet, un teint de lis qui se conserve tel au soleil et au grand air, — on devrait répandre la recette, elle ferait fortune; — de plus, ces jeunes dames affectionnent de passer leur chapeau au bras, au lieu de le poser honnêtement sur leur tête, ainsi que le voudrait la logique. J'ajouterai que je me demande souvent pourquoi les auteurs disent « nous » quand ils prennent la parole, absolument comme s'ils étaient autant de souverains. Qu'en dis-tu, Frédéric? »

Théodore, qui parlait avec animation, les yeux toujours fixés sur son tricot, n'avait point remarqué que son mari ne l'écoutait nullement. Cette particularité, familière à plus d'un savant, de s'absorber dans ses pensées au point d'en oublier tout le reste, la jeune femme la connaissait déjà et l'avait souvent raillée lorsqu'elle n'obtenait que des oui ou des non lancés au hasard pour toute réponse à ses questions. Aussi, voyant que son mari interpellé restait muet, elle se tourna brusquement vers lui et éclata de rire en s'écriant :

« Oh ! le vilain homme ! il n'a pas écouté une syllabe du discours où j'avais prodigué la fleur de mes plus fines observations. Que lui ferai-je à ce mari oublieux de sa pauvre femme ? »

Elle s'était levée et serrait le cou de Frédéric, qui, réveillé enfin, sollicitait son pardon et promettait de s'amender, ce qu'il fit d'abord en prenant son juge sur ses genoux. Mais, lorsque le travail réclama ses droits, Théodore ne se sentit pas le courage de s'assujettir à l'intolérable tricot. A quoi bon, d'ailleurs ? Frédéric, pour l'amour de qui elle acceptait volontiers l'ennui, ne s'en souciait pas. Pourquoi se tourmenter encore ? Elle serra résolument la pelote et les aiguilles dans la table à ouvrage et choisit un livre ; mais, au moment de l'ouvrir, un scrupule l'arrêta. Mme Gahlen avait fait présent de mouchoirs de poche à son fils, celui-ci les avait déjà réclamés plusieurs fois, car il fallait les ourler, et Théodore n'avait pas plus de goût pour la couture que pour le tricot. Cependant elle étouffa un soupir, laissa le bien-aimé volume et revint avec les mouchoirs auprès de Frédéric.

Tout en plissant machinalement l'ourlet, Théodore se remit à songer, mais sans chercher un auditeur dans son compagnon, qui, elle venait d'en recevoir une nouvelle preuve, n'avait aucune sympathie pour ses sentiments et ne répondait à ses essais de confidence qu'avec une froideur presque blessante. Le contraste entre leurs caractères allait se dessinant de plus en plus. Frédéric, calme, réservé à l'excès, ne connaissait guère ou même pas du tout ce qu'on appelle le besoin d'expansion. Dans le monde de savants et de littérateurs où il avait vécu, il ne s'animait que lorsqu'on parlait de science ou d'art et redevenait muet dès qu'on abordait d'autres sujets de conversation. Persuadé par sa propre expérience de la vie de famille qu'avec les femmes il faut s'entretenir de riens, ayant d'ailleurs, quoiqu'il les réclamât autour de lui, un dédain tout viril pour les préoccupations intimes des ménagères, Frédéric avait pourtant constaté auprès de Théodore que l'intelligence des femmes était susceptible de s'élever assez haut; il en avait été surpris, plus surpris encore de voir que ce n'était pas une exception et que beaucoup de dames causaient volontiers et fort bien livres, science, peinture et musique. Seulement leur causerie exigeait une légèreté spirituelle dont Frédéric, qui se rendait justice, ne se sentait point capable; par conséquent, il se taisait.

Cela plaisait médiocrement à sa fiancée; mais entourée comme elle l'était alors, ne manquant jamais d'interlocuteurs sympathiques, l'impression n'eut rien de trop pénible. Il n'en fut pas de même quand la jeune femme, enlevée à la société intelligente où elle se mouvait avec tant de grâce et de bonheur, eut été transportée dans un tout autre milieu. Frédéric était très épris sans doute; cependant il ne trouvait pas que cela valût la peine d'arracher une heure à ses affaires et à ses études pour la consacrer à la jeune femme, qu'envahissait de plus en plus la sensation de l'isolement. Une ou deux fois elle s'était efforcée de rompre l'armure de réserve dont s'enveloppait son mari, et de prendre part à ses travaux, mais il avait amicalement refusé son aide : selon lui, ni ses fonctions ni ses études n'étaient l'affaire d'une femme, il serait absurde qu'elle s'en mêlât.

Ainsi repoussée, Théodore cherchait la résignation; mais de jour en jour la vie lui semblait plus morne et plus lourde. Comme par un coup de baguette, elle se voyait jetée dans un monde nouveau. Ces gens intelligents, spirituels, ces artistes qui la comptaient au nombre des leurs, étaient restés dans un cercle brillant; ils continuaient à cultiver leurs talents, à créer de belles œuvres, ils vivaient enfin, tandis qu'elle s'engourdissait. Cette famille qu'elle apprenait à connaître, ces amis, ces voisins, tous n'avaient que des idées étroites, des intérêts égoïstes et mesquins, des préjugés hostiles contre ce qui n'appartenait pas à leur coterie. Comment se sentirait-elle jamais à l'aise parmi eux?

« Un noble cœur, a dit Schiller, se crée à lui-même « son univers. » Hélas! je crois bien que mon cœur n'est point noble, car la solitude lui est amère. »

Toutes ces réflexions s'agitaient dans la tête de Théodore, alignant silencieusement ses points le long des fastidieux ourlets, et son cœur se gonflait. C'est malheureusement l'inconvénient des travaux d'aiguille qu'ils laissent libre carrière à l'imagination, à la rêverie, et bien des cœurs attristés se sont aigris, plus d'une jeune tête folle a nourri d'absurdes visions, tandis que les doigts poursuivaient machinalement leur besogne accoutumée.

« Oh! mon Dieu, pensait Théodore en laissant tomber ses mains sur ses genoux, qu'une tête doit être vide quand elle ne s'occupe incessamment que de choses de ce genre! C'est déjà triste si la nécessité vous y oblige; mais que dire des femmes qui, par goût, choisissent cette vie-là? C'est à elles que Jean-Paul a lancé cette apostrophe :

« Dites-moi, au milieu de votre couture, de votre cui-
« sine, de vos lessives, vous souvenez-vous encore que
« vous avez une âme? »

XII

LE DIMANCHE

C'était une vieille tradition de la famille Gahlen que le dimanche devait trouver tous ses membres réunis autour de la table maternelle. En général, Rosa, son mari et ses deux enfants prenaient leur repas chez eux, mais ils ne manquaient jamais au dîner dominical, où Frédéric et Théodore durent paraître à leur tour. Si cordiale que fût l'invitation, si respectable que parût la coutume, il n'en est pas moins vrai que cette réunion forcée pouvait souvent devenir pénible aux yeux d'une personne habituée à disposer librement de son temps.

Tout le long de la semaine, Théodore soupirait en pensant à ce dimanche qu'elle s'était peint autrefois si gai, si charmant dans la compagnie de Frédéric, délivré de ses cours et jouissant d'un repos bien gagné. On pourrait causer, lire, se promener. Ce n'était qu'un rêve évanoui avec bien d'autres. Le vrai dimanche n'avait quoi que ce soit d'agréable. Jadis elle avait aimé aller à l'église; mais ici les sermons de M. le pasteur Martin, où se déployait une doctrine rigide, sans chaleur, sans tendresse, lui étaient odieux. Parfois, lorsque par exception le diacre Hiller occupait la chaire, Théodore pouvait emporter avec elle des pensées élevées, douces et consolantes, car le jeune ministre ne ressemblait guère à son supérieur. Frédéric s'accordait fort bien avec lui, et sa mère, Mme Hiller, qui dirigeait sa maison, était regardée par Théodore comme la personne la plus attrayante de toute la ville.

Mme Gahlen ne partageait qu'à moitié la prédilection de ses enfants envers cette aimable famille. Selon elle, le diacre n'avait pour la religion qu'un zèle fort tiède, et le libéralisme chez un prêtre est toujours fâcheux, pour ne rien dire de plus. Quant aux sermons de M. Martin, où l'enfer tenait plus de place que la miséricorde divine, elle ne se les appliquait point, mais les jugeait excellents pour autrui et propres à faire sur les pécheurs une salutaire impression. A Théodore, qui critiquait vivement la sécheresse et la pauvreté d'une morale religieuse ainsi entendue, elle répondit vivement :

« Il faut réfléchir un peu, ma chère enfant; on n'est que trop porté à l'insouciance, à la légèreté. Mais, en tout, c'est de même; vous ne voyez que le bien-dire; le sérieux, la solidité, vous n'y songez jamais. »

Une fois l'office terminé, commençait la série des visites à faire ou à recevoir. Chacun, se trouvant libre, en profitait pour mettre à jour ses devoirs de politesse ou de bon voisinage; puis venait le dîner chez maman Gahlen, près de laquelle on devait passer également le reste de la journée, car elle se fût offensée si son fils et sa belle-fille s'étaient permis d'entreprendre une promenade au sortir de table.

Ainsi, bien moins encore que pendant le reste de la semaine, il n'était possible à Frédéric de consacrer à sa femme cette journée, qui, au lieu de plaisir, n'apportait guère à sa suite qu'un ennui plus pesant, une contrainte plus étroite, quand ce n'était pas un peu d'aigreur et de rancune. Entre Mme Gahlen et sa belle-fille, quelles que fussent les intentions pacifiques de celle-ci, la bonne harmonie ne régnait pas toujours. Théodore dut apprendre à subir ce désagrément comme tous les autres.

« Seras-tu bientôt prête, chère petite? disait Frédéric le matin du dimanche en regardant sa montre avec inquiétude.

— Oui, oui, tout de suite, habille-toi toujours, je reviens à l'instant, » répondait Théodore en s'élançant hors de la chambre.

Mais son mari, le chapeau à la main, put se promener longtemps de long en large avant de la voir reparaître. Ni prières ni gronderies n'avaient pu corriger la jeune femme de son pire travers, l'inexactitude; elle avait toujours quelque chose à chercher, une clef à retirer, un ordre à donner, un point à faire, un oubli à réparer, jusqu'à ce que Frédéric, à bout de patience, lui saisissant le bras, le passât sous le sien pour l'entraîner vers la porte. Alors il fallait arranger le voile et le chapeau; quant aux gants, elle ne les mettait que dans la rue, habitude qui horripilait Frédéric et lui faisait promettre un présent royal à Théodore si jamais elle sortait les mains soigneusement gantées.

Dans les petites villes, il est d'usage que les bancs d'église se transmettent de génération en génération comme un patrimoine. Aussi celui de la famille Gahlen était-il dans la famille de temps immémorial, et là, sur ces vieux sièges sculptés, plus d'une âme écrasée de chagrin ou transportée de bonheur était venue déposer aux pieds de Dieu sa prière joyeuse ou désolée.

Il est impossible de ne pas ressentir un involontaire sentiment d'orgueil à la pensée qu'on appartient à l'une de ces antiques familles où le dépôt d'honneur et de probité légué par les ancêtres s'est maintenu intact pendant des siècles. Théodore, en particulier, était fort sensible à cette impression, son mari la partageait, et ce fut avec une légitime fierté qu'il introduisit pour la première fois sa femme dans ce vieux banc où pas une de ses pieuses aïeules n'avait pu offrir à Dieu un cœur plus candide et plus tendre.

Le dimanche dont il s'agit, lorsque les jeunes gens arrivèrent, Mme Gahlen était installée depuis longtemps à sa place avec Sophie et Hélène, et le regard qu'elle leur lança ne fut nullement empreint d'une touchante bienveillance. Assise entre ses deux jolies filles, sobrement parée, le teint clair et la physionomie recueillie, la vieille dame représentait merveilleusement l'idéal d'une noble et heureuse matrone. Elle avait l'air de le savoir : il ne se pouvait rien imaginer de plus majestueusement digne que les inclinations de tête par lesquelles elle répondait aux saluts de ses amis.

Théodore prit place à côté de ses belles-sœurs, sur les vieux coussins luisants. La première fois qu'elle était entrée dans l'église, elle avait été frappée de l'aspect intérieur de cet édifice, qui, remontant à une époque reculée, restait assez beau pour charmer les yeux d'un artiste sachant voir et comprendre. Pendant le sermon, que le prédicateur prolongeait au delà de toute mesure, elle laissa errer ses regards sur les vieilles sculptures, qui parlaient bien plus clairement à son âme d'immortalité et de grandeur que la froide rhétorique de celui qui se présentait au nom de l'Évangile. Mais cette admiration, prise par Mme Gahlen pour une coupable irrévérence, lui déplut à l'excès ; elle le fit entendre, et dès lors la jeune femme ne se permit plus d'autre délassement pendant les interminables sermons de M. Martin qu'un coup d'œil échangé de loin en loin avec Frédéric, lequel, soit dit en passant, songeait tout autre chose qu'à la colère céleste dont on le menaçait.

« Venez-vous à la maison avec nous, mes enfants ? » demanda la mère en sortant de l'église.

Non, le jeune couple avait quelques visites à faire, et l'on se sépara.

« Surtout, soyez ponctuels. A une heure, la soupe sera sur la table ! » cria Mme Gahlen se retournant tout à coup.

Puis, sur le joyeux signe d'acquiescement qui lui fut envoyé, elle reprit sa marche majestueuse. Plus d'un chapeau se soulevait sur son passage, plus d'une pauvre vieille femme s'empressait de faire sa révérence, car la rigide Mme Gahlen avait facilement la main large envers la misère et la souffrance. « Celui qui pratique l'économie dans les petites choses peut facilement se montrer généreux dans les grandes, » répétait-elle souvent. Bien des malheureux de la ville et des environs la citaient comme une personne bonne et secourable qui les avait tirés de peine à un moment critique, maladie ou chômage, et elle n'abandonnait jamais ses protégés.

Le couvert est dressé dans la grande salle; les lourdes chaises à dossier élevé entourent la table, où étincellent sur une nappe soyeuse les cristaux et l'argentrie héréditaires. Il s'en faut de dix minutes que l'heure n'ait sonné, et Hélène, la robe du dimanche protégée par un grand tablier blanc, voltige de tous côtés, mettant la dernière main à son œuvre. Elle plie les serviettes, prépare les cuillers à dessert, dispose les chaises avec une irréprochable régularité, passe le dos d'un couteau sur la salière, puis se recule d'un pas et regarde l'ensemble. Non, il ne manque rien. Les cordons du tablier sont dénoués, on le jette sur un bras, et Hélène s'approche du miroir, fait bouffer ses boucles blondes, refait le nœud de sa cravate, tire ses manchettes, efface un pli du corsage et finalement se sourit avec satisfaction. La petite Hélène en a le droit : depuis tant d'années que le vieux miroir existe, il a reflété bien des visages, pas un n'approchait de l'adorable gentillesse de celui-là.

A peine Hélène a-t-elle quitté la salle, que la pendule monumentale du corridor frappe quatre petits coups, suivis d'un autre éclatant et sonore. Un seul, mais toute la maison en résonne, depuis les coins obscurs jusqu'à la pharmacie; le chat jaune lui-même se lève, bombe son dos et pousse un miaulement étranglé, afin de montrer qu'il a compris le signal. De tous côtés, les portes s'ouvrent, les voix se répondent, les pas se dirigent vers la salle à manger : on ne désobéit pas à un appel aussi impérieux.

Le premier qui se présente est l'excellent Golden, l'employé de la maison, escorté du petit apprenti. Tous deux, soigneusement endimanchés, se mettent au haut de la table, derrière leurs chaises, et saluent de là les divers membres de la famille.

La maîtresse de maison est entrée presque en même temps qu'eux, surprise et mécontente de voir que deux des convives se montrent inexacts ; elle tourne autour de la table, les sourcils froncés et la mine assombrie, répondant à peine à Rosa, qui s'approche d'elle avec ses deux petites filles dans la bienveillante intention de lui faire oublier le retard de son frère. Hans Altmann s'empresse de son côté ; il a entamé un récit qu'il compte faire durer longtemps, mais tout est inutile.

« Une heure dix minutes ! Hélène, fais servir ; je n'attends pas davantage, » dit Mme Gahlen, qui vient de consulter l'épaisse montre d'or pendue à sa ceinture.

Hélène s'empresse de se rendre à la cuisine, résolue à retarder l'arrivée du potage, lorsqu'à ce moment même la porte de la rue s'ouvre précipitamment, et les retardataires, rouges, haletants, s'élancent sur l'escalier.

« Nous faisons notre apparition en compagnie de la cuiller à potage, » s'écrie joyeusement Théodore.

Mais Frédéric a vu les nuages menaçants qui couvrent le front de sa mère, et il s'empresse de s'excuser.

« Nous avons rencontré le docteur qui nous a retenus assez longtemps, dit-il : il ne nous était guère possible de quitter brusquement un homme âgé.

— Sottise ! répond Mme Gahlen : si l'homme âgé avait su que pour lui on faisait attendre une vieille femme, il se serait empressé de vous tirer son chapeau.

Mais vous ne savez pas ce que c'est que la ponctualité. Tu n'es pas en progrès, je vois cela. »

On s'assit, Mme Gahlen entre son fils et son gendre, le reste des convives s'échelonnant par droit d'ancienneté. D'ordinaire, Théodore se voyait placée à côté d'Altmann, mais comme elle avait fini par s'apercevoir du courroux de sa belle-mère et se souciait assez peu de son voisinage, elle fut charmée de céder cet honneur à la tante Selma et de se réfugier au bas de la table, parmi la jeunesse, qui l'accueillait avec ravissement. Là, du moins, on pouvait risquer une plaisanterie ou étouffer un éclat de rire sans crainte d'une rebuffade ou d'un coup d'œil indigné. Il faut dire que, selon les vieilles coutumes si vénérées par les chefs de la famille Gahlen, il était formellement interdit aux enfants de causer à table, sous peine de se voir mis à la porte. Plus tard, lorsque les enfants furent devenus des hommes et des femmes, la sévérité de la règle se relâcha quelque peu : mais comme Mme Gahlen avait le bruit en horreur et qu'elle ne dissimulait point son aversion, les repas se passaient généralement dans un silence recueilli que troublaient à peine quelques remarques judicieuses échangées par les autorités sur la qualité des mets. Cela n'avait rien de divertissant, et la vivacité de Théodore s'accommodait mal de cette contrainte ; aussi ne s'y soumettait-elle que lorsque le destin l'y forçait. Dès qu'elle pouvait échapper à la surveillance immédiate de sa belle-mère, elle lâchait la bride à son imagination, naturellement portée au comique et que surexcitait d'ailleurs l'attrait légendaire du fruit défendu ; les énigmes saugrenues, les observations drolatiques jaillissaient en foule de ses lèvres, à la folle joie de l'auditoire enthousiasmé.

Il s'ensuivait des explosions; le vieux Golden lui-même ne parvenait pas toujours à conserver à son visage de parchemin une immuable impassibilité, et la toux violente dont il était pris subitement ne dissimulait que fort peu le véritable état de choses. Quant au pauvre petit apprenti, rouge comme un homard, il recourait vainement à son verre d'eau pour noyer ses éclats de rire ; cette manœuvre ne le sauvait pas des coups d'œil foudroyants de sa redoutée patronne, sans parler des réprimandes paternelles de Golden. Il va de soi que les deux fillettes faisaient avec enchantement leur partie dans le concert, ce qui leur valait les admonestations de tante Selma.

« C'est la tante Théo, » répondaient-elles. Et bien que la tante Théo leur valût beaucoup de reproches, ses nièces l'adoraient. Elle n'était jamais lasse de jouer à la poupée, de faire la dînette, de raconter des histoires, de montrer des images avec commentaires plaisants ou pathétiques selon l'occurrence. De fait, je crois que Théodore était aussi heureuse de s'occuper des enfants que ceux-ci pouvaient l'être de sa compagnie; cela abrégeait les heures de cet interminable après-midi, qui la laissait, le soir, plus fatiguée qu'après une longue journée de travail. Chez sa mère, elle avait connu le dimanche tel qu'il doit être, un repos et un délassement; ici, elle ne le voyait que sous la forme d'un écrasant ennui, auquel elle eût cent fois préféré le plus dur labeur.

XIII

DANS LA FAMILLE

Rien ne prouve mieux le charme de Théodore que la rapidité avec laquelle elle sut se concilier les bonnes grâces de tous les habitants de la vieille maison Gahlen, où l'annonce de sa venue avait soulevé tant de préventions et de sourdes jalousies. Seule l'austère mère de famille put résister à l'influence radieuse de cette séduction inconsciente d'elle-même, bien que la sincère modestie de la jeune femme, sa douceur devant les réprimandes la réconciliassent quelque peu avec toutes les défectuosités que découvrait son regard pénétrant de ménagère hors ligne.

Mais les relations des jeunes belles-sœurs furent bientôt sur un pied de franche cordialité. Hélène avait toujours été enthousiaste ; Rosa et Sophie, abjurant leur secrète hostilité, devinrent amicales. Douée d'un caractère facile, Rosa ne pouvait guère bouder longtemps, et ses plus vifs accès d'indignation contre la galanterie de son mari ne résistaient pas à une plaisanterie ou à une caresse du traître. D'ailleurs la petite femme avait constaté, à sa grande satisfaction, que sa beauté fraîche et mignonne ne souffrait aucunement du voisinage de Théodore, dont les beaux traits réguliers et expressifs, le teint brun, la haute taille pleine d'élégance et de noblesse avaient un caractère trop différent de ce type accompli du joli que personnifiait Rosa, pour que le contraste ne fût pas réciproquement avantageux.

Au surplus, ce qui emporta d'un seul coup toutes les résistances préméditées de Mme Hans Altmann, ce fut la tendresse témoignée à ses deux fillettes. Jamais, je crois, on ne trouva de plus sûr moyen de conquérir le cœur d'une mère qu'en se faisant aimer de ses enfants, et Théodore, sans l'ombre d'une pensée de calcul, l'avait employé avec un brillant succès.

Sophie fut plus difficile à gagner. A mesure qu'elle apprenait à connaître sa belle-sœur, elle pouvait constater, non sans dépit, combien son instruction et ses talents, qu'elle avait prisés si haut, étaient inférieurs à ceux de Théodore. Par bonheur, celle-ci ne connaissait que de nom la vanité et la suffisance ; elle témoigna un cordial intérêt pour les études de Sophie, mit avec empressement sa bibliothèque à sa disposition, lui donna des conseils et s'offrit à la guider à travers les difficultés du français et de l'anglais. Stimulée de la sorte, Sophie, au dire de sa mère, ne songeait plus qu'à des « savantasseries » ; or Mme Gahlen ne vénérait que fort médiocrement la science et les savants.

« Je n'aime pas à voir mes filles se préoccuper de ces fadaises, disait-elle souvent, en arrachant Sophie à ses livres ou Hélène à son piano. Vous avez reçu une bonne éducation, ne l'oubliez pas pour apprendre des niaiseries ; n'oubliez pas non plus qu'une femme doit avoir les vertus d'intérieur, rien de plus. »

Peu convaincue et nullement effrayée, Sophie continuait à travailler avec ardeur, car le sentiment de son infériorité devant Théodore l'humiliait. Quant à Hélène, elle s'était faite la visiteuse assidue de son frère et étudiait la musique sous la direction de la jeune femme, que ses progrès enchantaient. N'était-ce pas une véritable jouissance d'apporter un souffle de vie sous ce vieux toit où les âmes s'appauvrissaient dans une atmosphère faite de soucis mesquins et d'idées prosaïques ?

Où l'influence de Théodore se montra surtout décisive, ce fut sur la petite Johanne. L'admiration vouée par la jeune fille à l'épouse de Frédéric avait étonné d'abord, puis touché et attiré ce cœur généreux, sensible à toutes les souffrances, et Johanne, rêveuse, presque exaltée, souffrait sous la domination de maman Gahlen, dont la main de fer avait toujours dédaigné de s'envelopper de velours. Hormis Hélène, personne dans la maison n'aimait cette enfant timide, distraite, qu'un amour secret et dédaigné rendait plus triste encore, et qu'accueillaient de tous côtés la rudesse et les moqueries.

Il ne fallut pas longtemps à Théodore pour trouver la corde qu'on devait faire vibrer dans cette intelligence repliée sur elle-même. Johanne devait travailler sérieusement. Dans son ardeur pour la lecture, la jeune fille avait dévoré tout ce qui lui tombait sous la main, et, comme sa tante n'eût pas toléré qu'elle gaspillât aussi inutilement les heures précieuses de la journée, elle avait pris sur ses nuits, assurée de n'être point trahie par Hélène, sa compagne de chambre. Mais ce régime ne fut favorable ni au physique ni au moral, car Johanne s'abandonna de plus en plus à des rêveries sans but, tandis que sa santé déjà délicate s'altérait gravement par suite de la privation de sommeil. C'était surtout les ouvrages de Jean-Paul que Johanne lisait et relisait infatigablement, et Théodore put reconnaître une fois de plus que l'influence de son poète favori sur certaines natures n'était pas toujours heureuse. Personnellement, elle ne le redoutait en rien; son vigoureux esprit n'avait point à craindre de se laisser emporter par les effusions sentimentales de Jean-Paul; seulement Johanne ne lui ressemblait pas : elle vivait dans un monde de chimères qui lui voilait de plus en plus la réalité et auquel elle mêlait jusqu'à ses croyances religieuses.

Théodore s'occupa de la jeune fille, causa souvent avec elle et put constater avec une vraie joie que ses grands yeux bruns perdaient peu à peu leur expression dolente pour regarder avec intérêt ce qui se passait autour d'eux. Mais il fallait un aliment pour ce cœur qui se rongeait dans l'inaction, et Théodore, après avoir médité son plan, pria son mari d'obtenir le consentement de maman Gahlen au départ de Johanne, laquelle pourrait aller à la Résidence poursuivre ses études, passer ses examens, devenir institutrice et mener enfin une vie véritablement utile, cent fois plus honorable que sa situation de nièce élevée et conservée par charité et non par affection.

Faire consentir Mme Gahlen à un pareil projet, ce n'était pas une petite entreprise. Frédéric et sa femme y eussent échoué de compagnie, si Johanne ne s'en était mêlée avec une décision surprenante. Un matin, l'enfant, d'ordinaire hésitante et craintive, s'en vint trouver sa tante pour lui dire que son tuteur, M. Wunderlich, l'ayant approuvée, elle était résolue à quitter le pays afin d'acquérir les moyens de gagner sa vie et de n'être plus désormais une charge pour personne. Son petit capital, à ce qu'assurait M. Wunderlich, suffirait à payer provisoirement ses leçons et son entretien;

d'ailleurs Mme de Kleist se déclarait prête à l'accueillir comme sa fille. Et maintenant elle remerciait sa tante de tout son cœur pour les bontés passées, et la priait de ne pas s'irriter si elle agissait à l'encontre de son opinion.

Au premier moment, Mme Gahlen, stupéfaite de l'audace de la fillette qu'elle avait toujours terrifiée, ne trouva pas un mot.

« Qui est-ce qui t'a mis cette stupidité dans la tête, Hannah? s'écria-t-elle enfin hors d'elle-même. Tu veux être institutrice, gouvernante? Quelle sottise! Tu ne seras rien du tout, c'est moi qui te le garantis!

— J'espère que vous vous trompez, ma tante, répondit Johanne froidement. Je sais maintenant que Théodore a raison, que je dois travailler au lieu de rêver.

— Théodore? J'aurais dû m'en douter; il n'y a qu'elle pour mettre en branle de pareilles comédies! Si on voulait l'écouter, toutes les femmes ne penseraient plus qu'à jouer à la savante, à l'indépendante, et Dieu sait quoi encore. Écoute, Hannah, tu feras ce que tu voudras, tu n'es pas ma fille, et, du moment que ton tuteur chante les mêmes calembredaines, je n'ai pas le droit de rien dire de plus. Quant à mes propres enfants, tant que je vivrai, elles m'obéiront, car je crois savoir tout aussi bien que Mme Théodore ce qui convient à une jeune fille.... Travailler! certes je crois bien, mais il y a travail et travail! »

Quelques jours après, Johanne disait adieu à sa ville natale et s'en allait habiter chez l'excellente Mme de Kleist, qui se chargeait de la diriger dans ses études. Le cœur de l'enfant se gonflait de joie et d'espérance à l'idée qu'elle laissait derrière elle sa vie morne, ses déceptions, son amer découragement, pour trouver la sympathie d'abord, plus tard la considération due à ceux qui ont bravement soutenu la lutte de l'existence.

« Tu vas me promettre de ne pas ouvrir Jean-Paul de toute une année, dit Théodore en souriant lors du départ de la petite cousine.

— Sois tranquille, Théo, répondit la jeune fille, dont les yeux étincelaient d'ardeur ; ta mère se chargera de te dire si je ne sais pas travailler. »

Ravie de sentir Johanne en bonne voie, Théodore se réjouissait aussi de penser que l'isolement de Mme de Kleist serait moins complet. Assurément la pauvre petite ne pourrait jamais la remplacer ; mais le noble et tendre cœur de la mère s'ouvrirait volontiers pour accueillir l'orpheline, qui l'en récompenserait par son attachement.

Mathison a dit : « C'est une belle chose que la solitude, mais nous avons toujours besoin de quelqu'un à qui nous puissions répéter de temps à autre : Quelle belle chose que la solitude ! » Ces paroles, la conseillère se les redisait souvent depuis le départ de Théodore, et rien ne pouvait lui faire plus de plaisir que la visite projetée. Il n'y eut depuis ni regrets ni mécomptes. Johanne s'attacha avec passion à la vieille dame, qui lui témoignait une affectueuse sollicitude, et dans ses lettres Mme de Kleist parlait des progrès surprenants de la jeune fille, de la douceur de son caractère : tout était pour le mieux.

Pas tout à fait cependant. Théodore, en s'efforçant d'assurer à Johanne un avenir plus heureux, avait éveillé le courroux de sa belle-mère, dont les griefs contre elle, un moment assoupis, se réveillèrent aussitôt. Personne auparavant n'avait osé braver l'opinion de maman Gahlen; aussi restait-elle convaincue que sa nièce n'aurait point osé secouer son joug — à ses yeux celui de la droite raison — si elle n'y avait été incitée par Théodore. Cela, Mme Gahlen ne pouvait le pardonner à sa bru. Qui sait d'ailleurs si l'audacieuse ne mettrait pas des idées folles dans la tête de ses filles ? La belle-mère ne s'était jamais aveuglée sur les défauts de la jeune femme; loin de là; mais à partir de ce jour, outre que leur importance parut s'accroître, elle ne ménagea pas à leur sujet ses observations d'une délicatesse et d'une courtoisie douteuses. Trop souvent, sans le vouloir et sans le savoir, Théodore donnait lieu à de nouveaux froissements. La sévère maman faisait grand cas des menus témoignages de respect; elle les exigeait de ses enfants, et s'irritait de ne pas les recevoir de la nouvelle venue, qui, vive et insouciante, passait devant elle, au lieu de lui céder le pas, lui envoyait familièrement un baiser du bout des doigts en lui souhaitant bon appétit, s'asseyait dans son fauteuil ou se servait de son dé et de ses ciseaux. Par-dessus tout, Mme Gahlen détestait qu'on l'interrompît quand elle parlait, et, Théodore ayant commis une ou deux fois cette coupable irrévérence, il avait fallu des prières, une demande de pardon formelle, pour que la mère offensée consentît à reprendre son discours. Comme couronnement à ses méfaits, l'artiste, habituée chez elle et chez ses amis à une parfaite tolérance, à la libre discussion, contredisait ouvertement les assertions qui lui semblaient erronées; elle oubliait aussi cette vieille, mais excellente leçon de savoir-vivre : « Souvenez-vous toujours que la troisième réplique est une impertinence. » Elle répliquait trois, quatre, cinq fois, ne s'arrêtant guère que lorsque son crime bien et dûment consommé lui permettait d'en voir les funestes résultats.

Puis venait la détestable direction intérieure du jeune ménage.

« Cette étourdie ne sait même pas ce que c'est que l'ordre et l'économie, » disait avec colère Mme Gahlen à ses filles ou à la tante Selma, et celles-ci n'osaient excuser la coupable, de crainte d'exaspérer un courroux déjà violent. A dire vrai, peu de personnes pratiquent l'ordre avec la même perfection que Mme Gahlen, et Frédéric n'avait pas tort jadis de vanter à cet égard la maison paternelle comme un idéal presque introuvable partout ailleurs. Au premier de l'an, on marquait d'une croix rouge sur le calendrier la date des grandes lessives de l'année, et, à chaque veille de grande fête, la maison était nettoyée du haut en bas.

« Les demeures, tout comme les âmes, doivent être purifiées de toutes souillures pour célébrer le bon Dieu, » disait Mme Gahlen. En vertu de cet axiome, non seulement les veilles de fêtes, mais encore tous les samedis, une mer de sable et d'eau de savon envahissait les parquets et les escaliers, que n'effleuraient jamais ni cire ni peinture, et une odeur de bois mouillé s'élevait dans toute la vieille maison, où l'on nettoyait les vitres, changeait les rideaux à des époques fixes, que le besoin s'en fît ou non sentir. De même, on allumait le feu dans les poêles le 1er octobre, quel que fût l'état de la température, et on le cessait impitoyablement le 1ᵉʳ avril, soit qu'une saison précoce eût fait éclore les premières violettes sur le bord des haies, soit que la neige persistât à s'amasser en blancs monticules sur l'appui extérieur des fenêtres.

Comme contraste à cet ordre implacable, le ménage de Théodore, abandonné au hasard, était pour Mme Gahlen une véritable abomination. Ses filles avaient été habituées, ainsi qu'elle-même autrefois, à faire leurs chambres, à préparer une lessive, à cuisiner, à pétrir, à repasser; elles se rendaient compte de la façon dont les choses devaient être exécutées, de la somme de travail qu'on pouvait exiger des domestiques; mais cette Théodore ne savait rien, rien.

« Tu es trop indulgent pour ta femme, mon fils, conclut-elle un jour qu'elle avait chapitré Frédéric, afin de passer sa colère sur quelqu'un. C'est ton devoir de mettre un terme à pareil état de choses; ta considération en dépend, car j'ai vu plusieurs de nos connaissances faire des mines méprisantes en parlant de ton intérieur. De pareilles remarques font du tort à une famille; or je n'entends pas que notre vieille honorabilité soit ternie par la faute d'une étrangère. »

Frédéric aimait trop sa femme pour ne pas repousser vivement d'aussi durs reproches, bien qu'au fond de l'âme il les reconnût mérités, du moins en partie, par une prodigalité, un désordre que sa mère ne connaissait qu'imparfaitement et qui lui causaient de cruels soucis. Afin de la calmer un peu, il voulut lui prouver qu'il était moins faible qu'elle ne le supposait, et, dans ce but, il fit en sa présence quelques remontrances à Théodore; mais la jeune femme, parfaitement douce et conciliante à l'ordinaire, se révolta contre cette sorte de pénitence publique.

« Ne fais pas cela, Frédéric, je t'en supplie, lui dit-elle un jour les larmes aux yeux. Tu ne sauras jamais à quel point je me sens chagrine, humiliée, dégradée! »

Frédéric prit donc le parti de se taire et de supporter alternativement les ennuis causés par une maison mal tenue, les reproches de sa mère et le tourment des éventualités de plus en plus menaçantes de l'avenir.

Certes il aurait eu besoin de calme et de repos dans son intérieur pour lutter contre l'hostilité flagrante manifestée par quelques professeurs et dont le résultat, trop facile à concevoir, était le relâchement de la discipline dans tout l'établissement et les querelles entre les élèves, qui prenaient parti tantôt pour le directeur, tantôt pour Felsing, lequel commençait à lever son masque d'hypocrisie et à se montrer, ce qu'il avait toujours été, ennemi aussi dangereux que perfide.

Ainsi assailli, n'ayant jamais eu pour l'enseignement d'autre vocation que celle qui le portait à faire des cours du haut de sa chaire, mais détestant l'exercice de l'autorité, les détails de la surveillance, il est bien naturel que Frédéric regrettât son indépendance d'autrefois, à laquelle il n'avait renoncé que pour être à même d'offrir un foyer à la jeune fille qu'il aimait. Or ces regrets, un sentiment de délicatesse ne lui permettait pas de les exprimer, car ils auraient ressemblé à un reproche, à une plainte dont Théodore, qui n'avait ni désiré ni sollicité son sacrifice, aurait eu le droit de se blesser.

Mais, s'il avait pu deviner à quelle cause sa femme

attribuait son front assombri, il lui eût bien vite tout confié et l'eût soulagée ainsi d'un fardeau d'inquiétudes et de remords devenu chaque jour plus écrasant.

XIV

ON CAUSE UN PEU

Certain après-midi de dimanche, dans un salon petit, mais confortable et orné avec infiniment de goût, une grosse dame étalait sur le sopha dont elle occupait un des coins les draperies soyeuses d'une robe à grands ramages, tandis qu'en face d'elle une digne matrone, à la physionomie douce et intelligente, suivait attentivement le passage du contenu d'une bouilloire dans une cafetière d'argent; à en juger par le parfum pénétrant qui se répandait dans la pièce, l'opération devait avoir un très agréable résultat. Ces deux dames ne sont autres que Mme Hiller, la mère du diacre, et sa visiteuse, l'excellente Mme Wunderlich, qui est venue passer l'après-midi du dimanche chez son amie, pendant que son mari joue aux boules avec les honorabilités de l'endroit. Épouse attentive et tendre, Mme Wunderlich travaille activement à la surprise qu'elle réserve à son petit homme pour Noël, une paire de pantoufles très fleuries.

« Je suis charmée, disait Mme Hiller de sa douce voix harmonieuse, que notre petit cercle ait fait l'acquisition du directeur et de sa charmante femme. Quel beau couple, et aussi aimable que beau ! C'est un plaisir de se rencontrer avec eux. Mon fils a les meilleures relations avec le mari; quant à la femme, elle m'a témoigné tout de suite une confiance qui a réchauffé mon vieux cœur. Vous savez qu'une mère qui a ses filles dispersées dans le monde se sent toujours de la sympathie pour les nouvelles mariées.

— J'aime à voir que vous partagez mes idées au sujet des jeunes Gahlen, s'écria Mme Wunderlich chaleureusement. Cette jolie dame me plaît aussi, et j'ai déjà été souvent sur le point de me quereller avec Mme Felsing et sa mère, Mme Martin, qui ne sont pas de mon avis. Il y a également Mlle Finchen Wensdorf qui n'en parle guère amicalement, ce qui me surprend de la part d'une personne toujours prête à abriter les nouvelles venues sous son aile.

— Ne pensez-vous pas, ma chère, que l'excellente demoiselle Finchen est un peu dépitée? Mme Gahlen se soucie médiocrement de son opinion et ne la consulte jamais; or nous savons que Finchen aime à prodiguer les bons conseils, et sa sollicitude inquiète ne s'arrête pas à sa cadette, cette timide adolescente.

— Peut-être bien, — dit Mme Wunderlich, que le souvenir de l'adolescente timide paraît fortement égayer, — mais cela n'explique pas l'aversion des deux autres dames.

— Elle me paraît fort compréhensible pourtant. Mme Felsing n'est que l'écho de sa mère et de son mari; or tous deux ont vu leurs plans renversés par la nomination du jeune directeur; dès lors on ne saurait s'émerveiller que la belle jeune femme d'un rival heureux n'ait pas su leur plaire. Les préventions transforment volontiers en graves défauts les plus légers travers, et de plus on ne peut voir deux natures plus dissemblables que Mme Martin et la jolie Mme Gahlen.

— Oui, Mme Martin a quelque chose de sévère, presque de répulsif; elle ne se fait pas aimer et ne paraît pas s'en soucier. On dit d'ailleurs qu'elle a beaucoup d'influence sur son mari, qui, sans elle, serait moins raide, moins dur; c'est un brave homme au fond.

— Cela se peut; le jugement de cette dame est étroit et ses préjugés sont impitoyables, ainsi que j'ai pu m'en apercevoir par ma propre expérience, répondit Mme Hiller d'un ton grave et triste. Le ministre vit enfermé dans ses livres; il ne connait ni le monde ni les hommes et s'en rapporte entièrement à une femme peu faite pour guider les autres, car elle-même suit aveuglément l'impulsion donnée par son gendre, détestable conseiller, selon moi. A parler franc, je me demande souvent comment un tel homme a su gagner la confiance de Mme Martin; il me déplait au delà de toute expression.

— Et à moi donc! Si vous saviez comme je suis contente de vous entendre dire cela! s'écria Mme Wunderlich enchantée. Il a dans les yeux quelque chose qui ne me dit rien de bon, et, quant à ses belles phrases, je les tiens pour une comédie hypocrite, bonne à berner les simples. Avez-vous remarqué comme il traite sa pauvre femme? Elle ne me plaît guère, par parenthèse, mais elle aurait mérité un meilleur sort, car elle est docile et surtout tendre mère.

— Je suis de votre avis, reprit Mme Hiller de sa voix calme. Il y a en elle absence complète de douceur; puis ses manières, l'étroitesse de ses jugements sur le prochain rappellent trop souvent sa mère. En dépit de tout cela, je la crois bien supérieure à son mari. Le jeune directeur fera bien de se tenir sur ses gardes, car, entre nous soit dit, je crois que Felsing intrigue contre lui de plus d'une façon. Par exemple, je n'aime pas le ton de galanterie doucereuse et insinuante qu'il emploie en s'adressant à Mme Gahlen, et je déteste plus encore la façon dont il parle d'elle. »

Devenue subitement sérieuse, presque effrayée, Mme Wunderlich avait laissé tomber sa tapisserie sur ses genoux.

« Croyez-vous vraiment, ma chère, que ce vilain homme tente par ses discours emmiellés de nuire à cette jolie dame? Dans ce cas, je pourrais me flatter d'avoir donné un conseil stupide.

— Qu'avez-vous donc conseillé, chère amie?

— Je croyais avoir trouvé la pie au nid en engageant Mme Gahlen à se montrer gracieuse envers ce Felsing, afin de le rendre favorable à son mari. La jeune femme m'a remerciée, m'a promis d'agir en conséquence, et en effet, à la dernière réunion, j'ai pu voir qu'elle lui témoignait une attention marquée.

— A cette même soirée où j'ai entendu Felsing se vanter avec des airs d'intolérable fatuité du plaisir qu'il goûtait dans la conversation de la charmante Mme Théodore. Ma très chère, je crains bien que votre conseil n'ait pas été inspiré par une haute sagesse, et puis cette jeune femme est si pure, si candide, qu'elle ne soupçonne pas à quelles interprétations son amabilité naturelle envers chacun peut être soumise. Jusqu'à sa belle-mère, qui prend des mines sévèrement désapprobatrices pour peu que sa bru paraisse prendre plaisir à causer avec un monsieur. Selon Mme Gahlen, les femmes vertueuses ne doivent adresser la parole qu'aux personnes de leur sexe et repousser comme autant de pièges sataniques toute avance venue de l'autre côté. Or Mme Théodore est parfaitement belle, et les bonnes âmes poussées par l'envie sont toujours prêtes à tirer des conclusions fâcheuses des actes les plus innocents. Il n'est pas donné à tout le monde d'exciter l'envie.

— Et moi, grande dinde, je vais la conduire droit au piège! s'écria Mme Wunderlich, qui dans son désespoir promenait à l'aveuglette son aiguille sur les plates-bandes fleuries destinées à revêtir les pieds de son mari. Il faut absolument que je répare ma bêtise. Et qu'on ose venir me raconter que la jeune femme est coquette, la mauvaise langue pourra ramasser au plus vite ses discours, c'est moi qui vous le dis! C'est un bon, excellent cœur, et la vieille Mme Gahlen devrait remercier le ciel tous les jours de sa vie de lui avoir donné ce trésor pour belle-fille.

— Oui, certes, c'est une âme noble et généreuse; peu importe que les vertus de la parfaite ménagère lui soient inconnues! s'écria Mme Hiller avec chaleur. Elle les acquerra plus tard; il n'y a pas de risque que les éléments prosaïques de la vie se laissent jamais oublier. Pour moi, je l'avoue, la vue d'une nouvelle mariée qui conserve le goût des choses de l'esprit est une vraie fête pour mes yeux lassés de vulgarités et de mesquineries sans nombre. D'ordinaire, la poésie et la grâce de la jeunesse s'envolent avec les derniers jours de la lune de miel, ou, si elles ont la vie plus dure, on les noie définitivement dans la baignoire du premier-né, dont le ventre, le nez et les dents absorbent exclusivement les facultés de la tendre mère. Je ne lui en fais point un crime, loin de là; mais toute ma sympathie, toute mon admiration restent acquises à la jeune femme énergique qui, au milieu de son travail, de ses soucis, garde obstinément le culte du beau. Plût à Dieu qu'il me fût donné de faire comprendre à notre jolie novice qu'on peut s'acquitter vaillamment de ses devoirs de chaque jour sans perdre de vue les sommets! »

Mme Wunderlich fit un signe d'acquiescement silencieux. Elle n'avait pas bien compris, la digne femme, et ne s'en inquiétait guère; il lui suffisait que son amie, si intelligente, si fine, aimât comme elle Théodore; elle ne demandait rien de plus. Cette petite bourgeoise, habitante d'une cité de quatrième ordre, n'avait pas un esprit cultivé; certainement elle n'entendait rien à l'art, et la littérature ancienne ou contemporaine ne lui représentait que d'insondables mystères; mais elle était franche, loyale, savait aimer et se faire aimer ; combien parmi les plus habiles ont souhaité en vain de posséder ce don précieux entre tous de la science de la vie?

A la même heure, auprès d'un poêle qui répandait dans la pièce sa bienfaisante chaleur, de chaque côté d'une table chargée de tasses à café, deux autres personnes s'entretenaient à peu près du même sujet : c'étaient le vieux ministre et sa femme. Le maître du logis venait de s'éveiller de sa sieste, et, son bonnet de velours bien enfoncé sur sa tête, sa pipe à la bouche, il eût joui délicieusement de cette heure de loisir sans la présence de Mme Martin, personne de mine peu avenante, à la charpente osseuse, qui, tout en maniant activement les cinq aiguilles d'acier de son tricot, n'avait garde de laisser chômer sa langue. Vêtue d'une robe noire, absolument dénuée de tout autre ornement qu'un mince col de toile blanc, n'ayant pas même sur ses rares cheveux gris ce majestueux bonnet à rubans qui sied si bien aux matrones quinquagénaires, pour qui la vraie grâce consiste désormais en dignité et en bonhomie, cette dame avait vraiment l'aspect austère, presque répulsif, dont parlait Mme Hiller.

« Je ne pourrai jamais assez regretter ton manque d'énergie dans cette circonstance, mon cher, disait-elle, tandis que le vieillard regardait tout droit devant lui d'un air ennuyé, tout en poussant des nuages de fumée de plus en plus épais. Il t'aurait été si facile d'assurer cette place de directeur à Felsing. Au lieu de te tenir à l'écart avec une incompréhensible timidité, tu aurais dû parler haut et ferme. Felsing me fait de la peine, il a été victime d'une injustice, je le soutiens et le soutiendrai toujours.

— Laisse donc cela tranquille une fois pour toutes, répondit le mari avec impatience. Tes reproches n'avancent à rien qu'à m'importuner cruellement. Je te promets pour la centième fois que, dès qu'une place de directeur sera vacante, je remuerai ciel et terre pour y faire nommer Felsing. Avec la meilleure volonté du monde, je ne peux pas mieux faire ou mieux dire.

— Et, quand bien même tu réussirais, qu'en résulterait-il, sinon le départ de nos enfants? grommela Mme Martin. Au lieu que si Felsing occupait le poste de Gahlen, comme il le devrait, je serais assurée de les garder toujours ici. Tu sais du reste que les plaisirs des autres femmes ne sont rien pour moi et que, si mes enfants me sont enlevés, je serai seule au monde. »

A cette allusion flatteuse sur la place qu'il occupait

dans les affections de son épouse, le ministre ne fit d'autre réponse que de s'envelopper de nuages assez épais pour rendre sa physionomie invisible.

« Au moins, reprit la femme avec obstination, si le consistoire était prévenu du résultat déplorable de leur beau choix, ils pourraient voir l'étendue de leur sottise. Un fameux coup d'œil que présente le gymnase pour le quart d'heure ! Rien que des querelles parmi les élèves aussi bien que parmi les maîtres ; plus d'ordre, plus de discipline d'aucune sorte. Il me semble, mon cher, qu'il est de ton devoir de te préoccuper d'un pareil état de choses, puisque la haute inspection des écoles t'est réservée.

— Martha, comment se fait-il que Felsing te choisisse pour la confidente de ses griefs ? pourquoi ne s'adresse-t-il pas franchement à moi ? demanda le vieux ministre en fronçant ses gros sourcils hérissés.

— Peux-tu faire une telle question ? s'écria Mme Martin d'un ton de reproche douloureux. Notre gendre a cent fois trop de délicatesse pour vouloir jouer le rôle de délateur en te dénonçant les fautes de Gahlen ; mais, comme il est hors de lui de chagrin et de colère, il se soulage avec moi, non sans me faire promettre de ne te rien répéter, car il a en horreur l'idée de nuire à son chef, même indigne.

— Eh bien, je m'informerai, et, si tu m'as dit vrai, je saurai parler à mon tour, dit le ministre d'un ton sévère.

— Si je t'ai dit vrai ! Au moment où je t'explique que je tiens mes renseignements de Felsing lui-même ! s'écria Mme Martin avec emportement. En tout cas, d'après ce que nous pouvons voir de nos propres yeux, l'acquisition du couple Gahlen n'a rien d'heureux pour notre société. Le mari est libre penseur, et l'on raconte de toutes parts sur sa femme des choses peu faites pour réjouir d'honnêtes oreilles. Je l'avais bien jugée à première vue : c'est une mondaine qui pousse la coquetterie jusque et au delà des bornes permises. Un vrai bas bleu par-dessus le marché, ne s'occupant que de poésie, de dessin, de musique, et laissant son ménage aller à vau-l'eau. Quel beau modèle pour les femmes de professeurs! D'ailleurs le seul fait d'avoir rempli son appartement de statuettes et de tableaux dont la vue est une offense pour des yeux chastes montre assez qu'elle ne devrait pas être tolérée à ce poste, où l'a mise le hasard.

— Comment se fait-il que Mme Gahlen, mère de famille austère et irréprochable, ait assez peu d'influence sur ses enfants pour laisser passer de pareilles choses?

— Je ne pense pas que cette bru lui agrée beaucoup, et, si j'en crois les apparences ainsi que les on-dit, elle voudrait la voir bien loin. Quelle différence entre cette folle et notre fille, bonne épouse, excellente mère, enfant docile! Et quel directeur Felsing aurait été! C'est un vrai crime d'avoir fait un passe-droit à un homme de ce mérite. »

Les maris les plus souples et les mieux dressés ont des accès d'indépendance. Tel M. Martin, qui, en entendant sa femme entonner son thème favori, s'empressa d'arrêter le flux de paroles qu'il redoutait, en cherchant un refuge au milieu de ses livres. Mais, bien qu'il n'eût paru attacher qu'une importance médiocre à ces racontars enfiellés, il réfléchit longtemps et se résolut à faire une enquête sur l'état des choses au gymnase. N'était-ce pas son devoir? N'avait-il pas charge d'âmes?

XV

VISITES

Le soir, lorsque Mme Wunderlich se trouva devant sa table en tête à tête avec l'excellent petit homme dont la sympathie lui était toujours entièrement acquise, elle déchargea son cœur du fardeau de repentirs, d'indignation et de projets dont il était oppressé.

« Nous arrangerons cela, nous arrangerons cela, dit-il avec empressement lorsque sa femme eut clos sa confidence par le récit du mauvais conseil donné par elle à Théodore. Que penserais-tu? poursuivit-il en frottant activement l'une contre l'autre ses deux petites mains blanches et potelées, que penserais-tu d'un dîner fin où nous inviterions le jeune ménage? On s'expliquerait tout en mangeant. J'ai encore à la cave un peu de ce champagne, tu sais? et j'ai reçu des pâtés de foie gras qui trouveraient merveilleusement leur emploi. Si tu veux, j'irai demain out au matin les inviter, à moins que tu ne préfères le soir.

— Non, je ne crois pas, mon petit homme, que ton plan soit exécutable, répondit tendrement Mme Wunderlich, en tendant à son mari sa troisième tasse de thé. Mieux vaut, ce me semble, que j'explique mon affaire à la jeune dame en l'absence de son mari. Mais il y a une chose que nous pouvons faire : c'est donner un grand goûter, au courant duquel je ferai voir en quelle estime je tiens Mme Théodore. Ma bonne Hiller me soutiendra, je le sais, et, entre nous deux, c'est bien du malheur si nous ne parvenons pas à faire taire les mauvaises langues.

— Oui, oui, Minna, c'est une bonne inspiration, donne un grand goûter, » s'écria le petit marchand en secouant sa tête blonde d'un air de vif assentiment; puis, prenant une attitude profondément méditative :

« J'irai te chercher quelques bouteilles de vin de Hongrie, et je te ferai griller du moka pour qu'il soit tout frais. Que penserais-tu également d'une ou deux boîtes de fruits confits que je viens de recevoir de France? S'ils avaient du succès auprès de nos clients, j'en pourrais faire une nouvelle commande. Et, maintenant, quel genre de tartelettes comptes-tu prendre? Nous ferions peut-être bien d'aller ensemble chez le pâtissier avant de nous arrêter à un choix définitif.

— Oui, mon chéri, nous ferons tout ce que tu voudras; mais avant tout je tiens à porter moi-même mon invitation chez Mme Martin, que je crois prévenue contre Mme Théodore; or je voudrais adoucir la chère dame, ce qui n'est pas une tâche facile, je t'assure.

— Bah! bah! s'écria le bon Wunderlich, convaincu que l'aménité de sa femme pourrait apprivoiser des bêtes féroces; qui est-ce qui pourrait te résister? A présent, ajouta-t-il en passant une clef à travers la table à sa chère Minna, si nous goûtions les anchois? J'espère que mon fournisseur suédois m'a envoyé quelque chose d'exquis et que je pourrai en toute sûreté de conscience les livrer à ma clientèle. »

Mme Minna avait pris la clef avec un gracieux sourire; une de ses fonctions consistait à s'assurer de la qualité des denrées, et elle s'en acquittait en véritable connaisseur. Après les anchois vint une nouvelle sorte de fromage : l'expert hocha gravement la tête.

« Excellent! dit-elle en portant une seconde bouchée à ses lèvres. Vraiment supérieur ! Tu peux hardiment en élever le prix, car aucun des magasins du pays n'aura son pareil. Ces anchois aussi te feront honneur, mon petit homme; avec un verre de vin du Rhin, il ne se peut rien imaginer de plus exquis. »

Dès lors, Mme Wunderlich fut absorbée par la dégustation des friandises qui couvraient sa table, puis par les préparatifs de son magnifique goûter, pour lequel la bonne et le garçon de magasin furent chargés d'aller porter des invitations dans toutes les parties de la ville. L'hospitalière Mme Wunderlich s'était réservé cependant d'engager personnellement les dames qu'elle tenait à distinguer, et le lendemain on la vit se présenter chez Mme Martin.

Comme la veille, cette image peu séduisante de la vertu impeccable agitait fiévreusement les aiguilles d'un bas, et il faut croire, en dépit de toutes les assurances contraires des bons petits livres de morale destinés à fortifier la jeunesse défaillante, qu'une conscience sans reproches n'est pas toujours une société récréative, car le visage de l'austère mère de famille était plus aigre que jamais. Le regard aussi qu'elle jeta sur sa visiteuse, dont l'élégante toilette formait un si parfait contraste avec son costume puritain, n'avait quoi que ce soit de bienveillant. Seules, les exigences de la politesse la plus sommaire la contraignirent à ne pas laisser échapper plus ouvertement encore l'expression de sa colère; les vertus impeccables se croient le droit de mépriser ceux qui jouissent joyeusement des petits bonheurs de la vie, elles négligent d'ajouter si à leur mépris ne se joint pas une forte dose d'envie.

Mme Wunderlich ne se laissa pas troubler par ce glacial accueil : ne connaissait-on pas Mme Martin? Elle fit son invitation, puis, passant aussitôt à Théodore, la bonne créature en dit tout le bien que lui inspirait sa cordiale bienveillance. Emportée par son sujet, elle ne remarqua point que les traits de son interlocutrice se figeaient dans une expression dure et hostile.

« Je me demande, madame Wunderlich, dit-elle enfin d'un ton rêche, en quel honneur vous venez me conter sur cette dame des choses en parfait désaccord avec ce que tout le monde a pu remarquer. Mes connaissances et mes amis, aussi bien que moi-même, avons une bien autre opinion que la vôtre sur Mme Gahlen. Au surplus, j'ai assurément le droit de m'étonner en vous entendant parler toutes deux, vous et Mme Hiller. Cela me fait supposer que nous ne nous entendons plus très bien sur ce que doit être la conduite d'une honnête jeune femme.

— Que voulez-vous dire, madame? s'écria Mme Wunderlich offensée. On explique les insinuations de ce genre, il me semble.

— Je vous expliquerai tout ce qu'il vous plaira, » répondit Mme Martin, qui fit suivre cette déclaration hautaine d'un flot de paroles injurieuses à l'adresse de Théodore.

L'auditrice se montra moins patiente que son docile mari, et, se levant rouge d'indignation, Mme Wunderlich protesta chaleureusement contre la facilité avec laquelle, chez la femme d'un ministre de l'Évangile, on accueillait les calomnies les plus révoltantes. Le débat ainsi engagé n'avait pas chance de durer longtemps, et la messagère de paix, venue avec des intentions conciliantes, prit bientôt congé en termes équivalant à une rupture. Tel était son trouble que, dans la rue, elle se croisa sans les voir avec Felsing et sa femme.

Pendant que Mme Wunderlich, le cœur gonflé de colère, se dirige vers la demeure de Théodore, retournons auprès de Mme Martin recevant ses nouveaux visiteurs avec un calme apparent. En réalité, ce calme est tellement superficiel qu'un mot suffirait pour le faire envoler, car l'orgueilleuse femme traite intérieurement d'impudence sans nom le courage avec lequel Mme Wunderlich vient de défendre Théodore.

« Maman, dit la fille, qu'avait donc Mme Wunderlich en sortant d'ici? Elle était si agitée, si distraite, qu'elle ne nous a pas rendu notre salut. »

Mme Martin hausse les épaules avec une moue dédaigneuse qui n'ajoute aucun charme à ses traits.

« Elle pouvait bien être agitée, car elle a dû entendre des choses peu agréables.

— Mais c'est une si bonne femme, maman... Demain elle donne un grand goûter auquel je suis déjà invitée. Nous irons toutes deux, n'est-ce pas?

— Nous n'irons ni l'une ni l'autre, répond durement la mère. Je n'entends pas me trouver en rapports directs ou même me voir forcée d'échanger des politesses avec des gens dont je n'approuve pas la conduite. »

Mme Felsing prend une mine attristée ; mais, sachant bien que la contradiction ne ferait qu'exaspérer son interlocutrice, elle ne répond pas un mot et s'en va ôter son chapeau et son manteau dans la pièce voisine. Aussitôt qu'elle a disparu, Felsing se rapproche de

Mme Martin et s'informe de ce qui s'est passé. En s'entendant déclarer par sa belle-mère que, après une telle scène, elle comptait bien qu'elle-même et toute sa famille cesseraient tous rapports avec les Wunderlich, le gendre se mord les lèvres d'un air froidement irrité.

« Tu peux avoir raison, chère mère, reprend-il cependant du ton le plus doux, il faut que cette femme vaniteuse et mal élevée reçoive de temps en temps une leçon. Seulement je ne suis pas bien sûr qu'il soit convenable de notre part de rompre avec ce couple. Ne vaudrait-il pas mieux, ne serait-il pas plus digne de leur prouver qu'on apprécie à leur juste valeur ces biens terrestres dont la possession les bouffit d'orgueil? qu'en réalité on n'est pas plus ébloui qu'envieux de leur luxe? Nous n'avons pas le droit, ma femme et moi, de repousser l'amitié de ces braves gens, et je te serais obligé de nous autoriser à les voir comme devant. »

Mme Martin lève sur Felsing un regard fort adouci, presque timide : elle est allée trop loin, on vient de le lui faire discrètement sentir. Quant à supposer que ce phénix des gendres peut avoir des motifs peu élevés en manifestant l'intention de continuer ses visites dans une maison où l'on donne d'excellents dîners, elle n'y songe même pas.

« Agis comme bon te semblera, mon fils, dit-elle à demi-voix; pour moi, je l'avoue, il me sera pénible de me rencontrer en bons termes avec cette dame. »

La surprise de Mme Felsing fut grande lorsqu'en rentrant chez eux son mari lui apprit qu'elle était autorisée à prendre sa part en toute sûreté de conscience des réjouissances offertes par Mme Wunderlich à ses invités. Habituée à une obéissance passive, il arrivait rarement que la soumission lui parût agréable comme ce jour-là; aussi eut-elle soin de ne pas même hasarder une question qui pût impatienter l'irritable arbitre de son destin.

Par bonheur, la route était longue de la maison Martin à la demeure de Théodore; chemin faisant, Mme Wunderlich eut tout le loisir de calmer ses nerfs surexcités, et ce fut d'une main ferme qu'elle agita la sonnette. Plus souriante encore qu'à l'ordinaire, si c'est possible, la bonne dame serra les mains de sa jeune amie, sans que rien pût faire soupçonner à celle-ci la lance si récemment rompue en son honneur, et cependant Mme Wunderlich ne perdait pas de vue le but de sa visite : mettre en garde cette enfant innocente contre des ennemis pervers.

Au bout d'une causerie de quelques instants, elle reprit de l'air le plus naturel : « A propos, chère madame, j'y pense. Ne vous avais-je pas conseillé de faire quelques avances gracieuses à Felsing? Eh bien, figurez-vous que ce fat, ravi d'avoir été distingué par une jolie femme, va s'en glorifiant partout comme un rustre qu'il est, malgré toutes ses belles phrases. Soyez donc désormais très froide avec lui, ma chère enfant, car, soit dit entre nous, nos compatriotes ne détestent pas la médisance; éplucher, critiquer, blâmer leur prochain est leur occupation favorite. C'est fort triste, mais c'est comme cela, et ce n'est pas nous qui les changerons. On trouve par exemple que vous recherchez trop la société des messieurs; c'est parfaitement idiot; mais ne pensez-vous pas qu'il serait prudent à vous, si jeune et si belle, de faire quelques concessions aux préjugés d'une petite ville? »

Théodore accueillit le conseil avec une parfaite bonne grâce.

« Pour ce qui est de Felsing, dit-elle en riant légèrement, tandis qu'une vive rougeur passait sur ses joues brunes, je serai ravie de n'avoir plus à m'occuper de lui. C'est un déplaisant personnage, dont je n'aime ni la mine ni le langage, d'une évidente fausseté. Savez-vous que j'en ai presque peur? Ses yeux lancent parfois des flammes singulières qui me donnent envie de me sauver. Ce n'est pas un homme dont on recherche jamais la société, certes, à moins que quelque nécessité ne vous y contraigne.

— Je suis bien de votre avis, mais que voulez-vous? puisque les gens existent, qu'ils ne songent nullement à s'amender pour vous faire plaisir, ne vaut-il pas mieux les prendre comme ils sont, sans se tourmenter de la malechance qui nous empêche de rencontrer un ange sur notre chemin? Et maintenant, chère petite, dit la bonne dame, dont les yeux venaient de consulter la pendule, il faut que je vous quitte; sans quoi mon mari verrait son dîner retardé, ce qui ne lui va guère. Ainsi, je puis vous attendre demain à trois heures? J'aurai, j'espère, une nombreuse réunion, et je me ferai honneur d'y compter ma jolie dame Théodore. Mettez donc cette robe de soie violette qui vous va si bien. Avec votre permission, je vous l'emprunterai un de ces jours pour en relever le patron des manches et la garniture de la jupe. »

Théodore consentit avec un gracieux empressement à laisser Mme Wunderlich copier tout ce qui lui plairait dans sa garde-robe, bien que les essais précédents eussent été couronnés d'un résultat assez comique pour que son souvenir lui fit monter aux lèvres une folle envie de rire. Mme Wunderlich n'y songeait point; elle était debout, et son regard s'arrêtait sur une réduction de la Vénus de Milo placée sur un meuble à portée de la main.

« Savez-vous une chose, ma chère petite? reprit-elle de sa douce voix cordiale : vous ne devriez pas garder d'ornements de ce genre dans votre salon; vos visiteurs n'y comprennent rien et les appellent des nudités, comme cette autre affaire pendue là-bas à la muraille. Remarquez bien que personnellement cela m'est fort égal; je n'entends rien à l'art, et je ne songe pas à chercher querelle à ceux qui en ont le goût. Mais nos bons voisins et amis ne pensent pas de même, et, si déplaisant que cela paraisse, il vaut mieux hurler avec les loups que d'être dévoré par eux. Allons, ma très chère, je m'en vais cette fois décidément; mon petit homme doit se désespérer devant son potage. »

Elle était partie que Théodore, à demi surprise, à demi divertie, n'avait pas encore bougé de place. « C'était vraiment par trop absurde; il y avait des gens assez étroits, assez sots, pour se scandaliser de ce que Vénus ne portait point de cotillon? Et Galathée, la radieuse figure qui lui souriait au-dessus de sa table de travail, c'était aussi une nudité offusquante pour les yeux pudibonds des compatriotes de son mari! Oh! pauvre Raphaël, s'écriait Théodore d'un ton plus rieur que pathétique, pourquoi n'as-tu pas peint sur ce corps charmant une belle robe à ramages comme celle de Mme Wunderlich? Cela vaut l'histoire du cardinal faisant mettre des chemises aux corps nus du *Jugement dernier* de Michel-Ange. Je croyais qu'on inventait ces histoires-là, mais non, ça existe. »

Mise en verve par l'incident, Théodore en fit un joyeux récit à Frédéric qui venait de rentrer; mais, contrairement à son attente, le jeune homme l'écouta d'un air sombre, et au moment où Théodore prenait délicatement un petit Mercure de bronze par les ailes de sa talonnière, en disant :

« Infortuné, Jean Bologne s'est montré bien coupable de t'avoir lancé aussi dépourvu par le monde ! »

Il l'interrompit avec impatience :

« Mais Mme Wunderlich pourrait bien avoir raison, ma chère, et ces objets feraient aussi bien partout ailleurs qu'ici. Le monde où nous vivons a des préjugés étroits, absurdes, soit; mais je lui sacrifierais bien autre chose que ces fadaises pour l'amour de la paix. »

La rudesse de l'accent fit tressaillir la jeune femme, qui leva sur son mari de beaux yeux subitement effrayés.

« Frédéric, dit-elle à voix basse, t'ai-je causé de nouveaux ennuis ?

— Non, non, ma chère petite, dit le mari repentant en prenant sa femme dans ses bras; il s'agit de tout autre chose. Ne te tourmente pas, redeviens gaie, ma chérie, et allons nous mettre à table. Vénus et ses compagnons d'infortune peuvent aller au grenier ou bien conserver leur rang sans que j'en prenne souci. J'espère seulement que nous avons un bon dîner : rien de tel pour donner de l'appétit qu'un accès de colère tout au matin. »

Quoi qu'il pût dire, Frédéric était au fond plus irrité, plus inquiet qu'il ne voulait le laisser paraître. Au moment où il allait quitter le gymnase, M. Martin l'avait fait demander au parloir et là lui avait reproché durement le manque de discipline de ses élèves d'abord, ensuite les idées libérales que Frédéric lui-même laissait percer dans ses cours. La semonce avait eu pour conclusion, plus blessante encore que son préambule, un blâme général et très vif adressé à la fois au jeune directeur et à sa femme.

Frédéric avait écouté silencieusement, avec un amer ennui, cet acte d'accusation, qu'il ne repoussa qu'en termes mesurés, car il connaissait le caractère emporté de son adversaire, et il craignait de le pousser à l'exaspération; mais le vieillard avait mis brusquement fin à l'entrevue sans lui laisser le temps de se justifier. Il était facile de voir d'où venait le coup. Felsing commençait à exécuter le plan longuement médité : obliger, à force d'ennuis, de tracasseries, Frédéric Gahlen à donner sa démission. Or Felsing n'était pas scrupuleux sur le choix des moyens; à l'abri derrière son beau-père, aucune lâcheté ne lui coûterait pour arriver à son but; on avait désormais tout à redouter de lui.

XVI

LE GOÛTER DE MADAME WUNDERLICH

Trois coups viennent de sonner à la grosse horloge du vieil hôtel de ville, et de toutes parts les portes s'ouvrent livrant passage à des dames parées, emmitouflées, qui se dirigent, à travers la neige toute fraîche encore et d'une blancheur éclatante, du côté où, dans l'imposante demeure du riche négociant, des salons brillamment éclairés attendent leurs convives.

« Pinchen, tu n'as pas oublié ton mouchoir de poche, n'est-ce pas, ma chère enfant? dit une de ces dames à sa compagne, laquelle marche auprès d'elle avec les hésitations d'un chat propret qui craint de se mouiller les pattes.

— Mais non, Finchen; comment peux-tu croire que j'aurais oublié cela? répond une voix piteuse. Mais cette terrible neige! Je suis sûre que mes chaussures seront trempées. Quelle idée de Mme Wunderlich de donner un goûter par ce temps!

— Marche derrière moi, mon enfant; tu mettras tes pieds dans mes empreintes, reprend Finchen avec une sollicitude maternelle. Pourvu que tu ne reprennes pas le rhume de cerveau! As-tu mis des semelles de liège dans tes bottines? Ta robe est-elle bien retroussée?

— Oui, Finchen, répond l'autre avec un accent aussi soumis que plaintif, mais la neige est si humide et le vent si froid!

— Sois tranquille, va, nous sommes bientôt arrivées, dit la plus grosse des deux dames en se retournant pour adresser un sourire consolateur à celle qui la suit.

— Mesdemoiselles Wensdorf, oserais-je vous prier de m'attendre une seconde? » s'écrie une autre invitée pressant le pas pour rejoindre les deux sœurs, car ces dames sont précisément les demoiselles Finchen et Pinchen dont parlait Mme Hiller.

Finchen est l'aînée de sept ans; de plus, grâce à ses majestueuses dimensions, qui font étrangement contraste avec la taille efflanquée de sa cadette, elle a pris et conservé l'habitude de traiter cette dernière comme une ingénue sans expérience. Il n'y eut point de résistance du fait de la tendre Pinchen, qui se laisse docilement guider, dorloter, morigéner. Cette enfant, comme l'appelle toujours sa sœur, a près de cinquante ans, une petite figure maigre, jaune, tirée ; mais elle semble de bonne foi se croire revenue aux jours gracieux de son adolescence, ne porte que des couleurs tendres, et se range imperturbablement au nombre des jeunes filles.

De l'extrémité opposée de la rue, d'élégantes silhouettes se rapprochent rapidement, marchant, elles aussi, dans la direction de l'hospitalière maison Wunderlich.

« Ainsi, Théo, ta mère ne viendra pas ici pour les fêtes de Noël ? Quel dommage ! Je m'étais tant réjouie à l'idée de revoir ma petite Hannah, dit tristement Hélène à sa belle-sœur.

— Oui, maman craint le froid, et je n'ose insister auprès d'elle pour obtenir sa visite, si grands que soient mes regrets. Ma seule consolation, c'est qu'elle paraît réellement heureuse avec Hannah, si bien que nous ne leur manquons pas du tout, pas plus à l'une qu'à l'autre.

— Oui, Hannah n'est plus la même. Son bonheur est ton ouvrage, répète-t-elle dans ses lettres ; elle ne pourra jamais assez t'en remercier.

— Pauvre petite ! dit Théodore pensivement. Mais, dis-moi, Linette, ajoute-t-elle au bout d'une minute en étouffant un éclat de rire, tandis que sa main désigne la personne qui les précède, est-ce pour défier les frimas que notre tante déploie son éventail? A coup sûr, le soleil d'aujourd'hui n' a rien de gênant.

— C'est sa manière de se défendre contre le froid, répond Hélène; d'ordinaire elle prend un écran par-dessus le marché, mais le vent le lui a récemment mis en morceaux. Elle a d'ailleurs trois bonnets l'un sur l'autre, ce qui, parait-il, est insuffisant... Bonté divine! voici Mme Felsing avec son chapeau de velours noir aux fleurs de porcelaine blanche. Quel luxe! Si sa mère le savait! Par exemple, si la toilette est celle des jours de fête, la figure est assez grognon pour s'accorder avec une journée d'orage. »

Les deux groupes se sont rejoints, et Hélène, faisant trêve à ses charitables observations, s'informe avec une grâce amicale de la santé de ces dames, non sans désigner d'un coup d'œil à Théodore le modeste petit bouquet dont Mme Felsing a jugé bon d'orner sa coiffure et qui accompagne sa marche d'un cliquetis aussi original qu'harmonieux. Prise d'une de ces folles envies de rire qu'exaspère la contrainte, la jeune femme détourne rapidement la tête et, s'efforçant d'affermir sa voix, demande des nouvelles du petit Ernest, indisposé pour le moment. A cette marque de sollicitude, le regard de la mère s'éclaire d'une si vive expression de reconnaissance que son visage grognon, comme dit Hélène, en est subitement transformé. Tout en causant, les dames arrivent au but de leur course et trouvent Mme Wunderlich prête à les accueillir avec la plus grande cordialité. Tout un flot d'invitées emplit déjà le salon, les voix s'entre-croisent joyeusement, le parfum du café embaume l'atmosphère, les tasses tintent, et la maîtresse de maison, radieuse, ne se lasse point de sourire, de saluer, de serrer les mains aux nouvelles venues, en leur exprimant chaleureusement sa joie de les voir.

« Aucune de ces dames ne veut donc s'asseoir au coin du sopha ? » demande-t-elle pour la sixième fois au moins ; mais la place d'honneur reste toujours vide, car, à peine une visiteuse s'est-elle laissée aller sur les moelleux coussins, qu'une autre plus âgée se présente devant qui on se retire avec toutes sortes de formalités courtoises et cérémonieuses qui répandent beaucoup d'agrément sur la réunion. Enfin Mme Gahlen a fait son entrée, et, en femme qui sait ce qui lui est dû, elle s'installe majestueusement : le trône est occupé d'une façon définitive. Mme Hiller est assise de l'autre côté, et devant elles le grand cercle de toutes les dames se déploie comme les perles d'un collier.

Pourtant les jeunes filles se sont arrangées pour faire bande à part, et du coin où elles ont pris refuge on entend résonner le rire argentin d'Hélène. Naturellement la candide Pinchen Wensdorf est là aussi ; il est même permis de supposer que l'irrévérente gaieté de Mlle Hélène est surexcitée par la vue de ses charmes, que rehausse une toilette printanière.

Théodore a reçu un accueil si flatteur, si empressé, que sa belle-mère en ouvre de grands yeux surpris. On a fait place à la jeune femme entre deux dames âgées, et Mme Wunderlich lui adresse à chaque instant une parole affectueuse, ce qui attire sur elle les regards de toute la salle et lui devient presque intolérable, car, loin de paraître favorablement impressionnées par ces éclatants témoignages de faveur, les assistantes, soit par esprit de contradiction, soit par malveillance jalouse, affectent une attitude peu aimable. — « Mon Dieu, préservez-moi de mes amis, je me charge de mes ennemis ! » pense la pauvre Théodore, à qui n'échappent ni les sourires railleurs ni les coups d'œil impertinents qui suivent chaque réflexion élogieuse de la trop zélée Mme Wunderlich. Pour couper court à cette scène, elle parle ménage à l'une de ses voisines et écoute le récit détaillé de la confection d'une pâtisserie bohème, baptisée du nom mélodieux de « Strudel », avec autant d'intérêt que si elle était elle-même cuisinière pratiquante et expérimentée.

Ce thème fertile fait le tour du cercle ; chacune de ces dames tire de sa réserve assez de recettes de cuisine, de procédés de blanchissage économique, sans parler de méthodes mystérieuses, mais infaillibles, destinées à conserver « l'apprêt du neuf » aux étoffes, pour faire l'éducation complète d'une ménagère, si toutefois la théorie avait jamais suffi à enseigner quoi que ce soit. Tout cela n'offre à Théodore qu'un médiocre intérêt ; les mots de toile, savonnage, cuisine, fournées, tourbillonnent dans sa pauvre tête fatiguée et assourdie. Au surplus, l'inépuisable question des domestiques est chez elle un sujet de soucis quotidiens assez cuisants pour qu'elle puisse légitimement souhaiter l'oublier pendant une heure, au lieu de le voir développer avec un luxe d'anecdotes et de réflexions moins que récréatives. Silencieusement courbée sur son ouvrage, la jeune femme est envahie par un mortel ennui.

Il lui semble se sentir lentement raidir et dessécher, et lorsque Mlle Wensdorf vient prendre la chaise laissée libre à côté d'elle, c'est avec un véritable effroi qu'elle se demande de quoi elle pourra bien lui parler. Crainte superflue. Mlle Wensdorf se charge de faire les frais de l'entretien en questionnant « sa chère madame Gahlen » sur tout ce qui la concerne, prête d'ailleurs, selon toute apparence, à prodiguer son aide et ses conseils en cas de trouble ou d'embarras.

« Une jeune femme nouvellement établie dans une ville étrangère a bien le droit de commettre quelques erreurs, » dit-elle d'un ton compatissant.

Mais Théodore, peu charmée de la pitié qu'elle inspire, cherche à détourner la conversation; elle a entendu dire que Mlles Wensdorf ont hérité de leur père une fort belle bibliothèque.

« Une grande jouissance, n'est-ce pas?

— Oh! oui, certainement, ma chère, vous avez raison, c'est une belle chose à avoir à soi, nous le répétons tous les jours. Mon père avait fait relier tous ses livres très richement, et, à mon avis, rien ne meuble mieux qu'une belle rangée de dos en maroquin vert relevé de filets d'or, derrière les vitres bien claires. Savez-vous, ma chère, que pour moi la reliure d'un livre est ce qu'il y a de plus important?

— Vous lisez cependant avec mademoiselle votre sœur? répond Théodore, qui ne trouve rien à dire devant cette manière originale d'apprécier les mérites d'une bibliothèque.

— Avec ma sœur, oh! non; je n'approuve pas la lecture pour les jeunes filles. Une âme innocente doit être préservée de tout contact dangereux; en cela, on n'est jamais trop prudent. »

Cette prudence destinée à préserver une candeur quinquagénaire égaye Théodore malgré elle; sa tête se baisse plus sur son ouvrage lorsqu'elle reprend, avec un sourire impossible à réprimer :

« Je relis en ce moment le *David Copperfield* de Charles Dickens, le connaissez-vous ? Ces ouvrages-là sont irréprochables.

— C'est affaire de goût, ma chère, répond Finchen d'une voix pâteuse, car elle vient d'engouffrer une énorme bouchée de gâteau aux raisins secs, et la fraîcheur de son organe se ressent d'une déglutition précipitée. Selon moi, — elle se redresse d'un air digne, — quand on se donne la peine de lire, c'est pour être introduit dans un monde supérieur à celui que l'on voit tous les jours, et Dickens ne vous présente jamais que des gens du vulgaire. Non, moi, dans les romans, je veux que le héros ait pour le moins le titre de baron, autrement il ne m'intéresse pas. J'aime à me sentir enlevée dans les hautes sphères. »

Par bonheur pour Théodore, que ces appréciations littéraires divertissent à l'excès et qui n'est plus maîtresse des muscles de son visage, Mme Hiller lui adresse à travers la table une question faite pour l'intéresser. Il s'agissait d'un tableau célèbre qu'une des dames avait vu récemment à la galerie de Dresde et que Mme Hiller soutenait n'être qu'une copie dont l'original était à Florence. Théodore appuie cette assertion.

« Ce qui m'a le plus frappée dans la galerie de Dresde, reprend la voyageuse d'un ton ironique, c'est le grand nombre de femmes occupées à faire des copies. Cela, je l'avoue, ne me plaît que médiocrement. Il y a d'autres occupations plus utiles, plus modestes pour les mains féminines, qui ne devraient point empiéter sur le territoire masculin.

— Mais pourquoi serait-il interdit aux femmes de s'occuper d'autre chose que du soin exclusif du pot-au-feu? demande Théodore piquée de ce trait direct et rougissant légèrement. Un grand nombre de jeunes filles ou de dames se livrent à ce travail par goût, quand il ne leur sert pas à gagner leur vie.

— Si une femme veut travailler, les occasions ne lui manqueront pas, sans qu'il soit besoin qu'elle se lance dans les belles idées d'indépendance et d'émancipation mises à la mode pour le quart d'heure, » dit Mme Gahlen sèchement.

Théodore rougit plus fort et reprend avec vivacité :

« Assez de jeunes filles sont forcées par le manque de courage ou de talents de suivre les sentiers battus, où elles ne trouvent jamais d'ailleurs que des situations dépendantes. Combien de pauvres créatures, dans l'espoir de se délivrer des humiliations et des souffrances dont leur vie est semée, commettent la folie de se marier sans amour! Celle à qui son pinceau assure le nécessaire et même un peu de superflu est à l'abri d'une telle tentation, et, selon moi, c'est un grand bonheur pour elle.

— Oui, oui, voilà bien les belles idées modernes qu'on répand maintenant parmi les jeunes filles, reprend Mme Gahlen avec une aigreur croissante; mais je soutiens que c'est autant d'absurdités. La vraie destinée d'une femme, c'est le mariage, et elle ne doit pas se mettre en tête cent niaiseries bien faites pour épouvanter les épouseurs; car tout homme raisonnable sait d'avance qu'un bas bleu ne fera jamais qu'une mauvaise ménagère. Nos ancêtres pensaient ainsi, ils agissaient en conséquence, et, si j'en juge d'après ce qui se passe sous mes yeux, les ménages d'autrefois étaient aussi heureux, aussi honorables que maintenant, où certaines belles dames aiment mieux s'occuper de la lune et des étoiles que du soin de leur maison. »

Personne ne peut s'y tromper, la sortie de Mme Gahlen est dirigée contre sa bru, qui change de couleur et devient excessivement pâle, et cependant, bien qu'elle soit intérieurement révoltée de la rudesse de ce langage, elle ne perd pas contenance et continue à travailler paisiblement, sous les regards curieux et railleurs que toutes les provinciales, charmées de cette rebuffade infligée à une dame de la Résidence, fixent impitoyablement sur elle.

Rosa Altmann et sa sœur Sophie ont échangé un coup d'œil empreint de vexation. La grossièreté de sa mère — ce n'est rien d'autre, elle ne se le dissimule pas — exaspère surtout Sophie, qui y voit une atteinte portée à l'honneur proverbial de la famille.

« Il me semble, chère madame Gahlen, dit à ce moment Mme Hiller, dont la belle voix douce et claire résonne jusqu'aux extrémités du salon, que vous n'avez pas à en vouloir aux idées nouvelles, puisque leur fâcheuse influence ne s'est pas étendue sur votre maison. Vos enfants sont charmants, et, quant à votre belle-fille, toutes les mères pourraient vous l'envier à bon droit. »

Et, se tournant vers la maîtresse du logis, la vieille dame ajoute d'un ton enjoué :

« Je vois, chère amie, que vous avez ouvert votre magnifique piano. Une de ces aimables musiciennes va nous donner, j'espère, le plaisir de l'entendre. »

La tranquille aisance avec laquelle Mme Hiller a

rompu un entretien pénible est admirée de tous et lui vaut la reconnaissance de Théodore, paisible en apparence, indignée au fond du procédé dont elle vient d'être victime. Certainement la musique des jeunes indigènes de M.... n'a rien d'agréable pour des oreilles délicates et exercées, et cependant Théodore la bénit, parce qu'elle lui donne le temps de calmer une agitation qu'elle ne veut pas livrer aux commentaires de son entourage. En même temps, elle se promet de garder désormais son opinion pour elle. Qu'a-t-elle gagné à combattre un préjugé? Rien que de l'ennui. On l'a laissée seule; pas une de ces dames n'a eu le courage de la soutenir. Après tout, peut-être qu'elles sont d'accord pour la blâmer et qu'elles trouvent hautement répréhensible cette discussion avec une personne âgée, que nul pourtant ne songe à croire affaiblie par les années.

« Chère madame Théodore, je vous en prie, nous vous en supplions toutes, venez nous jouer quelque chose. Vous chanterez aussi, n'est-ce pas? »

Ce sont les voix des jeunes filles qui réveillent Théodore de sa douloureuse rêverie. Certainement elle n'avait guère le cœur à la musique; mais l'idée de faire plaisir à cette jeunesse qui la regarde de ses yeux brillants, l'assurance que son jeu sera agréable à Mme Hiller, la décident. Après elle, aucune des exécutantes n'ose reprendre sa place, si bien que les morceaux se succèdent et que, à mesure que les notes s'égrènent sous ses doigts, la jeune femme oublie momentanément et ses ennuis et l'animosité injuste dont elle est l'objet. Elle a enfin quitté le piano, mais son petit groupe de juvéniles admiratrices la suit. Hélène est à ses côtés,

Théodore retrouve sa gaieté, rit et cause avec abandon, raconte les épisodes de son voyage en Italie.

« Nous étions entre Bologne et Florence lorsqu'un autre voyageur vint s'installer dans notre coupé. C'était un petit bavard vaniteux, qui ne tarissait point sur la splendeur des cadeaux qu'il avait achetés à Venise pour sa femme et ses enfants.

« — Oh! madame, il faut que vous les voyiez; c'est incomparable, magnifique... Mais où sont donc mes clefs, que je vous les montre?

« Là-dessus, il commence dans ces innombrables poches une chasse à la poursuite de ses clefs. Est-ce dans celle-ci? non; dans celle-là? non encore. Enfin il les trouve, tout un trousseau. Quelle est la bonne?... En ce moment, la voie, traversant les montagnes, suivait une série de tunnels, quarante pour le moins, dont quelques uns sont fort longs. Or, chaque fois que le malheureux petit homme, après un essai infructueux, reprenait une nouvelle clef et cherchait à l'introduire dans la serrure, le train s'enfonçait sous la voûte obscure avec un vacarme assourdissant, et nous nous trouvions enveloppés de ténèbres. Si bien que nous sommes arrivés à la station sans que le monde des merveilles nous ait été dévoilé. Pauvre monsieur! il avait fini par trouver la vraie clef, et il ouvrait sa valise, déployait ses petites boîtes, lorsqu'il lui a fallu tout remballer; à peine s'il a eu le temps de mettre ses trésors en sûreté pendant que je lui exprimais mes regrets sur l'obstination des tunnels à contrecarrer mon plaisir. »

Les jeunes filles rient aux éclats; on commence à prendre congé, et, tout en endossant manteaux et capelines, ces dames échangent leurs réflexions.

« Cette Mme Théodore est adorable, dit l'une; elle chante et joue à ravir les anges, et si gaie avec cela, si naturelle, si bonne enfant!

— La jeune Mme Gahlen nous a donné une nouvelle preuve du déplorable relâchement de ses principes; mais sa belle-mère, qui ne plaisante pas tous les jours, lui a donné une bonne leçon bien méritée, dit à demi-voix une grosse commère à figure cramoisie à sa voisine, qui répond par un aimable sourire approbatif, sans toutefois prononcer un seul mot, car son attitude — elle passe des caoutchoucs sur ses bottines — n'est pas favorable à l'élocution.

— Pinchen, noue bien ton foulard autour de ton cou et prends soin que ta voilette soit épinglée, » s'écrie de sa voix mélodieuse l'aînée des demoiselles Wensdorf tout en descendant l'escalier.

Puis, au milieu du froufrou des robes, du murmure des adieux, des promesses de se revoir bientôt après un si délicieux après-midi de plaisir, éclate tout à coup la note aigre de Mme Felsing :

« Oui, je me rappelle très bien; c'était à l'époque où j'ai acheté mon paletot de velours de soie. »

XVII

LES NUAGES S'ÉPAISSISSENT

Au courant de l'hiver, les bonnes familles de M..... se réunissaient assez souvent au casino, suivant l'usage des petites villes; Frédéric Gahlen et sa jeune femme suivaient la coutume, et on les vit assidûment. A part la danse, toujours chère à la jeunesse, les plaisirs y étaient maigres et rares, aucun des membres de la société n'offrant de ressources intellectuelles, tout au contraire.

D'ailleurs il était établi, sans doute dans l'intérêt des bonnes mœurs, que dames et messieurs devaient être rigidement parqués dans des pièces différentes. Théodore, novice en ces matières et ignorante des périls que peut faire courir à la vertu une conversation masculine, trouvait d'abord les soirées d'un insupportable ennui, puis elle s'efforça de les modifier un peu en introduisant quelques messieurs de sa connaissance dans leur cercle et en se hasardant à leur suite avec Hélène jusqu'au salon voisin. Une de ses cousines, mariée au capitaine de Moller, en garnison à M..., favorisait de toutes ses forces ces tentatives libératrices, accueillies, d'autre part, avec une joie bien naturelle par les jeunes officiers. Mais les vieilles douairières ne ménageaient point l'expression de leur défiance et de leur mécontentement. Mme Gahlen se distingua particulièrement par l'énergique réprobation de ces funestes libertés.

« Qu'est-ce que cela prouve? Messieurs les officiers et leurs nobles épouses ne sont pas nos modèles, j'imagine, » répondit-elle à Théodore lui expliquant que Mme de Moller ne tolérait pas chez elle ces usages absurdes. Il faut dire que les relations de parenté de son fils et de sa belle-fille avec le capitaine et par suite avec ses amis étaient envisagées défavorablement par Mme Gahlen : on accusait les officiers d'orgueil de caste et de dédain pour la bourgeoisie du pays.

Dans le but de ranimer les soirées monotones du casino, Théodore proposa de jouer quelques petites pièces et de composer des tableaux vivants. Elle-même s'était autrefois beaucoup occupée de ce genre de divertissements et pouvait fort bien guider les premiers pas des débutants. On accueillit cette idée avec acclamation, et sans plus tarder les jeunes gens firent choix d'une pièce, se distribuèrent les rôles, préparèrent leurs costumes. Par les soins des messieurs qui portaient un vif intérêt à l'entreprise, un petit théâtre fut dressé, et Théodore, âme et vie d'une troupe ardente mais inexpérimentée, se chargea d'un rôle difficile, tandis qu'Hélène, à son inexprimable ravissement, se voyait déclarée une des meilleures actrices de la bande.

Les choses en étaient là lorsqu'un soir Frédéric rentra chez lui la mine harassée et soucieuse.

« Ma chère enfant, dit-il, vos projets de théâtre vont tomber à l'eau, car tu ne pourras pas t'en mêler. Je viens de recevoir un message de M. Martin, qui me déclare qu'avec ma position de directeur il ne m'est pas permis d'encourager ma femme à se livrer à ce genre de délassement. Je n'ai pas besoin de te dire ce qu'il m'en coûte de te priver de ce plaisir; mais, ma pauvre petite, je t'en prie, renonce à ton rôle, afin qu'on me laisse la paix. D'ailleurs Hélène, que je viens de rencontrer dans la rue, m'a annoncé que notre mère lui refusait formellement son autorisation. »

La déception fut vive pour Théodore, et elle ne put dissimuler son amertume contre l'ingérence tatillonne du pasteur et de sa belle-mère. De plus, elle ne se dissimulait pas que, une fois son aide et ses conseils retirés, l'affaire n'irait pas loin. Personne dans leur petit cercle ne pouvait se charger de son rôle, et la perte du charmant visage d'Hélène se ferait bien tristement sentir.

Par-dessus le marché, Mme Wunderlich vint affectueusement la prévenir que dans la ville on lui savait peu de gré de ses essais artistiques, et que mieux valait s'en laver les mains. L'envie la plus mesquine, la jalousie la plus aigre, excitées dès l'abord par sa beauté et ses dons exceptionnels, avaient pris la haute main, secondées par les gens à préjugés étroits; elles pouvaient désormais se donner libre carrière.

« Ils se sont passés de théâtre jusqu'à présent, conclut Mme Wunderlich, et ils n'admettent pas qu'une étrangère se permette de leur donner ce plaisir. Eh bien, ma très chère, laissez-les à leurs vilains sentiments. »

Dès lors, toute la joie que Théodore s'était promise disparut. Elle expliqua à son petit comité que des raisons majeures l'obligeaient à leur retirer sa participation, et, en dépit de toutes les prières, demeura inflexible dans une retraite dont les suites furent désastreuses pour les projets scéniques de la pauvre jeunesse. Forcés de renoncer à leur pièce, les acteurs essayèrent des tableaux vivants et échouèrent encore, faute de chef et de conseils. Enfin un beau jour que Mlle Wensdorf avait impérieusement réclamé un rôle jeune et poétique pour sa sœur, il y eut des rires, des moqueries, presque une querelle, et l'on se résolut d'un commun accord à renoncer à un plaisir qui, mal entendu, n'apportait avec lui que brouilles et jalousies.

Cet échec eut pour résultat d'attrister Théodore, qui se résolut, avec la résignation du désespoir, à subir sans résistance les mortels ennuis dont elle se sentait de plus en plus pénétrée. Désormais elle ne vivrait que dans le monde de ses pensées, ne s'occuperait que de ses propres affaires.

Au moment où cette solitude intellectuelle devenait cruellement pénible, la visite de son cousin Heinrich Turner lui produisit l'effet de la rosée sur un sol aride. Le jeune homme, épuisé par un excès de travail, comptait qu'un repos de quelques semaines auprès de sa sœur lui donnerait de nouvelles forces; mais pour Théodore son apparition fut comme une porte ouverte sur le monde lumineux dont elle était désormais bannie. Témoin de l'accueil enthousiaste que la jeune femme ravie faisait à son cousin, Frédéric, toujours facilement ombrageux, sentit renaître ses soupçons d'autrefois. Il dissimula cependant son amère vexation, dans la crainte de blesser un cœur qui lui avait prodigué les preuves de sensibilité et de tendresse; mais, lorsqu'il vit Heinrich Turner se faire l'hôte assidu de son foyer, le compagnon, le lecteur, le musicien de sa femme, lorsqu'il les vit passer des heures entières à s'entretenir d'amis communs, d'événements passés dont le souvenir les égayait ou les attendrissait tour à tour, la vieille jalousie se redressa violemment, et il eut besoin de toute sa force de volonté pour en contenir l'expression. Malgré tout, il se taisait, fidèle à ses habitudes de réserve, et la jeune femme, tout entière au plaisir, depuis si longtemps inconnu, de causer avec un interlocuteur sympathique, ne soupçonna rien de la tempête qui s'amassait au-dessus de sa tête.

Très intelligent, très pénétrant, le jeune artiste possédait en outre une âme tendre et délicate qui s'harmonisait avec celle de Théodore, si bien que tous deux se comprenaient souvent avant même d'avoir parlé. Naturellement expansive, Théodore ne songea point à dissimuler combien sa situation au milieu d'éléments hostiles lui semblait douloureuse. C'était fort imprudent, et la nouvelle mariée oubliait qu'il est interdit, même à l'ami le plus dévoué, de se placer entre le mari et la femme, et que ces sortes de confidences sont presque toujours suivies de chagrins, sinon de désastres.

Par bonheur, Heinrich s'en souvenait, et son exquise discrétion ne trahit jamais à une oreille étrangère le secret des plaintes de Théodore. Il essaya même de relever le courage affaibli de la jeune femme, de lui représenter la valeur des biens qui l'entouraient et pour lesquels elle ne manifestait que mépris.

« Crois-moi, chère amie, — lui disait-il un jour qu'elle avait décrit avec une verve enflammée le plaisir qu'elle aurait à se retrouver dans un milieu artistique, — c'est le lointain qui nous pare de si séduisantes couleurs. Si tu nous revenais, tu pourrais t'assurer qu'on voit chez nous autre chose que des étoiles, et que comme partout la soupe s'y fait avec de l'eau. Notre monde a sa large part de petitesse et de jalousie, plus large qu'ailleurs ; la vanité des artistes et des écrivains est bien connue et bien méritée. Songe à toutes les critiques injustes, à tous les froissements que ta mère a dû endurer de la part de ces beaux esprits. Le tableau a plus d'ombres que je n'en puis compter, quoiqu'en ce moment tu n'en veuilles regarder que la lumière.

— Je te comprends, Heinrich, tu veux me consoler, dit Théodore avec un sourire amer ; mais tu n'es malheureusement pas assez éloquent pour cela. Vois-tu, il m'arrive assez souvent de penser que mes talents, mes facultés sont pour moi une véritable malédiction, qu'il vaudrait cent fois mieux ne pas aspirer à une vie plus large, ne pas persister à rêver la rencontre d'âmes généreuses : on n'en voit pas ici, c'est le désert. »

Après le départ d'Heinrich, Théodore ouvrit un petit cahier qui, dans ces derniers temps, avait reçu d'elle bien des griffonnages mystérieux et y écrivit les vers suivants :

RÉSIGNATION

Là-bas, dans la lande,
Entre les pierres mousseuses,
Une petite fleurette blanche
Balance sa tige frêle.

Par la brise agitées,
Enivrées d'air et de soleil,
Les gracieuses clochettes
Répandent leurs doux parfums.

Mais, réunies en groupes serrés,
Les autres herbes de la plaine
A la jolie étrangère
Jettent d'hostiles regards.

Est-ce que cette campanule
Que nul de nous ne connaît
Va se croire d'une autre caste?
Disent-elles d'un air morose.

Saisie de crainte, la mignonne étrangère
Replie en hâte ses blancs pétales.
Tandis qu'au fond de son calice
Les larmes s'amassent une à une.

Tout à coup lui vient du bois
Le son d'un chant joyeux,
Et la pauvre petite fleur
Tristement se détourne.

Il est là, le chanteur ailé,
Vivement il s'approche,
Toujours, toujours plus près,
De la fleur bientôt flétrie.

Il chante la verte forêt,
Le grand air, le ciel bleu,
Il chante les fleurs et la vie,
Si radieuses sous la feuillée.

Pauvre petite exilée !
Tu te meurs de nostalgie,
Cette lande sèche et maussade
N'a jamais été ta patrie.

Inclinant sa jolie tête,
La fleur dit doucement :
Sauve-toi, petit oiseau,
Retourne dans ta verte forêt.

Si heureuse que fût Théodore de la présence d'Heinrich Turner, elle n'en souffrait pas moins vivement des ennuis de son intérieur : d'ailleurs ses devoirs de ménagère lui étaient plus insupportables que jamais. De longues rêveries, suivies de larmes, s'emparaient d'elle. Frédéric, irrité par l'intimité croissante de sa femme avec son cousin, ménageait moins le blâme et les reproches longtemps contenus. Un jour même, sa colère éclata avec violence à l'occasion d'un vase de prix que Lisette avait jeté par terre en l'époussetant et qui avait failli entraîner une jolie statuette dans sa chute.

« Les lourdes mains de cette fille ne devraient pas être chargées d'un travail qui demande beaucoup de soin et de légèreté. Pourquoi ne t'occupes-tu pas toi-même de ces petits détails ? »

Théodore n'y avait jamais songé, et la tâche lui semblait moins que plaisante ; mais elle promit en soupirant de se conformer au désir de son mari, lequel pouvait bien avoir raison. Au surplus, les pertes de toutes sortes se multipliaient dans la maison, pertes souvent importantes, qu'un peu d'ordre et de surveillance aurait pu éviter. Comme autrefois chez sa mère, Théodore laissait ses effets dispersés dans tout l'appartement, et plus d'une fois la lampe mal essuyée ou les tasses à café avaient marqué leurs traces sur des objets qu'aucune raison appréciable n'aurait dû rapprocher de leur voisinage. Frédéric ne savait pas tout, et sa femme lui cachait prudemment la plupart de ses soucis ; elle redoutait un éclat lorsqu'il apprendrait que les cuillers d'argent disparaissaient l'une après l'autre, sans parler des vides nombreux de l'armoire au linge et de la garde-robe. Tout cela lui eût été épargné si elle avait tenu ses clefs, et, comme la rusée Lisette ne se laissait jamais prendre la main dans le sac et que Théodore manquait de l'énergie nécessaire pour la contrôler et la renvoyer, les affaires domestiques ne s'amélioraient pas, loin de là.

L'impatience de Frédéric était devenue de la tristesse. Un jour que Lisette lui avait brisé une tasse qu'il conservait avec grand soin en souvenir de son frère Hermann, Théodore parla avec chagrin de cet accident chez sa belle-mère.

« Mais comment cela a-t-il pu arriver? demanda Mme Gahlen d'un air profondément surpris. Théodore, est-ce que tu laisses ta servante laver les tasses à déjeuner?

— Sans doute, cela ne me regarde pas; à quoi donc servirait Lisette?

— Une ménagère soigneuse ne laisse jamais sa domestique toucher à ses fines porcelaines, reprit Mme Gahlen d'un ton sévère. Ici, ce sont mes filles qui s'en occupent.

— Il me faudrait laver la vaisselle! s'écria Théodore

un peu froissée de l'accent de sa belle-mère. Je n'en vois certes pas la nécessité, surtout dans un petit ménage comme le nôtre. Mon temps m'est trop cher pour l'employer de la sorte.

— Vraiment! ton temps t'est trop cher pour le consacrer à tes devoirs! fit Mme Gahlen, dont les veines du front se gonflaient de courroux. C'est bien là ce que je répète tous les jours, tu n'as de cœur que pour des niaiseries, pendant que ta maison s'en va à l'aventure. Si deux tasses à laver chaque matin te semblent un travail trop pénible, qu'est-ce donc que le reste? Frédéric a fait une belle folie en se choisissant une femme qui le ruinera, si ce n'est déjà fait. »

Cette explosion n'était que la suite naturelle de la fureur amassée par Mme Gahlen depuis quelque temps, fureur qui ne demandait qu'à éclater. Sa belle-fille, muette d'indignation et de douleur, la regardait avec effroi, puis, sûre d'avoir tout entendu, elle se leva vivement et sortit. Mais, arrivée dans le vestibule, ses forces l'abandonnèrent et elle tomba sur une chaise, prête à s'évanouir de honte et de chagrin. Au même instant accouraient Hélène et Sophie, qui la couvrirent de caresses en lui demandant pardon de la rudesse de leur mère, mais le coup était porté. Théodore se savait prise en haine, et rien ne pouvait la consoler.

Par égard pour son mari, elle lui cachait d'ordinaire les impolitesses si fréquentes qu'elle recevait dans cette vieille maison paternelle, si tendrement aimée par lui; mais cette fois le courage de la dissimulation lui manqua, et il s'ensuivit une scène assez vive entre la mère et le fils, qui avait pris bravement le parti de sa femme. Cette querelle laissa une impression tellement douloureuse au jeune homme, que Théodore, cause involontaire de sa tristesse, se promit que dès lors, et autant que cela pourrait dépendre de ses forces, il n'apprendrait plus jamais rien des mille et un tracas dont elle était assaillie.

Peu de temps après cependant, il lui fallut encore essuyer une réprimande. Le jour de naissance de sa mère approchait, et à cette intention Théodore avait décidé de reporter en aquarelle l'un de ses croquis de la campagne de Rome. Au moment où, en grande hâte, afin d'éviter les « cernés », elle étendait sur la grande feuille de papier humide les riches teintes bleues de son ciel italien, Lisette ouvrant la porte lui annonça la visite de Mme Krug, femme de l'un des professeurs du gymnase.

« Tout de suite ! tout de suite ! dis-lui de m'attendre une minute seulement, » s'écria Théodore avec impatience, car la visiteuse n'aurait pu choisir plus mal son temps.

Avec une rapidité et une sûreté de main remarquables, elle acheva d'étaler ses couleurs, fondit quelques contours, et enfin, satisfaite de son œuvre, qu'elle pourrait désormais reprendre sans qu'il y eût désaccord entre deux teintes, elle rangea quelques livres laissés négligemment sur le sopha et sur les chaises et alla rejoindre Mme Krug. A sa grande surprise, la pièce était vide, et la susdite Mme Krug ne se trouvait nulle part. Lisette, interrogée, répondit qu'elle venait de la voir sortir de la maison. Un instant, Théodore fut irritée de cette incompréhensible conduite, mais son aquarelle la lui fit bien vite oublier; elle n'y aurait probablement plus jamais songé si le lendemain Frédéric, qui était rentré de fort mauvaise humeur, ne lui avait dit :

« Puis-je te demander, ma chère, pourquoi tu n'as pas voulu recevoir hier la visite de Mme Krug?

— Je lui ai seulement fait dire de m'attendre un instant, parce que j'étais très occupée.

— Oui, et, par la porte entre-bâillée, elle t'a vue assise devant ton chevalet, dit Frédéric en fronçant les sourcils. Après avoir attendu assez longtemps, elle s'est décidée à partir, comprenant qu'elle te dérangeait; mais naturellement elle ne parle pas avec grande cordialité de ta courtoisie envers les femmes de professeurs. On t'accuse d'orgueil; je l'ai senti malgré toutes les belles paroles du docteur Krug, qui est venu m'exprimer ses regrets de ce que l'heure de la visite avait été si mal choisie. Krug est un allié de Felsing; tous deux me sont hostiles, ce qui rend la chose doublement désagréable. Une autre fois, laisse sécher ton aquarelle plutôt que de blesser les gens. »

Théodore s'affecta de ces reproches et, dans l'intention de réparer ses torts, s'empressa dès le même jour de rendre la visite de Mme Krug. Mais, en dépit de l'empressement de la dame à repousser ses excuses comme superflues, de son assurance qu'elle n'avait jamais cru à une impolitesse, Théodore sentit que Frédéric ne s'était pas trompé et que son insouciance irréfléchie venait d'aigrir une animosité déjà trop déclarée.

Un nouvel incident, compliqué d'un dur mécompte, accrut considérablement la tristesse de la pauvre jeune femme.

Pour l'anniversaire de la naissance de son mari, elle

avait fait acheter une magnifique pelisse de fourrure, qu'elle lui mit triomphalement sur les épaules. Surpris et charmé, Frédéric remercia d'abord et finit par dire en riant :

« Avoue, femme sans conscience, que tu as fait danser l'anse du panier pour m'offrir ce beau présent, tandis que je croyais naïvement à tes plaintes sur la désolante cherté de la viande et des légumes. »

Théodore rougit, et un vif éclair passa dans ses yeux noirs.

« Ce serait là une belle manière de faire des cadeaux, vraiment! Non, Frédéric, j'ai bel et bien gagné l'argent de la pelisse. Maman a vendu un volume de poésies écrites par moi, et mes droits d'auteur ont immédiatement subi la transformation que voici. »

Le visage de Frédéric s'était assombri, et, au lieu d'exprimer la joyeuse surprise sur laquelle comptait sa femme, il demanda d'une voix hésitante :

« Sous quel nom tes poésies paraîtront-elles?

— Mais sous le mien naturellement, sous le nom de Théodore Gahlen, repartit fièrement Théodore. Quel autre pourrais-je prendre ? »

Frédéric se promenait de long en large avec une extrême agitation ; enfin il s'arrêta devant sa femme et lui dit avec un calme forcé :

« Ma bien chère, comment se peut-il que tu aies pris une décision aussi grave sans me consulter? Si encore tu avais choisi un pseudonyme; mais arborer le nom même sur lequel ta naissance ne te donne aucun droit! Personnellement, mon amour, je ne pense que du bien des femmes auteurs, tu le sais. Mais as-tu réfléchi à ce que dira ma mère en apprenant que tu publies des poésies signées de notre vieux nom? Elle sera hors d'elle-même et ne me pardonnera jamais, pas plus qu'à toi, j'en suis assuré d'avance. Théodore, pourquoi m'as-tu préparé ce chagrin? »

Théodore n'en croyait pas ses oreilles. Toute sa vie elle avait été habituée à considérer le travail artistique ou littéraire comme un grand honneur, fort envié, mais accordé à peu d'élus. C'est ainsi que pensaient les gens au milieu desquels elle avait toujours vécu ; qu'il y eût des opinions différentes sur ce point, elle le savait par les railleries qu'excitent les bas bleus et leurs prétentions plus ou moins réelles ; mais elle n'y attachait aucune importance, car ces ennemis impitoyables des auteurs féminins passaient pour avoir les idées courtes et le jugement étroit. Certes elle ne supposait point que sa belle-mère se souciât aucunement de ses poésies, mais elle n'avait rien imaginé de pire.

« Mon Dieu, Frédéric, dit-elle d'un ton blessé, si ta dignité souffre tant de voir votre nom imprimé sur la couverture d'un livre, il est encore temps de l'échanger contre un autre à travers lequel personne ne devinera jamais le véritable. En ce qui me concerne, je te promets de ne pas dire un mot de cet ouvrage et de l'éviter ainsi les reproches et les scènes d'indignation. Pardonne-moi de n'avoir pas pensé plus tôt à ménager ton noble orgueil. Peut-être qu'avec le temps je parviendrai à comprendre ta manière de voir; mais, à dire vrai, j'en doute fort. »

Là-dessus, elle sortit, sentant les larmes la gagner et incapable de dissimuler plus longtemps sa douloureuse irritation. Sentant très bien ce que son attitude et ses paroles avaient eu de peu aimable, pour ne rien dire de plus, Frédéric la suivit et s'efforça de la calmer: mais la blessure ouverte par lui resta saignante, bien que Théodore ne fît plus la moindre allusion à cette malencontreuse affaire.

A cette époque, Heinrich Turner écrivait à la conseillère la lettre suivante :

« Ma chère tante,

« Lors de mon départ, je t'ai promis de t'envoyer une appréciation aussi exacte que sincère de la vie de ta fille et de la réalité de son bonheur. Tu ne t'en rapportes pas à ses lettres, et les remarques d'Hannah fortifient tes soupçons. Le fait est, bien chère tante, que je crois que Théodore aurait grand besoin de tes conseils maternels et plus besoin encore d'une main secourable, comme celle de ce trésor de tante Polly, pour la tirer des difficultés où son inexpérience se débat. Naturellement elle ne se doute pas que je joue le vilain rôle de mouchard et m'en voudra fort si on le lui révèle. Mais je ne vois pas d'autre moyen de lui prouver ma tendre amitié, ainsi qu'à celle qui ne se soucie plus guère d'autre chose en ce monde que de sa chère fille.

« Ton dévoué neveu,

« Heinrich Turner. »

XVIII

LE JOUR DE L'EXAMEN

« Ma chère Théo, la semaine prochaine, nous ferons au gymnase l'examen de Pâques; il me faudra un gilet blanc, et je te serais obligé de m'en faire préparer un, disait Frédéric à sa femme installée devant son chevalet et travaillant avec ardeur à l'aquarelle presque achevée qu'elle destinait à la fête de sa mère.

— Très bien, » répondit-elle.

Et, pour être plus sûre de ne pas oublier, la jeune femme se levait précipitamment afin de chercher le vêtement désigné et le remettre elle-même à la bonne. Par malheur, dans la brusquerie de son geste, son pied avait heurté l'un des supports du chevalet, qui tomba à plat sur le sol. Elle-même s'était douloureusement tordu la cheville, et pendant quelques instants la souffrance la retint immobile à sa place. A ce moment, ses yeux tombèrent sur la peinture : un cri d'horreur s'échappa de ses lèvres, et oubliant son pied, le gilet et tout le reste de l'univers, elle se précipita au secours de son œuvre, si toutefois il était encore possible de la sauver. Les belles couleurs rouge sombre du premier plan, toutes fraîches encore, puisque sa main venait de les poser, s'étaient, grâce à la chute, répandues sur les collines violettes du fond et leur donnaient de loin l'apparence d'un soleil couchant un peu fantastique. Le coup d'œil n'avait rien d'encourageant, et Théodore le contempla une seconde avec désespoir. Reprenant courage cependant, elle mouilla une petite éponge et la passa délicatement sur ses montagnes qui, sous cette friction bien entendue, revinrent peu à peu à la réalité. Puis, à l'aide du pinceau, elle rectifia les lignes de l'architecture, fort endommagées aussi, et refit son terrain. Grâce à sa merveilleuse adresse, le mal fut réparé, et la jeune femme ravie travailla avec un redoublement d'ardeur pour réparer le temps perdu.

Le jour de naissance était tout proche, il lui eût été à peu près impossible de refaire une autre peinture qui pût lui faire autant d'honneur que celle-là, à laquelle Théodore n'avait pas ménagé sa peine. Tout à coup la recommandation de son mari lui revint à l'esprit; mais bah! elle était si en train! à quoi bon se déranger pour une chose qui ne pressait nullement? Si bien que le souvenir du pauvre gilet blanc se perdit tout à fait dans les nuages d'une merveilleuse délicatesse du paysage, que Théodore eut enfin le plaisir d'expédier à sa mère.

Pendant ce temps, Frédéric se préoccupait fiévreusement des futurs examens auxquels plusieurs membres du conseil d'administration devaient assister, gens qui, le jeune directeur le craignait, avaient été prévenus contre lui par Felsing, toujours actif quand il s'agissait de préparer à son chef quelque mortification.

Grands furent la surprise et l'effroi de Théodore lorsqu'un matin Frédéric, sur le point de revêtir son costume de cérémonie, lui réclama le gilet de piqué blanc.

« Bon Dieu! dit-elle en se frappant le front, je l'ai complètement oublié. J'avais une vague, mais persistante idée de quelque chose à faire, et je ne pouvais me rappeler quoi.

— Encore un oubli? demanda Frédéric aussitôt inquiet de l'interprétation qui serait donnée par les dignitaires susceptibles à tout ce qui pourrait sembler un manque d'égards envers eux.

— Mets donc ton gilet noir, reprit Théodore d'un ton suppliant; il te va cent fois mieux que cette vieille loque démodée, que seul un professeur de gymnase dans ces nécropoles qu'on appelle les petites villes peut songer à endosser de nos jours. »

Elle sortit en courant et reparut bien vite le gilet noir à la main ; mais son mari le jeta avec colère sur la table en s'écriant :

« Grâce à ton impardonnable négligence, je vais aujourd'hui me trouver dans une situation excessivement pénible. En ma qualité de directeur, de représentant du gymnase, on attend de moi une tenue correcte jusque dans ses moindres détails. Absorbée par ton art, qui en somme n'est qu'un amusement, tu oublies le reste et ton mari tout le premier. J'ai encore deux heures devant moi avant de m'habiller ; arrange-toi comme tu l'entendras, mais je vais sortir, et en rentrant il faut que je trouve un gilet blanc. »

Pâle d'effroi et de chagrin, Théodore restait immobile au milieu de la pièce, les yeux fixés sur son mari dont l'accès de colère dépassait en violence tous les précédents. Puis sa tête se baissa sous le poids de ces dures paroles, et elle faillit éclater en sanglots, mais elle se contint. N'était-elle pas dans son tort ? Il s'agissait de le réparer, et les larmes n'étaient pas de mise. Le réparer ? Comment ? C'eût été bien facile à la Résidence, où les magasins de confection ne manquaient pas ; à M..., elle se voyait fort embarrassée.

Tout à coup une inspiration lui vint, et, traçant à la hâte quelques lignes, elle les fit porter par Lisette, à qui elle recommanda spécialement de ne les remettre qu'à M. Altmann lui-même.

La réponse ne se fit pas attendre : dix minutes après l'envoi du billet, on frappait à la porte de Théodore, et une figure ronde, rouge, pétillante de bonne humeur et de gaieté, apparut dans l'encadrement.

« Es-tu bien seule, ma chère Théo ? dit-il en regardant autour de lui avec des précautions feintes, j'ai tenu à t'apporter moi-même ce que tu m'as demandé.

— Quel bon, aimable frère tu fais ! s'écria Théodore en se précipitant au devant de lui pour recevoir le paquet qu'il lui tendait. Tu me tires de la peine où m'avait de nouveau plongée un de mes détestables oublis. Ta mère sait-elle...

— Pour qui me prends-tu ? dit Altmann épanoui et triomphant. Ma petite femme elle-même, qui grillait de curiosité en me voyant sortir de si bonne heure, n'a rien pu m'arracher.

— J'en suis bien aise, fit Théodore en poussant un long soupir de soulagement. Maintenant j'espère que tu vas accepter un verre de vin du Cap ; ma mère m'en a envoyé de délicieux. »

Elle disparut et revint avec une joyeuse prestesse, rapportant les verres et les assiettes, et, au bout de quelques minutes, les deux amis, assis devant le déjeuner improvisé, oubliaient l'heure et les affaires sérieuses, lorsque la sonnette de la maison vint faire tressaillir Altmann. Si le visiteur allait répéter à Rosa où il avait trouvé son mari !

« C'est Frédéric, ne te dérange donc pas ! dit Théodore en étendant affectueusement la main vers son beau-frère. Il te remerciera lui-même de ton obligeance. »

Ce n'était pas Frédéric ; c'était Mme Gahlen, qui, plus majestueuse que jamais, resta une seconde sur le seuil de la porte, tandis que ses yeux perçants dévisageaient son gendre et sa bru, qui se levaient avec empressement pour aller au-devant d'elle.

« C'est donc ici qu'il faut venir chercher monsieur quand on a besoin de lui, dit-elle d'une voix âpre sans répondre au salut de Théodore. Tu sais cependant que le vieux Golden est malade; mais tu viens tourner autour de la jolie belle-sœur pendant que le maître de la maison est absent. Une belle conduite pour le mari de ma fille, je dois le dire !

— Bah ! Théodore peut te dire ce qui m'a amené chez elle, dit Altmann en cherchant son chapeau pour rejoindre au plus vite sa pharmacie désolée, dont on lui reprochait si sévèrement l'abandon. Mais, vous autres femmes, vous êtes toujours prêtes à supposer le mal. Qui sait quel moucheron Rose a encore pris pour un éléphant ? »

Il fit un signe de tête mi-amical mi-railleur et s'éloigna suivi des yeux irrités de sa belle-mère, qui, dès qu'elle l'eut perdu de vue, se retourna vers la jeune femme.

« N'as-tu rien imaginé de mieux pour occuper tes matinées que de te faire faire la cour ? Cela te ressemble d'ailleurs. Tu n'as jamais compris ce que c'était qu'une véritable et honnête ménagère. »

Théodore écouta ces insinuations blessantes avec un air de froide dignité.

« Altmann est venu ici apporter quelque chose à Frédéric, dit-elle gravement.

— Quelle sottise ! Altmann savait fort bien que Frédéric n'avait pas de temps à perdre en bavardages aujourd'hui, répliqua Mme Gahlen d'un ton aigre. Ce n'est pas comme toi, qui en trouves toujours pour les niaiseries et pis encore. »

Et tournant le dos à sa belle-fille, étonnée et blessée, elle sortit brusquement. Certes Théodore ne comprenait guère de quoi on l'accusait; mais les manières, l'accent et les paroles suffisaient et au delà à lui causer une douloureuse vexation. Cependant son agitation dura peu ; elle était trop sûre d'elle, trop pure, pour ne pas mépriser profondément d'aussi vils soupçons. De jour en jour, l'animosité de sa belle-mère contre elle prenait une forme plus agressive, et Théodore en était venue à s'y soumettre avec cette sorte de résignation indignée que nous opposons aux injustices inévitables. D'ailleurs, contredire maman Gahlen suffisait pour l'amener aux dernières limites de l'exaspération.

En ce moment, Frédéric rentrait, et, désireux d'effacer le souvenir de sa dureté passée, il demanda d'une voix gracieuse :

« Eh bien, ma chère Théo, as-tu trouvé le moyen de compléter mon beau costume de cérémonie ? Sinon, il me faudra aller requérir l'aide d'Altmann. J'aurais dû y penser plus tôt.

— J'ai eu la même idée, » dit Théodore satisfaite de voir que son mari n'était plus fâché contre elle.

Il s'habilla rapidement, car l'heure s'avançait, et sa femme n'eut garde de lui rapporter la scène déplaisante qui avait eu lieu en son absence, dont le récit aurait pu le troubler ou l'ennuyer. Mais, lorsqu'il fut parti et qu'elle se retrouva seule dans son logis désert, toutes les pensées amères, toutes les tristesses amassées en elle remontèrent comme un flot violent au cœur de la jeune femme, qui, enfonçant sa tête dans ses mains, éclata en longs sanglots. Les larmes coulèrent en abondance, mais sans apporter d'allégement à la pauvre âme dévoyée. Jadis elle avait vu un enfant éploré sécher instantanément ses larmes dans un joyeux rire, et cette petite scène lui avait inspiré quelques vers qui lui revinrent à la mémoire comme un écho de temps plus heureux et à jamais disparus.

> Larmes d'enfant, chagrin d'enfant,
> Joies du paradis qui m'avez échappé,
> Combien mon cœur vous envie!
> A peine comprise, tout à l'heure envolée,
> La douleur, si toutefois c'est bien elle,
> Ne se voit guère que voisine du sourire.
>
> Larmes d'enfant ne sont que pluie printanière
> Dont chaque goutte garde un joyeux rayon
> Du gai soleil qui les va remplacer.
> Mais les vraies larmes, celles de la vraie douleur,
> Celles que font verser le remords et l'angoisse,
> Tombent sur mon cœur plus lourdes que du plomb.
>
> Comme par ces longs et tristes jours d'automne,
> Où les nuages au ciel s'amassent couleur de suie,
> Où le ciel et la terre, voilés d'une sombre brume,
> A mes yeux lassés n'offrent plus d'horizon,
> De même les larmes, à mon pauvre vieux cœur,
> Au lieu de paix, n'apportent que souffrances.

Théodore, accablée de mélancolie, n'avait pas encore quitté sa place au coin de la fenêtre, lorsqu'elle vit sa belle-sœur Hélène traverser la rue presque en courant. Confuse d'être surprise, elle se hâta d'essuyer ses yeux enflammés et ses joues ruisselantes ; mais Hélène ne se préoccupait guère de son apparence ; elle était entrée comme un ouragan, lui avait jeté les bras autour du cou et murmurait d'une voix haletante :

« Oh! chère bonne Théo, si tu savais ce que je vais te raconter! Je suis si heureuse! si heureuse! »

De grosses larmes brillantes roulaient dans les yeux bleus de la jeune fille, qui tremblait de tous ses membres. Théodore s'effraya.

« Mais, Linette, ma chérie, qu'as-tu? Tu es bouleversée. Je ne t'ai jamais vue ainsi. Que t'est-il arrivé?

— Théo, chère Théo! — elle cachait sa figure sur l'épaule de son amie, — songe donc, il m'aime!

— Heinrich Turner, n'est-il pas vrai? s'écria joyeusement Théodore. Il y a longtemps que je m'en doutais; mais comment l'as-tu appris?

— Il me l'a écrit, regarde, » dit Hélène pourpre d'orgueil et de confusion, en déployant un petit papier qui, à en croire les apparences, devait revenir d'un voyage autour du monde, tant les baisers et les pleurs dont on le couvrait depuis le matin l'avaient mis en piteux état.

Les grands yeux rayonnants de Théodore eurent bientôt parcouru la tendre déclaration, suivie de la demande d'une entrevue au cas — l'amoureux semblait ne pas souffrir d'une incertitude trop cruelle — où Hélène partagerait ses sentiments. Théodore ne leur refuserait pas de se voir chez elle.

« N'est-ce pas, ma bonne Théo, tu lui permettras de venir? s'écria Hélène, mais il ne faut pas que Frédéric en sache rien. Il ne m'autoriserait jamais à m'engager sans le consentement de maman, et maman, qui ne peut pas souffrir Heinrich, le refuserait, j'en suis sûre d'avance. Mon ange, je t'en supplie, exige de moi tout ce que tu voudras, mais laisse-moi voir Heinrich. »

Hors d'elle-même, la jeune fille s'était jetée à genoux et serrait sa belle-sœur dans ses bras. La jeune femme se dégagea doucement de cette folle étreinte.

« Calme-toi, ma petite Hélène; la joie te donne la fièvre, une heureuse fièvre, je sais, ma chérie; mais elle peut faire du mal aussi. C'est vrai que je devrais consulter Frédéric avant de permettre un rendez-vous sous son toit; mais je crois qu'il exigerait que Heinrich fît préalablement sa demande solennelle à ta mère, et je ne me sens pas le courage de vous faire endurer une déception. Que Heinrich vienne donc; Frédéric ne rentrera pas de toute la matinée.

— Le voilà déjà, » dit Hélène en montrant la fenêtre.

Heinrich marchait à grands pas, et, une minute après, on entendit sonner à la porte.

« Va dans ma chambre, Linette ; moi je resterai ici à monter la garde, » dit Théodore en riant et en poussant la jeune fille près de la porte.

Au même moment, son cousin entrait et fut accueilli par un si radieux sourire qu'il lui prit la main et la porta à ses lèvres.

« Tu as déjà vu Hélène ? murmura-t-il.

— Je sais tout, elle est là-bas, va la retrouver. »

L'artiste obéit avec une merveilleuse docilité, et Théodore, avant même que la porte se fût refermée, put entendre son exclamation triomphante en prenant sa fiancée dans ses bras.

La jeune femme, troublée et inquiète, était retournée à son poste près de la fenêtre, d'où elle pouvait surveiller les importuns dont elle redoutait la venue pour elle-même autant que pour les amoureux qu'elle avait pris sous sa protection avec une imprudente générosité. Que dirait Frédéric, que dirait l'austère maman Gahlen en apprenant ce qu'elle avait fait?

N'était-ce pas une faute d'autoriser un rendez-vous, en l'absence de son mari? de lui en faire un secret? Hélas! elle n'en était pas à sa première dissimulation. Pour avoir la paix, pour éviter les reproches, elle ne s'était pas fait scrupule de cacher maint désastre, et maintenant elle sentait que ce silence, cette réserve se dressaient comme un mur entre elle et le bonheur. Frédéric aussi ne lui témoignait plus la même confiance qu'autrefois ; sa contrainte, sa froideur envers elle augmentaient chaque jour. Combien elle en souffrait ! Avait-elle le droit de s'irriter contre lui ? Ne recevait-elle pas la peine du talion ? Où était le temps où ils n'avaient point de secrets l'un pour l'autre ? Oh ! Dieu ! ils étaient si heureux alors ! Quel changement !

Tandis que Théodore, soucieuse, méditait de la sorte, elle ne pressentait point à quelle agitation son mari était en proie en ce moment même, grâce à un petit billet que venait de lui remettre le portier du gymnase et dont la lecture l'avait bouleversé. Pour expliquer d'où venait ce mystérieux message, retournons chez Hans Altmann à l'instant où il vient de recevoir l'invitation de faire une visite matinale à sa charmante belle-sœur.

Dame Rosa se mourait d'envie de connaître le nom du client qui appelait ainsi son mari, et ce dernier, en partie afin de ne pas trahir Théodore et surtout dans la louable intention de taquiner sa femme, avait gardé un silence imperturbable, coupé de temps à autre de réponses énigmatiques et de sourires enrageants. Puis il était sorti, le pied léger et la figure épanouie.

Naturellement, à peine la porte était-elle retombée sur lui, que Rosa exaspérée se précipitait vers la table de travail où l'imprudent — était-ce imprudence ou préméditation ? — avait laissé tomber l'enveloppe de la fameuse lettre. Oui, c'était bien ce que la jalouse soupçonnait; ni l'écriture, ni le chiffre : un grand T, ne pouvaient lui laisser le moindre doute.

De tout temps la favorite de sa mère, Rosa lui témoignait en retour une confiance exclusive; ce fut donc à elle que la jeune femme courut conter son chagrin, et Mme Gahlen, toujours résolue et que n'arrêtaient point des futilités telles que la politesse et les égards qu'on se doit entre gens bien élevés, lui promit d'éclairer immédiatement la chose. Nous avons vu de quelle façon elle tint parole.

Seulement dame Rosa avait résolu d'agir personnellement pour la défense de ses droits d'épouse outragée, et dans ce noble but, à l'insu de tous, elle avait écrit le billet reçu par Frédéric, qui contenait :

« Mon cher frère, sois sur tes gardes; pendant ton absence, ta femme reçoit de tendres visites.

« Rosa. »

Et, pour être sûre que le billet arriverait plus vite à son adresse, elle l'avait envoyé, non pas à la demeure de Frédéric, mais au gymnase. Le portier l'oublia d'abord et ne le remit qu'au moment où l'on questionnait déjà les élèves. Torturé par cette dénonciation, le jeune directeur prétexta un malaise subit qui l'obligeait à rentrer chez lui.

Théodore l'aperçut remontant la rue, et dans sa surprise elle ne prit pas le temps de réfléchir, ne vit qu'une chose, la nécessité de sauvegarder le secret de Heinrich et d'Hélène, trahi pour peu que Frédéric les trouvât ensemble. D'ailleurs elle redoutait personnellement la colère de son mari lorsqu'il apprendrait qu'elle avait autorisé le rendez-vous clandestin de sa sœur avec un jeune homme non agréé par leur mère. S'élançant vers la porte de sa chambre, elle cria d'une voix altérée :

« Voici Frédéric ! sauve-toi, Hélène !

— Mais, Théo, c'est me jeter dans la gueule du loup, dit la jeune fille troublée ; il ne faut pas qu'il me voie.

— Eh bien, saute par la fenêtre et traverse le jardin, c'est le plus court, » dit Théodore, riant malgré elle au milieu de son épouvante.

Hélène sauta, légère comme une plume, et disparut derrière les charmilles, tandis que Frédéric ouvrait la porte du vestibule. Heinrich la suivit des yeux un instant, puis se retourna vers la jeune femme.

« Merci, mille fois, chère Théodore, de m'avoir accordé ce rendez-vous, dit-il en baisant les mains qu'on lui abandonnait. Je n'avais pas osé l'espérer ; mais, comme toujours, tu t'es montrée un ange de bonté et de prudence.

— Mais si Frédéric apprenait... dit Théodore avec inquiétude.

— Ne crains rien, il n'a aucun soupçon. »

Heinrich ne put achever. Théodore ne l'écoutait plus. Son mari était devant elle, le visage livide et les lèvres convulsées. Dès le seuil de la porte, il avait pu entendre les remerciements de l'amoureux, il l'avait vu baiser les mains de sa femme, et ses doutes, s'il lui en restait, n'avaient point survécu à ce spectacle. Un moment interdite, troublée au surplus par le regret de sa duplicité, Théodore fit un violent effort sur elle-même et s'avança vers son mari, la main étendue.

« Tu reviens de bien bonne heure, mon cher; l'examen est-il déjà terminé ?

— Je reviens trop tôt, à ce qu'il me semble, » répliqua Frédéric d'une voix frémissante.

Puis, se tournant du côté de Turner, il murmura aussi distinctement que le lui permit sa gorge étranglée :

« Vous aurez la bonté, monsieur, de quitter ma maison sur l'heure. Plus tard, nous aurons toutes les explications nécessaires. En ce moment, le loisir me manque.

— Que veux-tu dire, Frédéric? s'écria l'artiste irrité.

— Soyez tranquille, je m'exprimerai clairement, » dit le jeune mari d'un ton glacial.

Heinrich voulut répliquer, mais un regard de Théodore lui ferma la bouche, et il sortit lentement. La conduite de son ami lui semblait incompréhensible. Pourquoi s'indignait-il si fort de ses prétentions à la main de sa sœur? En tout cas, force lui était d'obéir, puisqu'il ne pouvait pas rester chez lui malgré lui; seulement il eût préféré que l'explication promise avec tant de hauteur eût lieu sur-le-champ.

Après le départ de Heinrich, le mari prit rudement la main de sa femme.

« Crois-tu que j'ignore pourquoi vous avez trouvé que je revenais trop tôt? » demanda-t-il de sa voix rauque et sifflante.

Théodore se sentait coupable, elle baissa la tête et ne tenta point de se justifier. Frédéric poursuivit :

« Ainsi, voilà donc ton amour et ta loyauté. Tu accordes des rendez-vous furtifs pendant mon absence. Théodore, toi, me tromper ainsi ! »

Il attendait toujours un mot d'excuse, d'atténuation, auquel il n'aurait pas cru lui-même, comment s'illusionner après ce qu'il avait entendu ? Mais Théodore se taisait.

« N'as-tu rien à me dire ? » fit-il, et, ne recevant pas de réponse, il rejeta la main de sa femme loin de lui et s'élança hors de la chambre.

La jeune femme terrifiée tendit les bras vers lui en criant : « Pardonne-moi, Frédéric ! »

Il ne l'écoutait point et repoussait violemment la porte.

XIX

LA TEMPÊTE

Théodore retomba sur une chaise en sanglotant. Pour la seconde fois dans une même journée, Frédéric lui avait parlé durement, presque cruellement. Ses torts étaient réels, mais méritaient-ils d'aussi terribles reproches ? Était-ce un crime que de favoriser l'amour de Heinrich et d'Hélène ? Quand bien même cette union eût déplu à son mari, pourquoi y faire une opposition passionnée, insultante ? Son courroux provenait sans doute de quelque ennui éprouvé à l'examen ; aussi, quand il rentrerait, elle lui parlerait avec calme, elle ferait appel à son équité, à son bon sens, et cette fois elle serait entendue. Par-dessus tout, elle éviterait d'avoir des secrets pour lui, car elle ne voulait pas subir une seconde scène semblable à celle qu'il venait de lui faire. Elle en mourrait. Toute énergie, toute élasticité l'avaient abandonnée ; de quelque côté qu'elle se tournât, le présent et l'avenir lui paraissaient également sombres. Qu'était devenu le beau rêve de bonheur de sa jeunesse ? Que lui restait-il des espérances joyeuses caressées jadis et qu'elle avait cru toucher du doigt ?

> Tout est si calme et si sombre,
> Les feuilles sont tombées, les fleurs sont flétries,
> Au ciel les étoiles sont éteintes,
> Et le cygne mourant a cessé de gémir.

Oui, certes, ses étoiles s'étaient éteintes l'une après l'autre ; espoir, confiance, tendresse, tout s'était englouti comme une étoile filante dans l'immensité.

Les heures succèdent aux heures, l'examen doit être achevé, car Théodore a vu passer les étrangers dans la rue, mais Frédéric ne revient toujours pas. Quelle chose cruelle, odieuse, que l'attente lorsque le cœur bat, que les oreilles tintent, que les yeux brûlés par les larmes ont à peine la force de s'ouvrir !

Enfin un pas d'homme a résonné sur le trottoir, et Théodore s'élance pour aller au-devant de Frédéric ; mais, à sa grande surprise, au lieu de son mari, c'est Felsing qui paraît sur le seuil. Dans la disposition d'esprit où est la jeune femme, rien ne peut lui être plus désagréable que cette visite ; aussi recule-t-elle en fronçant les sourcils. Toutefois, comme elle ne voit pas de moyen honnête de le congédier, elle lui demande si Frédéric le suit.

« Je ne crois pas, madame, répond Felsing de sa voix la plus douce. Monsieur le directeur semble fort mal à l'aise, et, pour calmer ses nerfs sans doute, il a entrepris une petite promenade. Outre que l'examen paraissait déjà l'ennuyer, on est venu lui apporter un billet qui a mis le comble à son agitation. »

Les dernières paroles sont prononcées avec une accentuation ironique et accompagnées d'un regard étrange que la jeune femme est trop émue pour remarquer. Épuisée de fatigue, désappointée par l'absence prolongée de son mari, elle se laisse aller languissamment sur le dossier de son siège en poussant un profond soupir. Felsing se rapproche d'elle, et, baissant la voix, il dit en hésitant légèrement :

« Je voudrais, chère madame, vous adresser une question qui me pèse sur le cœur depuis longtemps.

— Eh bien, monsieur, faites votre question, dit Théodore, dont les pensées courent les sentiers à la poursuite de Frédéric irrité, boudeur, malade peut-être.

— En quoi ai-je mérité, chère madame, que la grâce amicale avec laquelle vous avez d'abord accueilli mes hommages me soit retirée? dit Felsing d'un ton plaintif. Cette perte m'a été plus douloureuse que ne le pourront jamais exprimer mes paroles, car quiconque a obtenu vos sourires se meurt dès qu'il ne les rencontre plus. Oh! madame Théodore, ajoute-t-il en fixant sur la jeune femme des yeux si ardents qu'elle se recule effrayée, vous ne soupçonnez rien de l'adoration que j'ai pour vous, des tortures que j'ai souffertes devant votre inexplicable froideur. Jamais noble, belle créature..... »

Il ne va pas plus loin. Théodore s'est levée et dit d'une voix indignée :

« De quel droit, monsieur, osez-vous m'adresser cet

insolent langage? Parlez sur un autre ton, ou quittez cette chambre à l'instant. »

Elle tremble de la tête aux pieds, et ses yeux noirs jettent de superbes éclairs; mais Felsing ne bouge pas de sa chaise, son regard prend même une expression plus odieuse qu'auparavant.

« Que vous êtes belle dans la colère! je passerais une éternité tout entière à vous contempler. Mais soyez miséricordieuse, ne me laissez pas partir sans un témoignage de votre gracieuse bonté. »

Et il se penche vers la jeune femme en joignant les mains. Cette attitude suppliante, ces paroles plus qu'étranges font supposer à Théodore qu'il a perdu la raison, et sa terreur s'en accroît si bien qu'elle cherche un refuge derrière le dossier d'un fauteuil. Ce mouvement a attiré l'attention de Felsing, qui reprend d'un ton plus calme.

« Pourquoi me fuyez-vous, madame? pourquoi suis-je exclu des faveurs si libéralement accordées à d'autres? Croyez-vous donc que le sens de ce petit billet m'ait échappé? »

Il tend à Théodore une feuille de papier que celle-ci parcourt machinalement. C'est la lettre de Rosa.

Elle a comme un geste d'horreur, et le sol se dérobe sous ses pieds. Rêve-t-elle? Cette scène insultante qui se joue sous ses yeux, est-ce une réalité ou une vision de la fièvre? Sa main attire à elle le fauteuil, et elle s'y laisse tomber, car ses jambes ne la soutiennent plus. Se peut-il que Frédéric ait cru à cette accusation? Oui, et cela explique son emportement. En ce cas, que le Dieu tout-puissant prenne pitié d'elle! elle ne peut se dissimuler que les paroles de Heinrich Turner, que son propre silence ne soient autant de preuves faites pour l'accabler.

Toutes ces réflexions se succèdent avec la rapidité de l'éclair. Théodore a oublié et Felsing et l'offense dont il s'est rendu coupable envers elle; mais Felsing ne se laisse pas oublier longtemps, et sa voix résonne de nouveau.

« Calmez-vous, chère madame, dit-il avec un sourire; c'est moi qui ai trouvé cette lettre, et c'est moi seul qui l'ai lue; or vous pouvez vous assurer ma discrétion, si toutefois vous ne me traitez pas trop durement. Ce serait bien imprudent à vous, chère enfant, songez-y, de me repousser en ce moment. Vous êtes intelligente et fine, vous allez me comprendre. La position de votre mari, fort chancelante depuis quelques mois, ne s'est pas améliorée à la suite du dernier examen; loin de là, elle est même perdue s'il ne trouve un avocat de bonne volonté. Grâce à mon influence sur M. Martin, je puis devenir cet avocat, à qui la tâche, je vous jure, ne sera point facile, la belle Mme Gahlen jouissant dans le pays d'une réputation plus tapageuse qu'il ne faudrait et dont quelques éclaboussures ont rejailli sur son mari. Naturellement toute peine mérite salaire, et, si à force d'efforts je parviens à maintenir le directeur à son poste, je n'ai pas besoin d'appuyer sur les honoraires que je réclamerai de vous. Après tout, je partagerai mon bonheur avec d'autres, ainsi que l'atteste cette indiscrète missive; mais j'aurai la modestie de ne pas m'en plaindre. »

Théodore s'est de nouveau relevée; la grossièreté de l'injure lui a rendu sa dignité, et c'est avec une froideur méprisante qu'elle se dirige vers la porte et qu'elle l'ouvre toute grande en disant :

« Sortez, monsieur ! »

Son geste est si impérieux, sa voix si hautaine, que le misérable est intimidé.

« Comme il vous plaira, madame, fait-il en ricanant ; je ne souhaitais que votre bien. Ne vous étonnez pas maintenant si la pierre suspendue sur votre tête vous écrase dans sa chute. Elle est lancée sur la pente, et personne ne l'arrêtera plus ; pourtant cela vous eût été si facile ! »

On ne lui répond pas, on ne paraît même pas l'entendre, il sort et la porte retombe aussitôt sur lui.

L'heure est lugubre maintenant pour la pauvre Théodore, dont les yeux fixes et brûlants suivent son visiteur dans l'éloignement où il se perd peu à peu. Est-elle donc descendue si bas qu'un homme sans honneur se croie le droit de lui proposer un abominable marché avec la certitude de son acquiescement ?... Que disait-il aussi ? elle ne le comprenait pas bien. C'est elle qui causera la destitution de Frédéric ; on l'appelle coquette, on la montre au doigt par les rues, et cette lettre n'est pas le premier avertissement charitable reçu par son mari ? L'étrange apparition de sa belle-mère le matin même s'expliquait, aussi bien que la fureur de Frédéric en la trouvant tête à tête avec Heinrich.

Le front brisé de Théodore s'appuie sur les vitres, elle ne peut plus penser ou réfléchir, elle souffre trop. Seule une idée persistante surnage dans ce tourbillon de résolutions désespérées, contradictoires. Partir, oui, il faut partir, ne plus revoir jamais ces gens si injustes, si cruels.

Machinalement elle s'assied devant sa table et écrit

une lettre d'adieu à Frédéric. Elle s'excuse de n'avoir pu le rendre heureux et déclare qu'il lui est impossible de lutter davantage contre l'hostilité soulevée autour d'elle. Il vaut mieux pour tous deux qu'elle retourne auprès de sa mère, puisque sa présence ne lui attire que difficultés et dégoûts, bien qu'assurément les misérables propos tenus sur son compte ne renferment point une parcelle de vérité. Son amour lui resterait fidèle dans l'avenir comme par le passé.

Cachetant et écrivant rapidement l'adresse de sa lettre, Théodore la dépose sur le bureau de son mari, puis, dans la crainte de le voir reparaître, elle hâte ses préparatifs : il ne la reverra plus, à quoi bon? Plus elle y songe, plus la nécessité de la séparation lui semble évidente. Ses effets sont entassés dans un sac de voyage avec autant de rapidité que si sa vie dépendait de chaque minute de retard, et, le sac enfin rempli et fermé, elle se précipite hors du logis où elle est arrivée il y a moins d'un an, n'ayant au cœur que la joie du présent et l'espérance de l'avenir.

XX

LA LUMIÈRE SE FAIT

Lorsque Frédéric s'était trouvé dans la rue au sortir de son entrevue orageuse avec sa femme, à peine était-il capable de réunir deux idées, tant était confus le tumulte de sentiments passionnés et chagrins qui s'agitaient en lui. Jaloux, il l'avait toujours été, c'était un instinct de sa nature, irrésistible comme tous les instincts; mais sa raison, son cœur, les observations journalières de la vie intime l'avaient assuré cent fois de l'amour, de la sincérité de sa jeune femme, au point qu'il en était venu à rougir de ses velléités soupçonneuses. Et c'était au milieu de cette sécurité confiante que la découverte d'une trahison venait le foudroyer! Qu'allait-il devenir? Que serait désormais pour lui l'existence si Théodore lui était enlevée? Et puis une pensée cruelle entre toutes se faisait jour parmi les préoccupations égoïstes de l'affection blessée. « Je n'ai pas su l'aimer, je n'ai pas su la comprendre et la rendre heureuse, j'ai mérité de la perdre. » C'était là l'origine de son désastre. Que de fois il l'avait harcelée, ennuyée de reproches sur des riens, joué avec sa confiance, raillé les effusions de sa tendresse, si bien que l'âme délicate avait replié ses ailes et s'était enfermée dans une froide réserve. Quoi d'étonnant alors qu'elle eût accepté les hommages de celui qui savait l'apprécier, qui sympathisait avec toutes ses nobles aspirations? Ardente et enthousiaste comme elle l'était, la jeune femme n'avait pu résister aux impulsions de son cœur, et tout était fini pour le mari ingrat qui avait été gardien incapable d'un si rare trésor.

Le court trajet de sa demeure au gymnase fut pour le jeune homme une voie douloureuse où son âme se déchirait à chaque pas, et cependant il lui fallait bannir ses préoccupations personnelles, car l'examen poursuivait son cours et réclamait impérieusement son aide. Mais il eut beau raidir tous les ressorts de sa volonté, son attention était rétive, et ses airs distraits produisirent sur l'assemblée une impression défavorable. Toutefois on attribuait cette attitude inquiète aux erreurs relevées dans la direction des études, et l'un des administrateurs, prenant en pitié une souffrance de plus en plus évidente, lui effleura le bras de sa main.

« Mon cher directeur, dit-il d'une voix compatissante, vous êtes malade, il faut vous retirer, nous ferons en sorte de tout terminer sans vous ; c'est presque fini d'ailleurs. Ne vous tourmentez de rien. »

Frédéric se leva, disant qu'en effet il ne pouvait plus y tenir, et prit congé, après avoir remercié l'administrateur bienveillant. Felsing, assis à quelque distance de lui, poussa un soupir de commisération.

« Pauvre homme surmené, il n'est point fait pour sa situation, ou sa situation n'est pas faite pour lui, comme on voudra. La seule crainte de cet examen tant redouté a suffi pour le rendre malade.

— Je crains bien, dit à demi-voix un membre du consistoire, que Gahlen ne soit pas à la hauteur de ses fonctions et que nous n'ayons commis une erreur en nommant un homme aussi jeune.

— Toutes les apparences étaient en faveur de Gahlen, repartit l'administrateur ; on le vantait partout comme une des illustrations du pays, mais il se trouve en effet que notre choix n'a pas été heureux. »

Dans l'espoir que le grand air calmerait le mal de tête qui menaçait de lui briser les tempes, Frédéric s'était dirigé vers la campagne, où il chercha en vain une paix qui semblait le fuir. Plus il marchait, plus ses pensées devenaient amères, désespérées, et ce fut brisé de corps aussi bien que d'âme qu'il reprit le chemin du logis. A l'aspect de sa petite maison si coquette dans son encadrement de pâle verdure, véritable image de calme et souriant bonheur, il s'arrêta et pressa son front dans ses mains. Avec quel ravissement il avait amené sa jeune femme dans cette demeure, où devaient s'effondrer son amour, son avenir, sa vie tout entière !

« Tout est fini, et je l'aimais tant ! et je l'aime encore ! »

Il se remit en marche, se demandant avec de violents battements de cœur si Théodore était à sa fenêtre et ce qu'elle lui dirait. Mais la petite maison était silencieuse comme une tombe ; sa jeune maîtresse ne se voyait nulle part, pas plus dans le salon que dans la chambre à coucher. Il attendit quelques instants en arpentant impatiemment l'appartement désert : personne ne parut. Et pourtant elle ne pouvait être loin : voilà son piano ouvert, son livre marqué à la page où elle l'a laissé. Un petit fichu de soie rose, que Théodore affectionnait particulièrement, était resté sur la table ; Frédéric le prit, le plia avec un soin presque tendre, comme si ce chétif objet de toilette eût été une émanation même de l'être charmant qui l'avait porté ; mais, sur le point d'y poser ses lèvres, il le rejeta avec horreur : qui sait si Théodore n'avait pas ce fichu au cou lorsque Heinrich était près d'elle ?... Non, il ne voulait plus penser, le sang lui bouillait dans les veines à ce souvenir... Et Heinrich ? il lui avait promis une explication, mais auparavant il voulait parler à sa femme.

« Monsieur le directeur, madame est sortie depuis quelque temps, elle ne rentre pas, de sorte que je ne peux pas préparer le souper, cria Lisette à travers la porte.

— Sortie ! A cette heure-ci ! Où est-elle allée ? s'écria Frédéric en ouvrant brusquement la porte à la fille stupéfaite de sa vivacité.

— Oui, madame est sortie sans me dire où elle allait, tout de suite après le départ de M. Felsing, répondit Lisette, qui se hâta de s'éloigner, car la figure sombre de son maître n'encourageait pas à une causerie familière.

— Felsing? Que venait-il faire ici? Peut-être apporter des nouvelles sur la conclusion de l'examen. Mais pourquoi Théodore est-elle partie au moment même où elle devait m'attendre? Elle aura craint un nouvel emportement de ma part, mais où peut-elle être? »

Il recommença sa promenade de lion en cage; mais l'atmosphère de cet intérieur abandonné lui pesait, l'étouffait. Il prit son chapeau et, sans même regarder où il marchait, suivit machinalement la rue qui conduisait chez sa mère. Son intention n'était point d'y entrer, la vue de visages amis lui était odieuse en ce moment, mais Altmann l'interpella de sa fenêtre, et le jeune homme, irrité, lassé, fort peu en train d'échanger des politesses, gravit cependant le perron pour lui répondre et le remercier du prêt de son gilet.

La perspective de revoir Rosa lui était également fort pénible. Comment la petite femme avait-elle appris l'intrigue de Théodore avec son cousin? Son déshonneur était-il donc public, et le fait des visites de l'artiste en son absence aurait-il été le texte de commérages railleurs des voisins, tandis que lui, aveugle et sourd, s'endormait en pleine sécurité?

Lorsque Altmann, rappelé au sentiment de ses devoirs par son austère belle-maman, était retourné à sa pharmacie, il y avait trouvé son petit apprenti, que la conscience de son incapacité au milieu d'une foule d'ordonnances à exécuter poussait à l'extrême limite du désespoir, si bien qu'il n'avait pas eu le temps d'aller consoler son épouse éplorée, quoique celle-ci l'eût envoyé chercher à plusieurs reprises, et qu'elle fût même apparue en personne sur le seuil du magasin, d'où elle interpella son mari.

Par malheur, la pièce était pleine de clients, et Hans n'avait pas un instant de loisir pour la petite femme, qui dut s'en retourner plus en colère que jamais. Ajoutons qu'au fond de son âme son mari se divertissait prodigieusement de l'impatience de la jalouse et qu'il ne se faisait aucun scrupule d'attiser ses soupçons en feignant de redouter vivement l'interrogatoire auquel il se savait condamné. C'était même une punition trop douce pour l'abominable tour qu'elle lui avait joué en lançant la maman Gahlen à ses trousses. Au moment du dîner, il la fit prier avec un gracieux enjouement de ne pas l'attendre, car la moitié de la population de M.... était pour sûr à l'article de la mort, tant les ordonnances affluaient à la pharmacie.

Enfin tout fut terminé, et le coupable se dirigea d'un pas nonchalant dans la direction de ses appartements particuliers. Il eut même l'audace de tapoter doucement la tête de sa petite Agnès en disant :

« Est-ce que vous avez tout mangé, mignonne? Je me sens une telle faim que je pourrais vous avaler toutes; mais toi, ma petite rose des buissons, si je te dévore, ce sera de baisers, » ajouta-t-il en étendant le bras pour prendre sa femme, laquelle esquiva prestement la caresse.

Rouge de colère, les joues brûlantes, les yeux gonflés, la petite femme mit Agnès à la porte et revint près de son mari :

« Je ne veux pas embrasser un coureur, voilà! C'est une belle conduite pour un homme marié quand il faut dès le matin le faire chercher auprès des belles dames qui lui envoient des billets doux et le régalent de vin et de gâteaux!

— Tu te trompes, ma bonne petite, il n'y avait pas de gâteaux, mais du pain, du beurre, du fromage. Excellent ce chester, par exemple! Tu devrais en faire demander chez Wunderlich avant qu'il ait vendu le reste de sa provision. Théodore m'a dit qu'elle le prenait chez lui. Je ne vois pas pourquoi vous vous obstinez à le prendre chez Baumann...

— Laisse-moi donc tranquille avec ton fromage! Il s'agit de bien autre chose. Qu'est-ce que ma mère, qu'est-ce que toute la ville penseront bientôt d'un homme tel que toi? Quel exemple donneras-tu à tes filles, si cela continue? Et moi, que dois-je faire d'un mari qui prend à peine le soin de me dissimuler ses trahisons? »

Pendant que Rosa parlait, son mari avait tiré un carnet de sa poche et y inscrivait rapidement quelques notes.

« Qu'as-tu à écrire au moment où je te parle sérieusement? s'écria Rosa exaspérée. Mon chagrin, ta réputation, tout t'est devenu indifférent!

— Comment peux-tu croire, ma chérie? dit Hans d'un ton grave. Mais c'est tout le contraire! J'écris tes questions sous ta dictée, afin d'y répondre dans l'ordre et de n'en oublier aucune. Ma mémoire se fait de plus en plus mauvaise, et je n'ose m'y fier. »

Si Hans avait compté sur cette brillante saillie pour désarmer sa femme, il fut déçu.

« Tu me feras mourir de rage! » s'écria-t-elle.

Puis elle fondit en larmes :

« Oh! mon Dieu, que je suis malheureuse!

— Pauvre Rose! dit Hans en se rapprochant d'elle. La, la, ne pleure pas; je ne supporte pas la vue des larmes, tu le sais bien. Je m'amollis tout de suite comme la cire au feu. C'est ce que tu voulais, n'est-ce pas?

> Femme rit quand elle peut
> Et pleure quand elle veut.

Voilà ta devise, et tu sais la mettre en pratique. Seulement fais-moi le plaisir de me donner quelque chose à manger; je me sens pris de faiblesse. Une fois restauré, j'aurai tous mes moyens pour établir mon innocence d'une façon aussi éclatante que le soleil au firmament; ensuite de quoi, ma tourterelle, j'espère que tu me rendras tes bonnes grâces. »

Rosa était calmée; elle avait atteint son but. Aussi, séchant ses larmes, elle s'occupa activement du souper, pendant lequel Hans rendit un compte véridique de sa journée. La paix conclue, il se mit à la fenêtre en allumant son cigare et vit venir Frédéric, qui lui adressa quelques paroles de remerciement au sujet de son obligeance du matin.

Le jeune homme allait se retirer, lorsque sa sœur lui dit d'un ton embarrassé :

« Frédéric, il faut que je te demande pardon de mon sot billet qui t'a peut-être ennuyé aujourd'hui. Hans vient de m'expliquer tout et de me prouver une fois de plus que je me tourmente à propos de rien. Il devait porter le gilet lui-même à ta femme, cela allait de soi.

— Qui ça? ton mari? C'est à ton mari que ta lettre faisait allusion?

— Eh! mon Dieu, naturellement. A qui veux-tu que ce soit? dit la jeune femme, riant en dépit d'elle-même. De qui me soucierais-je, sinon de ce méchant homme, qui n'a pas de plus grand plaisir que de me faire damner?

— Bon Dieu, quelle cruelle méprise! » s'écria Frédéric, qui se reprenait à l'espérance.

Ce ne fut qu'un éclair. N'avait-il pas vu et entendu?

Il sortit sans même saluer les époux, que son trouble laissa étonnés et inquiets.

« Cet examen me semble avoir beaucoup fatigué Frédéric, dit Hans en le suivant des yeux. Je ne l'ai jamais vu pâle et indifférent à tout comme ce soir. Dieu soit loué, c'est fini. »

Frédéric avait franchi d'un pas alourdi les marches du perron et se préparait à traverser le jardin pour se rendre par le chemin le plus direct chez Heinrich Turner. Il lui fallait l'explication de cette mystérieuse entrevue surprise par lui et dont la seule pensée lui faisait monter un flot de sang irrité au visage.

Perdu dans une méditation amère, il suivait sans la voir une magnifique allée de marronniers. Les larges feuilles d'un vert tendre s'écartaient comme des éventails pour faire place à la fleur qui s'élançait noble et gracieuse, soutenue par ce charmant piédestal dont la teinte s'harmonisait si délicatement avec le blanc rosé de ses pétales. Du haut des branches se répondaient les pinsons et les grives, et le soleil couchant perçait la feuillée de longs rayons obliques; mais tous ces messagers du printemps étaient muets pour l'homme qui promenait parmi eux les sombres projets de sa vengeance.

Tout à coup une forme légère surgit de derrière un arbre, et le bras de Frédéric fut étroitement serré par deux petites mains.

« Frédéric, au nom du ciel, écoute-moi! » dit une voix haletante.

Le jeune homme stupéfait tourna brusquement la tête et reconnut le joli visage bouleversé de sa sœur Hélène.

« Mon Dieu, ma chère petite, qu'as-tu donc? » dit-il en regardant l'enfant, qui, dans la rapidité de sa course, avait perdu son peigne et qui laissait traîner sur le sol fangeux le châle dont elle s'était enveloppée.

Elle éclata en sanglots et serra avec plus de force le bras de son frère.

« Si tu m'aimes, tu ne chercheras pas querelle à Heinrich Turner. Je t'en supplie, sois bon. Pour l'amour de moi, ne lui dis rien, ne lui reproche rien!

— Et qui donc t'envoie intercéder en faveur de Turner? demanda Frédéric en fixant un dur regard sur le visage empourpré de la jeune fille. Que t'importe à toi ce beau musicien?

— Comment! ce qu'il m'importe? dit Hélène offensée en se redressant. Je l'aime passionnément, follement si tu veux. Va le répéter à maman, maintenant, cela m'est bien égal. Tout ce que je te demande, c'est de ne pas lui faire de mal.

— Tu l'aimes, Linette? dit Frédéric tristement. Pauvre petite, il t'a donc aussi fait perdre la tête!

— Mais qu'est-ce que tu as? Il vient de m'écrire qu'il t'a vu dans un véritable accès de fureur ce matin, lorsque tu as failli nous surprendre chez Théodore, et que je devais t'avouer franchement notre amour, car toute dissimulation serait désormais indigne de lui. Frédéric, c'est vrai que c'était mal de nous voir en secret chez toi; mais Théo l'avait permis; elle a été si bonne, si tendre, et nous sommes si heureux! »

Tandis qu'Hélène parlait, le regard de son frère prenait une expression si étrange qu'elle finit par s'écrier avec un mélange d'impatience et d'effroi :

« Mais enfin qu'as-tu donc? Pourquoi fais-tu cette mine-là? Après tout, ce n'est pas un crime de haute trahison que de s'aimer!

— Vous vous aimez vraiment? balbutia Frédéric, sans que ses yeux quittassent le visage de sa sœur. Et c'était toi qui étais avec Turner ce matin dans la chambre de Théodore?

— Oui, et j'ai sauté par la fenêtre quand nous t'avons entendu rentrer, afin que tu ne puisses pas me voir. Est-ce que tu ne sais pas tout cela?

— Oh! mon Dieu, mon Dieu, s'écria Frédéric en se frappant le front; qu'ai-je fait, impardonnable fou que je suis? »

Puis, saisissant sa sœur dans ses bras, il la remercia avec tant de chaleur de sa confiance qu'Hélène n'y comprenait plus rien.

« Tu n'es donc pas fâché? Heinrich s'est chagriné à tort en te supposant notre ennemi? dit-elle en levant sur lui ses yeux subitement rayonnants.

— Certes, ma chérie, je suis bien loin d'être votre ennemi, et je vous souhaite tout le bonheur imaginable; mais à présent, laisse-moi partir, il est grand temps que je rentre chez moi. Adieu, Linette; tu présenteras à Heinrich mes amitiés et mes félicitations les plus cordiales. »

Hélène hocha la tête à plusieurs reprises en regardant son frère, qui s'éloignait à grandes enjambées. Comment s'expliquer les manières nerveuses d'un homme d'ordinaire si froid et si calme? Après tout, l'essentiel était gagné, il ne s'opposait pas à son mariage avec Heinrich, et pour la fillette, ardemment éprise, le reste de l'univers disparaissait devant son amour. D'un pas léger, d'un cœur plus léger encore, elle regagna sa petite chambre, où fut lestement réparé le désordre de sa toilette et d'où elle descendit le visage radieux et tout enveloppé de ce charme indicible que donne le bonheur d'aimer et d'être aimé.

Pour la seconde fois dans le courant d'une heure, Frédéric franchissait le seuil de son logis, mais il se trouvait maintenant dans des dispositions bien différentes qu'à son retour de sa triste promenade en pleine campagne. Transporté de joie, empressé à se justifier, il se précipita dans la chambre de Théodore. Lui pardonnerait-elle? Que pensait-elle de lui? Sa candeur avait-elle deviné le sens des dures paroles que la jalousie lui avait mises dans la bouche? Peut-être attribuait-elle seulement sa colère au rendez-vous furtif de Heinrich et d'Hélène. Plût à Dieu! car il serait trop cruel pour ce tendre cœur de se croire l'objet d'aussi abominables soupçons.

La chambre était exactement dans l'état où il l'avait laissée, la jeune femme n'avait point reparu. Irrité de ce délai, incapable de tenir en place, il s'en alla dans son cabinet. Une lettre à son adresse était déposée sur sa table; il la prit d'une main nonchalante, puis tressaillit légèrement : c'était l'écriture de Théodore.

Il brisa le cachet d'un geste fiévreux. Que pouvait-elle lui écrire? Simplement où elle était allée, sans doute, comme cela lui arrivait quelquefois.

Son regard impatient eut bientôt parcouru les lignes assez courtes du triste message, qui s'échappa de sa main tremblante et vint tomber à ses pieds sur le tapis sans qu'il eût fait un mouvement ni poussé une exclamation. On eût dit un homme frappé de la foudre.

« Trop tard! trop tard! Elle est partie! Et c'est moi, dans ma folie, qui l'ai repoussée! Mon enfant, mon amour, combien tu as dû souffrir avant d'en venir à une telle décision!.... »

Il porta les deux mains à son front et se laissa tomber lourdement sur un siège, trop désolé, trop accablé pour réfléchir et se résoudre à une démarche quelconque.

Son regard errant autour de cette pièce abandonnée, dont chaque meuble, chaque ornement lui rappelaient un souvenir doux et triste, s'arrêta sur une chaise où était un mouchoir de batiste roulé, froissé évidemment dans une crispation de colère ou de douleur. Il le prit, un papier s'en échappa.

C'était la funeste épître de Rosa, cause de tant de souffrances et d'amères erreurs; mais comment était-elle arrivée en la possession de Théodore? était-ce lui qui l'avait perdue?... Probablement... qui donc aurait pu?.. Le jeune homme s'arrêta brusquement; la vérité venait de jaillir sous ses yeux, brillante comme un éclair.

« Felsing! C'est lui qui a trouvé cette lettre et qui, dans sa haine contre moi, l'a apportée ici, Dieu sait avec quels venineux commentaires! Il aura meilleusement, longuement torturé ma pauvre enfant! Les monstres! ont-ils donc juré de me la tuer? »

Et Frédéric, le visage caché dans le petit mouchoir blanc qui, ce jour-là, avait essuyé tant de larmes, pleura comme un enfant.

XXI

MADAME HILLER

Une fois dans la rue, Théodore, à qui la seule idée de revoir son mari faisait passer un long frisson de terreur dans les veines, regarda autour d'elle avec anxiété. Heureusement tout était désert, et elle put faire quelques pas sans être aperçue. Mais, pour se rendre au chemin de fer, il lui fallait une voiture qu'elle n'osait aller demander elle-même, tant était grande sa crainte d'être abordée sur sa route par quelque voisin ou ami, ou pis encore par Frédéric lui-même. M. le pasteur Hiller demeurait tout près, et certainement sa charmante mère ne refuserait pas de lui rendre ce service, elle lui avait toujours témoigné une parfaite bonté. D'ailleurs ses pieds refuseraient de la porter plus longtemps, et tout effort trop violent sur ses nerfs surexcités aurait pu amener une crise ou un évanouissement, elle le sentait. Toute chancelante, pâle comme une morte, les yeux voilés, la jeune femme fit son entrée dans le salon, où la vieille dame, absorbée par son livre, ne remarqua sa présence que lorsqu'elle fut à côté d'elle.

« Madame Théodore! Quelle aimable surprise! Je suis ravie de vous voir, » dit-elle en se levant vivement pour souhaiter la bienvenue à sa visiteuse; mais, après un regard jeté sur les beaux traits tirés et livides, son accent changea : « Mon Dieu, mon enfant, que vous est-il arrivé? Vous êtes malade? dit-elle en prenant affectueusement la main de Théodore pour la conduire au sopha.

— Oui, c'est vrai, je ne suis pas très bien, répondit la jeune femme avec accablement, mais cela sera bientôt passé. Je venais vous prier de me donner l'hospitalité pour quelques instants... jusqu'à ce que... Ah! j'oubliais; seriez-vous assez bonne, chère madame, pour envoyer un domestique chez Franzel? J'aurais besoin d'une voiture. »

Mme Hiller ouvrit de grands yeux surpris. L'attitude, le langage, jusqu'à cette dernière requête, tout était étrange; mais elle se remit vite et promit tranquillement son aide. Puis elle ajouta en fixant la jeune femme de ses yeux clairs :

« Vous allez donc faire un voyage, ma chère enfant? Où est votre mari? Est-ce qu'il ne vous accompagne point? »

Théodore devint encore plus pâle qu'auparavant, et un violent tremblement la secoua des pieds à la tête, tandis qu'elle répondait d'une voix creuse :

« Mon mari? non, il ne m'accompagnera pas... Fermez la porte, je vous en prie, afin qu'il ne puisse pas me voir s'il entrait. »

Et ses larmes abondantes, convulsives, éclatèrent tout à coup. Sa vieille amie l'entoura maternellement de ses bras, et, lui ôtant son châle et son chapeau, elle

l'entraîna dans une chambre à coucher, où elle l'obligea
à s'étendre sur le divan. Théodore, faible comme un
enfant, n'opposait aucune résistance à ses soins si tendres, et ses sanglots s'apaisaient peu à peu.

Au lieu d'envoyer chercher une voiture, Mme Hiller
avait dépêché son domestique, porteur d'un message
pressant, chez son vieux médecin, qui était aussi celui
de la famille Gahlen. Trop expérimentée, trop fine pour
ne pas deviner que la souffrance de l'enfant qui était
venue se réfugier sous son aile avait une cause morale, elle n'en sentait pas moins le besoin de s'assurer contre toute éventualité de maladie grave.

Le docteur ne se fit pas attendre, et, après avoir
administré à la jeune femme une potion calmante, il
la pressa de questions dont le résultat fut d'amener un
sourire sur ses lèvres.

« Votre cas n'a rien d'exceptionnel, madame, et rien
de grave non plus, je puis vous l'assurer. Seulement
je dois vous mettre en garde contre toute imprudente
agitation dont les suites pourraient vous être funestes. »

Il se pencha et, baissant la voix, murmura quelques
paroles à l'oreille de la malade, qui se dressa instantanément sur ses pieds en le fixant de ses yeux sombres
agrandis par la fièvre. L'effroi, la joie, la surprise se
succédaient rapidement sur son visage; tout son corps
tremblait comme une feuille secouée par le vent.

« Est-ce vrai, docteur? ne me trompez-vous pas? »
dit-elle.

Et ses doigts minces et brûlants se crispaient sur la
forte main du vieillard.

« Du calme, du calme, mon enfant, dit le médecin,

qui l'obligeait à reprendre sa première position. Les émotions ne vous valent rien, vous savez. Et, quant à vous tromper, je ne dis jamais que la vérité : pas un de mes malades ne peut m'accuser de pieux mensonges. »

Il resta quelques minutes, recommanda instamment le repos, puis, après quelques paroles amicales, il s'en alla suivi de Mme Hiller, avec laquelle il tint dans le salon une assez longue et très mystérieuse conférence.

A peine la jeune femme fut-elle seule, qu'elle se leva pour aller et venir dans sa chambre avec une fiévreuse impatience. Tantôt elle se tordait les mains avec un geste de désespoir, tantôt elle se souriait à elle-même en levant vers le ciel des yeux ravis. Peu à peu cependant, son visage se fit plus triste et plus calme, et des larmes silencieuses roulèrent sur ses joues, tandis qu'elle retournait chercher un peu de repos sur ses oreillers.

« Non, non, dit-elle enfin, en serrant avec force ses deux mains l'une contre l'autre, il ne faut pas que je m'éloigne, je n'ai pas le droit de priver mon enfant de son père. Pour lui, le cher ange, j'aurai le courage de tout supporter. Mais comment faire? »

En ce moment, Mme Hiller rentrait et constatait avec une extrême satisfaction que le beau visage avait perdu son expression de morne désespoir. Avançant un fauteuil près du sopha, elle s'y assit de façon que la jeune femme ne se crût pas l'objet d'une gênante observation et commença avec elle un de ces entretiens mi-sérieux, mi-enjoués, dont les deux amies avaient l'habitude, entretien qui, après avoir roulé sur la science, la littérature, les beaux-arts, s'en revint par une pente insensible à la vie domestique, à ses joies, à ses écueils.

« Il faut que je vous parle un peu du temps de ma jeunesse, dit Mme Hiller; vous savez que nous autres vieux, c'est là que nous plaçons l'âge d'or et que nous y revenons incessamment avec un plaisir toujours nouveau. D'ailleurs quiconque a un peu vécu a rapporté de son pèlerinage une moisson d'expérience et de sagesse plus ou moins riche, et je serais charmée si quelques grains de la mienne pouvaient servir à ensemencer votre champ, où n'ont encore poussé que des fleurs. Eh bien, mon enfant, j'ai été comme vous une jeune fille passionnée de l'amour du beau sous toutes ses formes, et l'exercice des talents dont j'étais douée me faisait éprouver les plus délicieuses jouissances. Nul ne me contrariait; mes parents étaient riches, très distingués, très cultivés, et je pouvais compter sur un brillant avenir. Malheureusement mon père perdit sa fortune et en mourut de chagrin. Ma mère ne tarda pas à le suivre, et je me vis forcée d'accepter une hospitalité étrangère. C'est alors que mon mari se présenta: il n'était plus jeune, mais beau, imposant, et sa position avait de quoi séduire une jeune fille sans fortune et sans espérances d'aucune sorte. Quoique je ne l'aimasse point, qu'il me fît même un peu peur, je consentis à l'épouser. Mes cousins m'auraient jugée impardonnable de refuser une telle offre, et je n'étais guère en état de leur résister.

« Se marier sans amour est une aventure fort chanceuse. Mon mari, il est vrai, se montrait plein d'égards envers moi; mais ses manières graves, presque sévères, me tenaient à distance. J'étais jeune, j'avais été incroyablement gâtée, et je ne savais rien de la direction nécessaire à un ménage. A cette époque, je n'admettais point que je pusse m'occuper de ce qui me déplaisait, et les travaux domestiques me déplaisaient par-dessus tout. Ma maison, assez importante, fut bientôt dans un beau désarroi; mes domestiques, à mon exemple, ne songeaient qu'à leurs plaisirs, tandis qu'entourée de livres et de musique, je vivais dans un monde imaginaire, où je me faisais de plus en plus enthousiaste et rêveuse. J'avais bien perdu de vue la réalité et ses rudes exigences, lorsqu'un beau jour mon mari me dit durement : « Tu as oublié, mon enfant, ce que toutes les créatures humaines doivent considérer comme sacré, l'accomplissement du devoir. Celui qui librement en a accepté un n'a plus le droit de le négliger, sous peine de manquer à l'honneur, et quiconque manque à l'honneur n'est digne que de mépris. Dites-vous bien que je ne veux point de créature méprisable pour femme, et réfléchissez. »

« La déclaration n'avait rien de tendre et me rendit profondément malheureuse. Du reste, au premier moment, je me révoltai contre une dureté trop impérieuse, selon moi, pour que je pusse songer à m'y soumettre. Et puis, comment pouvait-on sans une criante injustice me reprocher de sacrifier la prose à la poésie? N'était-ce pas l'indice de ma supériorité? Je pleurai et boudai alternativement, et j'étais en train de me préparer un assez triste avenir, analogue à celui de beaucoup de gens mariés qui trouvent le chagrin là où ils ont espéré le bonheur. Eh bien, à mon avis, sur dix ménages malheureux, neuf le sont par la faute de la femme. Peu d'hommes résistent à une influence douce, affectueuse et surtout persévérante.

« Dieu fut meilleur pour moi que je ne le méritais. Au milieu d'une nuit d'insomnie passée à gémir sur la cruauté de mon sort, il me vint une subite inspiration. Si j'essayais pourtant de faire ce qu'il appelle mon devoir? — J'eus quelque peine à attendre le matin pour mettre ce projet à exécution, et j'avais cessé de me plaindre, car j'ignorais parfaitement les déboires qui m'attendaient sur la route où je m'étais engagée. J'étais novice, inquiète, dépourvue d'autorité sur mes gens, qui ne se gênaient guère pour ricaner à mes dépens dès que j'avais le dos tourné. Par bonheur, je ne manquais pas d'orgueil; j'étais décidée à vaincre ou à périr, si bien que, lasse de l'insolence de ma cuisinière et de ma femme de chambre, je les renvoyai de compagnie, ne gardant que notre brave vieux cocher. Puis, avec l'aide d'une jeune fille chargée des gros ouvrages, je me mis moi-même à l'œuvre. Elle me fut pénible, j'en conviens, et plus d'une fois il a paru sur ma table des mets excentriques, pour ne rien dire de plus; mais j'étais devenue entreprenante, audacieuse, et je travaillais avec une joyeuse ardeur; mon mari me regardait faire en souriant, puis, ce qui me flattait à l'excès, il me témoignait une considération fort douce assurément quand je me rappelais ses manières à demi dédaigneuses envers l'enfant adulée et volontaire qu'il avait vue en moi dans les premiers temps de notre mariage. Son estime a été mon premier gain, et depuis j'ai été aimée comme une femme doit l'être, et non pas comme un jouet caressé ou rejeté selon l'humeur du moment. Naturellement j'ai repris des domestiques, mais alors je savais ce que je pouvais exiger d'eux, et mes ordres étaient strictement obéis. Je pus revenir à mes études bien-aimées, doublement chères quand elles n'étaient plus l'occupation de toutes les heures, mais un délassement exquis. Seulement je ne leur ai plus sacrifié ce qu'on m'avait appris à reconnaître pour mon devoir.

« Vous voyez, ma très chère, conclut Mme Hiller avec un sourire, que j'ai, moi aussi, livré la bataille de la vie, et que, grâce à Dieu, j'y ai été victorieuse. Cela m'a donné la conviction que d'autres lutteurs qui n'ont pas encore donné la mesure de leurs forces sortiront également vainqueurs d'un combat dont le bonheur est le prix. »

Théodore avait écouté ce récit avec une extrême attention, et, lorsque Mme Hiller se tut sur cette allusion transparente à ses propres difficultés, elle se souleva, prit la main de sa vieille amie, si délicate conseillère, et la pressa sur ses lèvres en disant :

« Merci de m'avoir enseigné la route que je dois suivre, et que Dieu vous bénisse pour le bien que vous m'avez fait! Maintenant il faut que je rentre chez moi. »

Théodore se levait à la hâte, anxieuse au souvenir de cette lettre d'adieu laissée sur la table de Frédéric et qui compliquerait les difficultés de son retour, lorsqu'on entendit la porte de la rue s'ouvrir et le bruit de deux voix. Mme Hiller sortit sous prétexte d'aller au-devant des nouveaux venus; mais, sans même prendre le temps de les saluer, elle poussa l'un d'eux dans la chambre de Théodore, qui, en le reconnaissant, poussa un cri :

« Frédéric! »

Et elle tomba évanouie.

XXII

UNE NOUVELLE VIE

Frédéric restait toujours immobile et accablé au milieu de ces objets dont la vue aiguisait sa souffrance, lorsque tout à coup une voix très harmonieuse dit doucement à son oreille :

« Pardon, mon cher Gahlen, de troubler votre méditation. Je voulais seulement vous prier de venir avec moi..... Votre femme....

— Ma femme! Hiller, vous savez quelque chose de ma femme! s'écria Frédéric se levant en sursaut. Savez-vous où elle est? L'avez-vous vue? Parlez donc, mon cher, pour l'amour du ciel !

— Madame Théodore est chez ma mère, » répondit gravement le jeune ministre, dont le regard eut un éclair de compassion attendrie; sans rien savoir de précis, il pouvait comprendre qu'un orage avait traversé la vie de son ami.

« Chez votre mère? Que Dieu soit loué! elle n'est donc pas définitivement partie! Hiller, s'écria le mari transporté de joie en lui serrant les deux mains avec effusion, vous ne saurez jamais de quel poids votre message a soulagé mon âme. Il me semble m'éveiller d'un affreux cauchemar.

— Mme Gahlen ignore que je suis venu vous chercher, elle est fort ébranlée... Ne pensez-vous pas que votre vue pourra lui causer une émotion trop vive?

— Non, non, deux mots échangés entre nous éclairciront la détestable méprise qui nous rend si malheureux depuis quelques heures. Venez donc, Hiller, chaque minute de retard est autant de volé au repos de ma femme. »

Lorsque Théodore, au sortir de son long évanouissement, se retrouva dans les bras de son mari, elle leva sur lui des yeux vagues et inquiets. Les idées ne lui revenaient qu'une à une, lentement, péniblement; mais les paroles de tendresse chuchotées à son oreille la rassurèrent bien vite. Le cœur jadis méfiant et jaloux lui était rendu dans ses plus nobles sentiments.

« Frédéric, mon cher ami, pardonne-moi d'avoir voulu te fuir, dit-elle à voix basse ; c'était mal, je l'ai compris plus tard. Aie patience, tout s'arrangera, je l'espère, du moins je ferai de mon mieux. »

Une main caressante lui ferma la bouche.

« Pauvre petite! disait la voix tendre du mari confus et repentant ; est-ce à toi de me demander pardon, toi qu'on a si impitoyablement persécutée et qui n'a pas même trouvé de refuge auprès de ton protecteur naturel? A présent, rien ne nous sépare plus, dût le monde entier se lever contre nous. »

La confession sincère de torts réciproques s'échangea ensuite entre l'heureux couple. Théodore termina la sienne en répétant les paroles du médecin, joyeuse révélation qui fit pousser un cri à Frédéric.

La tête, charmante encore, de Mme Hiller parut dans l'entre-bâillement de la porte. Ne sachant pas bien à quoi attribuer cet éclat, la bonne dame s'était inquiétée : un coup d'œil jeté sur le groupe du sopha l'ayant pleinement rassurée, elle se retirait sans bruit lorsqu'elle fut rappelée par Théodore.

« Vous voyez une paire d'insensés, dit-elle, tandis que des larmes roulaient dans ses yeux étincelants. Mais Dieu nous a envoyé un de ses anges; vous le connaissez, noble amie, et grâce à lui, grâce à ses conseils, nous allons recommencer une autre vie. Si parfois, en remplissant ma tâche, le courage ou les forces viennent à me manquer, je me répéterai vos paroles : Dieu aide ceux qui veulent consciencieusement remplir leur devoir. »

Ce fut avec un mélange de joie et de tristesse que les jeunes gens rentrèrent dans la petite maison, où, suivant l'expression de Théodore, ils allaient commencer une vie nouvelle.

« Je crois bien, ma chère petite, qu'il nous faudra en effet refaire le plan de notre existence, dit Frédéric. Ni l'un ni l'autre, ma chérie, nous n'avons trouvé le sol favorable à notre développement. Mes capacités ne me rendent pas propre à faire un bon directeur de gymnase; sans m'illusionner sur ma valeur, j'ai la conviction que je pourrais me rendre plus utile dans une autre sphère; dès lors, je suis résolu à donner ma démission et à retourner à l'université de B.... Là, tu seras plus heureuse et plus libre que tu ne l'as été ici. »

L'excès de sa joie en voyant comblés les vœux secrets de son cœur effraya presque Théodore; mais elle n'eut pas le temps de dire un mot, de pousser une exclamation. Frédéric reprenait gravement :

« Comment nous vivrons en attendant que j'obtienne une chaire de professeur, qui se fera peut-être attendre longtemps, reste une énigme assez difficile à résoudre; c'est ce qui m'a fait hésiter si longtemps avant de prendre un parti aussi grave.

— Frédéric, si tu n'as pas d'autres soucis, moi je suis fort tranquille. Maman a conservé un petit capital qui m'appartient et dont elle ne touche pas les revenus, sous prétexte qu'elle n'en a pas besoin. Cela nous aidera déjà beaucoup. Ensuite, — sa voix se faisait hésitante, — ensuite, si tu ne t'y opposes pas, j'ai en portefeuille une collection de vues, d'aquarelles, de dessins de toute sorte, que le marchand qui m'achetait mes ouvrages autrefois ne demandera pas mieux que d'acquérir. Et puis, je pourrais donner des leçons de musique, je suis assurée de trouver d'agréables élèves.

— Tu me rends confus, dit le mari en baisant la main de sa femme; pendant que je m'agite et m'inquiète, ne sachant à quoi me résoudre, tu as déjà découvert les voies et moyens de nous tirer d'embarras. Eh bien, je ne veux plus être soucieux et pessimiste, je veux croire que je pourrai, moi aussi, travailler pour la petite créature si vaillante et si forte au jour de l'épreuve. En tout cas, je jure qu'elle ne sera plus attristée ou chagrine par ma faute. »

Le lendemain de cette journée fertile en événements, Théodore serra soigneusement ses livres, ses couleurs, ses peintures, sa musique dans une armoire dont elle apporta la clef à son mari.

« Là, Frédéric, je te la confie, garde-la jusqu'à ce que 'aie gagné mes vacances, » dit-elle en rougissant.

Puis elle se rendit à la cuisine, où Mlle Lisette reçut 'ordre de faire ses paquets pour retourner chez sa mère, ses services étant désormais superflus.

Une femme de ménage fut retenue afin d'exécuter les ravaux domestiques les plus rudes, et Théodore se mit à la besogne, résolue à acquérir les talents d'une maîtresse de maison pratique par la même voie qu'avait suivie avant elle sa chère dame Hiller. Elle arrachait donc les mauvaises racines et semait de nouvelles graines dans le sol profondément remué. Tant de bravoure lui permettait d'espérer le succès.

La surprise de Frédéric devant ces préparatifs de réformes radicales fut très vive.

« Ce n'est pas un feu de paille, n'aie pas peur, dit-elle lorsqu'il la félicita sur son ardeur avec une nuance de raillerie. Seulement je sollicite toute ton indulgence pour mes bévues de novice. »

Frédéric était fort peu rassuré : ses dîners ne l'inquiétaient guère, Lisette l'ayant forcé d'adopter à ce sujet une résignation spartiate ; mais, en revanche, la santé de Théodore lui causait de cruels soucis, si bien qu'un jour il prit son courage à deux mains et se résolut à tout confier à sa mère. Il ne lui dissimula rien, pas plus la part que sa propre dureté avait eue sur le désespoir de Théodore, que le dévouement de celle-ci en face de difficultés que sa situation, les ménagements et les soins qu'elle exigeait rendraient de plus en plus pénibles. Il conclut en la priant de témoigner un peu d'affection à la jeune femme près de le rendre père, et de l'aider aussi par quelques conseils dont son inexpérience avait grand besoin.

Cette sympathie que cherchait Frédéric sans se laisser rebuter par la crainte du naturel un peu rude de sa mère ne lui fut pas refusée. Si peu aimable qu'elle fût, elle avait un cœur et beaucoup de considération pour les gens qui, comme sa jeune belle-fille, faisaient preuve de courage et de décision. D'ailleurs la confiance de son fils la flattait, et elle lui promit de soutenir Théodore de son mieux. Au surplus, la nouvelle qu'elle venait d'apprendre la réjouissait fort et la disposait favorablement envers la future mère d'un Gahlen.

« Mes enfants, dit-elle pensivement, je crois bien que je vous enverrai Hélène. Cette fillette est si adroite, si active, qu'elle sera d'un grand secours chez vous. Ici, les mains ne nous manquent pas, de sorte que je peux me passer d'elle. »

Mme Gahlen tint sa promesse, et dès lors la petite Hélène passa toutes ses journées sous le toit fraternel, où, grâce à ses pieds infatigables et à sa précoce expérience, le ménage marcha comme sur des roulettes. Sans en faire l'aveu, ce qui eût été incompatible avec sa dignité, la belle-mère sentait bien que son aversion contre sa bru l'avait entraînée trop loin, et dès lors ses manières s'adoucirent au point de surprendre Théodore, de l'effrayer presque. Cet effroi dura peu, et la jeune femme, affectueusement traitée, devint à son tour plus attentive et plus aimante.

Les choses avaient donc pris une tournure aussi rassurante que pacifique, lorsqu'un beau jour la porte de Théodore roula sur ses gonds, livrant passage à l'excellente tante Polly, plus florissante que jamais.

« Je n'ai rien à faire, dit-elle en excusant sa brusque apparition, et j'avais envie de savoir comment allaient les affaires de nos jeunes mariés. Je compte bien que Théo m'a préparé des monceaux de linge à repriser. Cela me va ; il faut qu'elle se croie revenue chez sa mère, sans autre souci que celui de peindre ou de jouer du piano. La tante Polly pourvoira au reste.

— Non, ma petite tante, répondit Théodore, qui avait rougi et qui embrassait tendrement le visage grassouillet

levé vers elle; tu gouverneras la maison, elle en a
grand besoin, mais tu donneras aussi quelques leçons
à ta pauvre filleule, qui a fait bien des sottises. Si tu
savais, ma tante, comme il m'a fallu chèrement payer
mon apprentissage! »

A cette époque, la bonne ville de M...., peu gâtée par
la variété des événements, fut mise en émoi par la
nouvelle que Frédéric Gahlen avait donné sa démission
de directeur pour retourner à l'université. Ce départ
fut généralement regretté, surtout par les élèves, qui
décidèrent à l'unanimité d'envoyer une supplique à un
maître aimé, afin d'obtenir qu'il restât parmi eux. La
plupart des professeurs firent une démarche analogue;
mais la résolution du jeune homme était bien prise, et,
si touché qu'il fût de ces amicales démonstrations, elles
ne réussirent point à l'ébranler. Au surplus, l'empressement des autorités à accepter sa démission lui prouvait clairement qu'elle avait été désirée en haut lieu.

Cet intéressant sujet de conversation — le futur
départ du jeune ménage Gahlen — n'était pas encore
épuisé, qu'il en surgit un autre de nature plus grave et
plus sombre. Le bruit se répandit que Felsing était noyé;
on avait trouvé son corps près du village d'Hersbach.

Le fait était réel. Depuis quelque temps, Felsing,
agité, inquiet, se livrait à de longues promenades,
comme s'il eût voulu chercher dans l'excès de la fatigue un repos devenu impossible. Enfin, une nuit qu'il
n'était pas rentré de ses étranges excursions, on vint
annoncer la catastrophe à sa femme. Le coup fut d'autant plus rude pour elle et les siens que, dans
quelques jours à peine, il allait atteindre ce but si
ardemment poursuivi : sa nomination de directeur à

la place de Gahlen, contre lequel il avait tant intrigué.

Cette perspective, qui ravissait d'aise sa belle-mère, l'avait laissé indifférent ; il évitait d'en parler, devenait sombre et chagrin. Aux questions inquiètes de sa femme il avait répondu par de si cruelles rebuffades, que la pauvre créature dut se résigner à garder le silence.

Les restes du mort n'avaient pas encore été rendus à la terre, lorsqu'un étranger se fit annoncer chez M. le pasteur Martin, auquel il expliqua qu'il était délégué par le tribunal de L....., pour mettre les scellés sur les papiers du sieur Felsing, accusé d'avoir détourné la fortune d'une pupille, fortune qu'il avait ensuite perdue dans une spéculation malheureuse. Si le coupable n'était plus de ce monde, la justice n'en réclamait pas moins le droit de fouiller ses papiers, où se trouvait la preuve de son crime, puis de confisquer ce qu'il laissait au profit de sa victime.

Le vieux prêtre, ébranlé déjà par la mort violente de son gendre, chancela sous cette révélation comme s'il eût été frappé de la foudre. Par contre, Mme Martin, debout à côté de lui, ne fléchit pas d'une ligne. Elle repoussa l'accusation, qu'elle traitait d'infâme calomnie, et ne ménagea point les reproches insultants à celui qui s'en était fait le porteur.

Tout fut patiemment supporté ; le fonctionnaire, selon toute évidence, éprouvait une sincère compassion pour cette famille visitée par le chagrin et à laquelle il apportait encore le déshonneur. Mais son devoir était là, il fallait le remplir, et il réclama avec fermeté les papiers du défunt. Ceux-ci prouvèrent que les soupçons étaient trop fondés. Felsing avait joué et perdu la fortune qui lui était confiée.

En constatant l'étendue de la perte, le vieux pasteur se sentit défaillir; mais sa femme resta droite, comme figée dans son affreuse douleur. Sa voix dure ne trembla même pas lorsqu'elle reprit :

« Monsieur, nous rembourserons cet argent jusqu'au dernier liard; dès lors, j'espère que vous respecterez notre malheur, que vous nous éviterez un scandale. Songez que les enfants de ma fille n'auront, les pauvres petits, d'autre héritage qu'un nom intact, et qu'il y aurait cruauté à le leur enlever. »

Mme Felsing put pleurer en paix; ses parents lui épargnèrent toute allusion au crime de son mari, dont elle ne vit plus l'image qu'à travers ce voile que la mort miséricordieuse jette sur les torts, les travers de ceux qui nous ont quittés pour jamais.

Cette triste fin de Felsing agita les jeunes époux.

« On ne doit se réjouir de la mort de personne, dit Frédéric, mais assurément ma vie, ma situation durant ces derniers mois auraient été moins hérissées d'ennuis sans les intrigues de ce malheureux.

— Si tu savais ce qu'il a osé me dire, » fit Théodore.

Et pour la première fois elle raconta à son mari quelle grossière insolence Felsing s'était permise envers elle.

XXIII

HÉLÈNE

O Grenouille, Grenouille !
Comment pourrai-je sans larmes...

On n'a jamais su la fin d'un couplet dont le brillant début permettait de tout espérer, puisque Albert, l'aimable virtuose, occupé présentement à disséquer une grenouille morte, s'interrompit tout à coup pour interpeller ses nièces. Soit dit en passant, les instincts de naturaliste de ce charmant jeune homme excitaient au sein de sa famille des sentiments fort éloignés de l'admiration.

« Agnès, Lizy, allons, petites poupées, venez m'aider. Toi, Lizy, tiens ce flacon de telle sorte que le lézard ne puisse s'échapper pendant que je vais chercher de l'esprit-de-vin à la pharmacie. Et toi, Agnès, emporte ces verres. Ne casse rien, surtout. Prudence est mère de sûreté. Retenez ces belles paroles, qui n'ont rien à faire ici, mais qui ne pourront manquer de vous être utiles dans l'avenir. »

Lizy mit bravement sa main sur l'ouverture du flacon, bien que les mouvements de son pauvre petit occupant ne fussent pas sans lui causer quelques inquiétudes.

« Est-ce que c'est un serpent, oncle Albert? dit-elle en regardant avec effroi la jolie bête qui grimpait le long des parois de son cachot.

— Non, Lizy, les serpents n'ont point de pattes ; c'est un beau lézard que la tante Théo a attrapé pour moi dans son jardin. Ne le laisse pas partir. »

En dépit de ses transes, la petite obéit docilement, et sa main ne bougea pas de l'orifice du flacon. Son attente, d'ailleurs, ne fut pas longue. L'oncle rentrait avec de l'esprit-de-vin qui, versé délicatement sur le mignon prisonnier, mit bien vite un terme à ses souffrances; mais les fillettes ne s'attendaient point à ce résultat, et la vue du petit animal immobile et raide sur le fond du verre les fit éclater en sanglots. Albert consola ses nièces en leur disant que le lézard était mort au service de la science, la plus belle de toutes les morts, celle qui ne devait jamais attrister personne.

J'ignore si ces magnifiques théories eurent le succès qu'elles méritaient; tante Selma venait de faire une entrée orageuse qui détourna le cours des idées de la jeune assistance.

« Bonté divine! est-ce que cet abominable garçon ne se fait pas aider maintenant par mes pauvres petites? » s'écria-t-elle en prenant les deux enfants dans ses bras.

On lui sut peu de gré de cet élan de tendresse; les pauvres petites aimaient par-dessus tout à conserver leur liberté.

« Voyons, ma petite tante, pourquoi te fâches-tu? Mes recherches ont pour but de découvrir un remède contre le mal de dents, et je les crois couronnées de succès. Fais comme mon lézard, mets-toi dans l'esprit-de-vin, et je te garantis que tu n'auras plus de névralgies. Sans compter que cette fraîche beauté qui a réjoui mes yeux d'adolescent conserverait ainsi une éternelle jeunesse.

— Impertinent! » dit tante Selma, brûlante d'indignation.

C'eût été un grand soulagement et à coup sûr une vengeance légitime que de tirer les grandes oreilles rouges du garnement; mais le souvenir d'escarmouches précédentes où la victoire n'était pas restée au bon droit lui conseilla de garder une attitude pleine de dignité, et elle sortit emmenant ses petites-nièces.

La solitude n'eut pas, comme on le supposerait peut-être, pour effet immédiat de jeter l'aimable garçon dans une noire mélancolie. Dès qu'il se vit abandonné, il tira de sa poche une lettre dont la vue paraissait le réjouir infiniment, lettre qu'il renfonça prudemment en entendant approcher des pas. Puis il prit son flacon et se mit à chanter un de ses refrains favoris avec cette voix mélodieuse, cette sûreté de goût et de méthode qui donnaient un si grand charme à sa société. L'entrée d'Hélène l'interrompit.

« C'est toi, Linette? » Il retira de nouveau la lettre, et la montrant de loin à sa sœur : « Qu'est-ce que tu me donneras pour avoir ça?... traderidera!... »

Hélène s'était précipitée vers lui, les mains tendues.

« O mon cher garçon, dit-elle sans oser élever la voix, c'est de Heinrich, n'est-ce pas? Sois gentil, Bertel, donne-la-moi, et je t'adorerai, et tu seras le plus parfait postillon d'amour qui ait jamais galopé sous le soleil.

— J'aime mieux du solide, répliqua le tendre adolescent en tenant toujours la lettre hors de portée. Si tu crois que je vais me charger gratis de ta correspondance amoureuse! Non! Promets-moi d'abord d'obtenir que maman me cède l'armoire brune pour ranger mes collections. Tous mes placards sont pleins.

— Je ferai mon possible, mais donne-moi la lettre. »

Hélène, enfin maîtresse de son trésor, s'enfuit dans sa chambre pour le savourer en paix. Que dit-il, ce cher Heinrich?

« Aujourd'hui, ma douce Hélène, je me présenterai devant ta mère afin de solliciter officiellement ta main, qu'on n'osera pas me refuser, car je ne suis plus un artiste sans le sou; j'ai une position assurée, et des appointements solides. Le grand-duc de W..... m'a nommé son maître de chapelle, ce qui me donne le droit de garder près de moi ma belle fiancée. Ainsi donc, à quatre heures de l'après-midi, je serai chez vous, et que tous les dieux d'amour nous protègent! A toi, — Heinrich. »

Les heures qui suivirent furent pour Hélène remplies tour à tour d'intolérables angoisses et de délicieuses espérances. Elle s'était installée avec sa couture dans une des niches profondes que formaient les fenêtres du parloir; mais ses yeux allaient trop souvent de la rue à la fenêtre pour s'occuper beaucoup de l'ouvrage, qui reposait oublié sur les genoux de la jolie rêveuse.

« As-tu bientôt fini de piquer ta pièce d'épaule, Hélène? demanda tout à coup la chère maman Gahlen, qui travaillait assidûment à une autre fenêtre.

— Oui, oui, maman, tout de suite, dit Hélène effrayée, qui piqua au hasard quelques points dans sa toile.

— Tu n'avances guère aujourd'hui, mon enfant, reprit la mère mécontente; donne-moi cette pièce d'épaule, il me la faut, et tu achèveras ce bonnet de nuit... Mais, grand Dieu! enfant, qu'est-ce que c'est que ces points-là? ajouta-t-elle avec irritation en prenant l'ouvrage de sa fille. Tiens, voilà ce que nous faisait notre maîtresse quand nous avions mal cousu. »

Et, joignant le geste à la parole, la rigide mère de famille décousait la piqûre, ce qui, à vrai dire, ne lui donna pas de peine; les points étaient rares, peu nombreux, et, dès les premiers coups de ciseaux, les deux morceaux de toile se détachèrent l'un de l'autre.

« Pardon, maman, dit Hélène en s'essuyant le front, j'ai si mal à la tête que je ne vois plus clair.

— Es-tu malade, Linette? s'écria la mère, dont l'accent se modifia aussitôt. Tu es toute rouge, ma chérie ; laisse là ton ouvrage, et va faire un tour dans le jardin. Mais attends, auparavant il faut que je te fasse boire une infusion. Je suis sûre que tu as pris froid hier soir en restant si longtemps dehors. »

Tout en parlant, la mère se levait pour aller préparer de ses propres mains la potion rafraîchissante de la petite traîtresse ; mais au même instant on frappa un léger coup à la porte, et Hélène, à la vive surprise de Mme Gahlen, s'élança pour ouvrir à Heinrich Turner, qui, sans paraître remarquer la mine renfrognée de sa future belle-maman, lui fit sa demande dans toutes les formes.

Au premier abord, l'étonnement de Mme Gahlen fut tel, qu'elle resta bouche béante, ne trouvant pas un mot à répondre à la requête si courtoisement présentée. Ce ne fut qu'un éclair. La mère de famille n'était pas de celles qu'on pût déconcerter facilement ou longtemps. Sa voix était ferme, et ses yeux bleus regardaient bien en face le jeune artiste lorsqu'il eut achevé.

« C'est ma fille Hélène que vous me demandez, une bambine qui joue encore à la poupée et n'a de sa vie pensé au mariage ? Quelle idée avez-vous eue, mon jeune monsieur, de venir ici avec une pareille imagination en tête ? On ne marie pas les enfants, vous auriez dû y penser. »

Trouvant cette réplique irréfutable, Mme Gahlen tournait déjà le dos à l'amoureux déconfit, lorsque Hélène se jeta entre elle et la porte.

« Je ne suis pas une bambine, dit-elle ; j'aime Heinrich, et je veux être sa femme, puisqu'il m'aime aussi. Et toi, maman, tu ne peux pas me trouver trop jeune, j'ai l'âge que tu avais quand tu t'es mariée. »

Cette audace de la part de sa plus jeune fille stupéfia Mme Gahlen, habituée à ne jamais rencontrer autour d'elle l'ombre d'une contradiction. Pendant une seconde, sans parler, elle contempla l'enfant qui avait pris la main de Heinrich et qui la regardait avec un singulier mélange de supplication et de bravade.

« C'est donc ainsi, monsieur et mademoiselle; vous avez décidé la chose entre vous? Et vous, mon beau monsieur, vous avez jugé bon de vous adresser à la fille sans même savoir si vous seriez agréé par la mère. Voilà une belle conduite, vraiment, il faut en convenir! C'est peut-être la mode dans votre monde; mais apprenez que nous sommes de simples bourgeois, attachés aux anciennes coutumes.

— Mais, maman, il fallait pourtant bien que Heinrich sût si je l'aimais; autrement, de quoi lui aurait servi de venir? » s'écria Hélène désolée.

Le jeune homme lui coupa vivement la parole. Lui aussi remarquait l'expression de dureté opiniâtre du visage de Mme Gahlen et croyait prudent de ne pas la pousser à bout. S'excusant donc gracieusement d'une faute dont on venait de lui faire sentir l'étendue, il renouvela sa demande en termes pressants, si persuasifs que la résolution de Mme Gahlen chancela un instant et que ses yeux s'adoucirent. Malheureusement son aversion contre Heinrich et sa famille reprit le dessus.

« Quand bien même je donnerais mon consentement à votre mariage, la chose ne serait point faisable maintenant. De temps immémorial il a été d'usage dans notre famille de ne pas intervertir l'ordre des âges et de ne pas marier la cadette avant l'aînée. C'est l'ordre qui a toujours dirigé ma maison, et, pour satisfaire le caprice d'une enfant, je n'irai pas donner un démenti à ma vie entière. En voilà assez. Hélène, je compte que tu respecteras la volonté de ta mère. »

Et, adressant aux jeunes gens consternés un signe de tête impérieux, l'énergique matrone sortit de l'air d'une souveraine qui vient de donner un congé ignominieux à quelque ambassadeur d'une puissance ennemie. Avouons que Heinrich, profondément impressionné, à en croire les apparences, par la majesté de cette attitude, partit d'un grand éclat de rire quand Mme Gahlen fut hors de portée de la voix, rire auquel Mlle Hélène se joignit, quoiqu'elle fût bien plutôt en humeur de pleurer.

« Linette, dit Heinrich, je crois que ta mère a pris modèle dans Shakespeare. C'est en des termes analogues que le père de l'opiniâtre Katerine cherche à procurer un époux à sa fille. Un mari, un mari, un royaume pour un mari qui épousera Sophie! Un Petruchio pour cette Kate, afin que je puisse prendre ma douce Oliva!

— Mais, Heinrich, l'affaire n'est que trop sérieuse. Tu ne connais pas ma mère, et je crains bien que ceci ne soit qu'un prétexte destiné à couvrir une résolution arrêtée. Maman ne veut pas de notre mariage. Elle a des préventions indéracinables contre les artistes d'abord, et ensuite contre ta famille.

— Oui, son accueil n'a pas été encourageant, il faut en convenir. Mais, ma chérie, l'amour sans batailles est dépourvu de charmes à mes yeux. Ne perdons pas la tête. Pour commencer, je vais me mettre à la chasse d'un prétendant, et, dès qu'il sera pris, ta mère n'aura plus rien à m'opposer. L'entreprise est ardue, je ne me le dissimule pas, notre Sophie étant beaucoup moins jolie que sage ; or les hommes ont le travers déplorable de préférer la beauté d'une femme à la sagesse.

— Un beau compliment pour moi, dit Hélène ; mais il n'est que trop certain qu'un homme devra avoir un goût tout particulier pour trouver jamais notre Sophie aimable. Et puis elle ne pense qu'à ce fameux honneur de la famille que le bon Dieu bénisse, et elle n'épousera pas le premier venu. Mais sauve-toi, Heinrich, avant que maman revienne. Je t'en supplie, va-t'en. Si elle rentrait, grand Dieu ! Lâche-moi, te dis-je ; nous nous reverrons ce soir chez Frédéric, et nous pourrons causer à loisir. »

XXIV

UNE AMIE SECOURABLE

Le soir du même jour, les amoureux contaient leurs peines à Frédéric et à Théodore, dont la sympathie, si vive qu'elle fût, n'y trouvait point de remède. Tante Polly, qui était restée assez longtemps silencieuse derrière le samovar, interrompit tout à coup l'hymne plaintif des jeunes gens par une joyeuse exclamation.

« Mes enfants, s'écria-t-elle en appuyant le bout de son index sur son petit nez impertinent, je crois que je tiens votre affaire. Naturellement je ne puis pas vous promettre de réussir, mais en tout cas l'entreprise vaut la peine d'être tentée. »

Et, se levant d'un air résolu, notre petite tante se dirigea vers la porte, sans rien répondre aux supplications passionnées qui la priaient de leur révéler son projet.

« Laissez-moi en repos, il faut que j'écrive une lettre, terrible besogne pour la tante Polly, » dit-elle en repoussant le battant.

On ne put rien savoir de plus, mais chacun se sentit réconforté : les projets de la tante Polly avaient généralement d'heureux résultats.

« Cher monsieur et cousin, — écrivait la bonne tante d'une écriture un peu irrégulière, — je viens vous donner un bon conseil. Vous avez besoin d'une femme, et vos enfants ont besoin d'une mère, voilà qui est incontestable. Maintenant, permettez-moi de vous dire que votre idée de me confier ce double rôle est singulière. L'amour vit parmi les roses et ne va pas chercher les vieux chardons desséchés. Je ne suis pas tout à fait de ceux-là, mais je ne vous engage pas moins à chercher une rose. Pas un bouton, certainement, cela ne vous conviendrait pas, mais une fleur bien épanouie, sans être fanée. Vous trouveriez cela dans la famille de mon nouveau neveu, chez lequel je suis présentement en visite, une famille charmante, hospitalière, et qui vous accueillerait cordialement si vous vouliez venir faire un tour dans le pays pour vous assurer de la vérité de mes paroles. Je ne vous en dis pas plus long aujourd'hui, et je vous prie d'embrasser pour moi vos jolis enfants. Quant à vous, j'espère que vous recevrez amicalement les salutations empressées de la

« Tante Polly. »

Quelque temps après l'envoi de ce chef-d'œuvre épistolaire, la tante Polly, ses yeux noirs pétillants de malice, annonça au petit cercle de famille que son bon ami et cousin M. le conseiller Rothenberg de Seedorf allait venir lui faire une petite visite à M..., et qu'il se réjouissait de pouvoir faire ainsi la connaissance de ces aimables jeunes gens, Frédéric et Théodore Gahlen. Théodore offrit aussitôt de donner la chambre d'ami au digne conseiller, offre que la tante Polly accepta avec empressement au nom de son cousin. Personne ne dit un mot de plus à ce sujet, mais personne aussi ne douta que ce visiteur inattendu ne fût destiné à jouer le rôle d'ange sauveur, autrement dit de mari de Sophie. Devant cette dernière, d'ailleurs, la tante Polly sut mettre une sourdine à sa malice et s'exprima sur le compte de son cousin avec une gravité, une indifférence qui ne laissaient rien soupçonner des intrigues dont son cœur était plein.

Ce que notre petite tante avait une fois résolu s'exécutait toujours. Tous ceux qui lui avaient confié leurs affaires ou leur bonheur sont restés convaincus de la vérité de cette affirmation. Le digne conseiller en fit aussi l'expérience, et on le vit bientôt prodiguer à Sophie des attentions qui ne pouvaient laisser aucune incertitude sur ses projets intimes. Assurément la rose, pour nous servir de l'expression de tante Polly, poète à ses heures, avait moins d'éclat, de fraîcheur, que la jolie Hélène ; elle n'en convenait que mieux à un homme infiniment recommandable à coup sûr, mais doué d'un physique ingrat et de manières assez raides. Pendant quelque temps il avait entrevu l'idée romanesque de conquérir le cœur et la main de tante Polly, qui lui avait donné, ainsi qu'aux siens, d'innombrables preuves de dévouement. Après réflexion cependant et sur les judicieuses remarques de cette sage personne elle-même, il en était venu à comprendre que cette créature gaie et sautillante n'était pas son fait, sans parler de la disproportion d'âge; sans qu'il y parût, tante Polly était l'aînée de beaucoup. Sophie lui convenait bien mieux. Elle était un peu vaniteuse, — mon Dieu, chacun a ses défauts ! — par contre, elle était intelligente, laborieuse; elle tiendrait dignement sa maison et serait une bonne mère pour ses enfants. Ainsi décidé à gagner les bonnes grâces de la jeune fille, il remit de jour en jour son départ, engagé d'ailleurs chaleureusement à prolonger son séjour par ceux qui voyaient en lui le protecteur des amours d'Hélène et de Heinrich.

Un beau jour, maman Gahlen, rayonnante de joie et d'orgueil, annonça à la famille assemblée le prochain mariage de sa fille Sophie avec M. le conseiller Rothenberg de Seedorf. On s'y attendait; mais ce qui stupéfia tout le monde, ce fut la suite. Mme Gahlen, ayant repris haleine et promené sur l'assistance émue un regard triomphant, reprit :

« De plus, je vous fais part des fiançailles d'Hélène avec Heinrich Turner. »

Un cri de joie lui répondit : Hélène se jetait à son cou et l'embrassait de toutes ses forces. L'écartant du geste avec un rire de bonne humeur, Mme Gahlen lui montra la porte ouverte.

« Laisse-moi, fillette, tu m'écrases mon beau bonnet neuf. Va voir là-bas, il y a quelqu'un qui saura mieux apprécier tes caresses. »

A ce moment, Heinrich, radieux, faisait son entrée, et, s'il ne profita point *coram populo* de cette autorisation libérale, il est permis de croire qu'il s'arrangea plus tard de façon à ne rien perdre.

L'idée de faire une aussi agréable surprise à ses enfants n'était pas entrée toute seule dans la tête obstinée de la sévère matrone, tante Polly y avait considérablement aidé. De plus en plus convaincue du rôle brillant que joue en ce monde une adroite diplomatie, encouragée par ses nombreuses victoires, l'artificieuse protectrice des amoureux en détresse ne se lassa point de répéter combien était touchante l'aveugle soumission d'Hélène à la volonté maternelle. A peine si elle osait répondre au salut de Heinrich quand elle le rencontrait, tant était grande la crainte de cette honnête, vertueuse enfant de désobéir à sa mère.

« Et pourtant, ajoutait la bonne pièce en poussant un douloureux soupir, la pauvre chérie fait pitié à voir. On ne devient pas si pâle et si maigre sans être rongé de chagrin. Cela me fait voir une fois de plus, chère madame Gahlen, toute l'importance d'une bonne éducation. Une autre jeune fille gémirait, récriminerait, se révolterait peut-être, qui sait? Une fille de la maison Gahlen ne descend point à de pareils manèges, elle a pour cela une bien trop haute idée du devoir. Votre Hélène, chère madame, est un modèle que je voudrais montrer à tous ces beaux faiseurs de traités sur l'éducation moderne. »

Ce langage était un baume pour l'austère Mme Gahlen, qui se sentait de plus en plus gagnée à la pensée d'un consentement éventuel, dont le prétexte lui fut fourni par la bienheureuse demande du conseiller Rothenberg.

Ce dernier lui plaisait au delà de toute expression, et il fut heureux que Sophie se trouvât du même avis, sans quoi la lutte de la mère et de la fille, toutes deux orgueilleuses et obstinées, eût été aussi longue que violente. Comme, au contraire, elle se trouva ravie, Mme Gahlen, ne rencontrant autour d'elle que soumission empressée et douceur angélique, se résolut, avec la coopération de tante Polly, mise dans le secret et chargée de prévenir Heinrich, à récompenser une si parfaite et si rare vertu.

Parmi les toasts proposés en l'honneur de ces heureuses fiançailles, aucun ne fut accueilli avec plus de cordialité que celui qui célébrait la bonne Polly, la meilleure des tantes. Personne ne prononça de discours de remerciement, mais tous ceux pour qui ces petites mains potelées avaient si bravement poussé à la roue de leur bonheur, pour qui elles avaient travaillé sans paraître jamais sentir le dégoût ou la fatigue, bénirent dans le fond de leur âme la vaillante créature qui n'avait cherché son plaisir qu'en se dévouant à autrui et qui, joyeuse de ses incessants sacrifices, leur montrait maintenant une figure plus épanouie encore que les leurs, en levant gaiement son verre pour répondre à leurs acclamations.

XXV

LES ADIEUX

Les dernières semaines passées à M..., par Frédéric et sa femme furent les plus douces de leur séjour, car tout le monde semblait désormais avoir pris à tâche de le leur rendre agréable.

Avant d'être définitivement abandonnée, la petite maison du faubourg eut enfin l'honneur d'abriter sous son toit Mme la conseillère de Kleist, qu'un printemps exceptionnellement chaud et précoce avait décidée à tenter l'aventure d'un voyage. A cette époque, la vieille demeure patrimoniale des Gahlen ne renfermait plus que des gens heureux. La rigide maîtresse elle-même n'était plus reconnaissable, tant la joie l'avait adoucie et transformée. Tous les amis, tous les voisins tenaient à honneur de témoigner leurs regrets du départ si proche du jeune couple, et Théodore reçut bien des preuves d'affection dont elle fut aussi surprise que touchée, comme, par exemple, lorsque Mlle Wensdorf lui apporta quelques-uns des volumes les mieux reliés de sa bibliothèque, en la priant de les conserver en souvenir d'elle. Mme Felsing, de son côté, lui écrivit quelques lignes amicales, accompagnées des photographies de ses deux petits garçons, que Théodore lui avait jadis demandées. Quant à Mme Hiller et à son fils, en qui les jeunes gens avaient trouvé des amis sincères et dévoués, il leur fut réellement dur de se séparer d'eux; la jeune femme surtout entourait la vieille dame d'une reconnaissance, d'une tendresse presque filiale. Avons-nous besoin de dire que les excellents Wunderlich ne furent pas les moins empressés à prodiguer les marques de leur amitié et de leur chagrin? Mme Wunderlich était absolument désolée de perdre l'amie charmante qu'elle comprenait peu, mais qu'elle admirait de tout son cœur. Le mari se faisait l'auditeur tendre et sympathique des plaintes de la bonne dame à ce sujet.

« Oui, oui, il est triste de voir disparaître l'un après l'autre les membres de notre petit cercle, disait le négociant en hochant pensivement la tête. Ainsi, le pauvre Felsing me manque beaucoup. C'était un agréable convive, toujours prêt à boire un verre de vin avec nous.

— Ma foi, mon petit homme, je sais qu'il ne faut jamais dire du mal des morts; mais, en ce qui concerne Felsing, je ne saurais partager ta manière de voir. Outre qu'il m'a toujours déplu, on raconte de vilaines choses sur son compte. En tout cas, on peut dire qu'il est heureux pour sa pauvre femme qu'il se soit tué avant que le scandale ait pu rejaillir sur elle et sur ses enfants.

— N'écoute donc pas tous les bavardages, Minna! dit le petit homme en poussant vivement devant lui la fumée de son cigare. Peut-être que toutes les belles protestations d'amitié qu'il nous faisait n'étaient pas bien sincères, mais je ne veux rien savoir de plus. Par exemple, nos bons Gahlen sont la franchise même, et nous pouvons les aimer en toute sûreté de conscience. Sais-tu, Minna, — l'honnête figure s'épanouissait, — sais-tu que nous devrions donner en leur honneur un grand dîner où nous inviterions toutes nos connaissances, afin de témoigner d'une manière éclatante de notre considération pour eux? N'est-ce pas, ma petite femme? Que te faudra-t-il pour la circonstance, une robe neuve? une nouvelle coiffure? Si nous faisions venir un cuisinier de M...? Dis-moi seulement ce que tu désires, je te compterai la somme sur-le-champ. Nos moyens nous le permettent, Dieu merci! »

Devant tant de bonté et de prévenance, Minna s'attendrit et accepta sans hésiter cette aimable proposition. Aussitôt le mari et la femme se plongèrent dans la discussion de leurs futurs arrangements. L'ordre et le nombre des services, la qualité des vins, le dessert et les entremets furent discutés tour à tour, si bien que les pensées chagrines et moroses de Mme Wunderlich, peu à peu reléguées au second plan par ses préoccupations hospitalières, finirent par s'envoler tout à fait.

Deux ou trois jours avant le départ des jeunes gens, la fête eut lieu avec un éclat resplendissant, non moins flatteur pour les hôtes que pour les convives. Tout le monde était gai et disposé à s'amuser; les vins étaient exquis, le dessert sans égal; le linge, l'argenterie, les cristaux irréprochables, et cette impitoyable critique, la maman Gahlen elle-même, ne trouva pas l'ombre d'une erreur à relever dans tout le cours du repas. Frédéric et sa femme furent comblés d'attentions, de témoignages de respect, d'amitié, au point de leur rendre les adieux beaucoup plus pénibles qu'ils ne l'auraient pu croire dans leurs jours de triste nostalgie, alors qu'ils aspiraient à revoir la grande ville et à recouvrer le liberté qu'elle assure à ses habitants. Les élèves du gymnase tinrent aussi à se distinguer au milieu de ce concert, et tandis que leurs délégués présentaient à Frédéric un magnifique flambeau, résultat d'une cotisation générale, le reste de la bande poussait au dehors de joyeux vivats. Rien ne pouvait toucher davantage l'ex-directeur que cette preuve de l'affection inspirée par lui dans un délai si court, au milieu de tant d'éléments contraires.

Dans la maison Gahlen, les adieux furent tristes, les regrets profonds. Mme Gahlen, dont les sentiments envers sa bru étaient [devenus plus équitables, la serra tendrement dans ses bras à l'heure suprême du départ. Théodore était certes la moins aimée de ses filles, celle dont le départ lui laisserait le vide le moins difficile à combler, mais, enfin, elle était devenue sa fille.

Tout était fini. Théodore était installée sur les coussins de la voiture qui l'emportait loin de M....., et son regard cherchait encore avec une mélancolie douloureuse la petite maison ombragée de tilleuls, et de grosses larmes roulaient sur ses joues.

« Frédéric, tu les as tous quittés pour moi ; je te reste seule. Qui sait si tu ne regretteras pas ton sacrifice ? »

Frédéric attira sa femme sur son cœur.

« Je te préfère au monde entier, et, tant que je te garderai, je n'aurai besoin de rien d'autre. »

XXVI

UNE NOUVELLE JOIE

Nous sommes à l'arrière-saison de cette même année. Une gelée assez rude a bruni les feuilles des arbres, qui tombent dans les allées d'un parc situé aux portes de B..... et au centre duquel s'élèvent de jolies villas. Tout le bruit, toute l'agitation d'une capitale s'éteignent avant d'atteindre ces charmantes retraites où notre jeune couple a cherché un refuge. La fortune a souri aux voyageurs ; les voies se sont aplanies de-

vant eux. Le vieux conseiller intime Turner a habité
longtemps cette demeure; mais l'éloignement de la
ville est devenu impossible pour un médecin chargé
d'une nombreuse clientèle, et il lui a fallu l'abandonner,
accepter des locataires. Où en trouverait-il de plus aimables, de plus chers à son cœur que sa bien-aimée
nièce et son mari? Ni l'un ni l'autre n'ont hésité devant
cette offre franchement généreuse, et Mme de Kleist
elle-même s'est résolue à venir jouir auprès de ses enfants de la vraie vie de famille. Avec elle, Théodore a
reconquis la fidèle Grissel, dont la main ferme reprend
les rênes d'un ménage où elle fait régner l'ordre, l'aisance et la paix.

Désormais les jeunes gens ne vivent plus à part dans
deux sphères nettement distinctes; ils ont confondu
leurs pensées, leurs travaux, et Frédéric a pu s'apercevoir que sa femme est en état de lui rendre d'im-
menses services pour l'achèvement du beau livre d'histoire qu'il va bientôt publier. Théodore n'envie plus
l'existence des femmes de laboureurs et de journaliers
admises à partager la tâche de leurs maris, elle aide le
sien dans la mesure de ses forces, elle est heureuse.

Elle se sent si forte, la jeune femme, si gaie, si active, qu'elle regrette de n'avoir pu, selon ses premiers
projets, donner des leçons de musique; mais, grâce à
Mme Gahlen, le nécessaire et même le superflu leur
sont assurés. Il faut dire que cette digne matrone a
d'abord été excessivement mécontente de la décision
prise par Frédéric d'abandonner sa place et de vivre,
comme elle disait, de l'air du temps; cependant elle a
fini par se rendre aux raisons de son fils et par ap-
prouver ses plans d'avenir.

« Laisse l'école courir tant qu'elle voudra, dit-elle avec colère après avoir écouté le récit des mille petits dégoûts endurés par le jeune directeur, je t'approuve, mon fils. Quand tu auras une chaire dans l'enseignement supérieur, alors on saura t'apprécier. Mais en attendant il faut vivre, et quoiqu'il soit très beau, très désintéressé de la part de Théodore de t'offrir sa petite dot, ce serait mal d'accepter son sacrifice. Je déteste qu'un homme se fasse nourrir par sa femme. Écoute, mon enfant, tu sais que votre père m'a légué la jouissance de toute la fortune. De sa part, c'était un acte de prudence; il savait bien que je ne vous ferais pas tort d'un liard et que je serais plus économe que vous. Ce n'en est pas moins un peu dur pour vous qui avez droit à l'héritage paternel, c'est pourquoi je vais te donner ce qui te revient. »

Mme Gahlen a exécuté sa promesse, et les revenus de cette somme, joints à ceux de Mme de Kleist, suffisent parfaitement à la famille, dont la vie simple et modeste n'exige aucune dépense luxueuse.

L'automne est venu, et tous les habitants de la petite villa sont en émoi. Un beau jour, la figure toujours réjouie de la tante Polly est devenue absolument rayonnante en s'inclinant sur un délicat échantillon de l'humanité dont elle prépare le premier bain. Frédéric ayant offert ses services se voit dédaigneusement invité à se tenir tranquille.

« Comme si c'était l'affaire d'un homme! dit-elle d'un ton de moquerie méprisante. Vous êtes fait pour cela comme moi pour servir la messe. Allez plutôt là-bas, dans la chambre bleue; vous y verrez deux grands yeux bruns qui ne tarderont pas à vous chercher. »

Frédéric obéit docilement et s'assied au chevet d'un lit occupé par une jeune femme aux traits pâlis, qui en effet ouvre bientôt les yeux pour lui sourire. Il s'incline sur sa main et la couvre de baisers; mais l'impitoyable Polly rentre, un petit paquet informe sur les bras, et elle l'écarte de nouveau.

« Tiens, Théo, ma chère petite fille, voilà ton prince royal. Et maintenant pas de tendresses ni d'émotions, vous m'entendez? Vous vous tairez d'abord, et si vous avez envie d'embrasser quelqu'un, que ce soit cette petite poupée, sinon je vous mets à la porte. »

Sous la direction de cette tutelle sévère, mais éclairée, Théodore se rétablit rapidement, et, quelques semaines plus tard, c'est elle-même qui dépose dans son bain l'enfant qu'elle ne confie jamais plus à âme qui vive, pas même à la bien-aimée tante Polly. D'ailleurs, tante Polly l'approuve pleinement. Elle s'est tant reproché de n'avoir pas donné à sa Théo la science de l'économie domestique qui lui a fait si grandement faute à ses débuts de ménagère, qu'elle n'a garde d'empiéter sur les fonctions maternelles. Dans le courant de l'été, elle a prodigué avec une patience qui lui coûtait plus que le labeur le plus rude les leçons pratiques et les conseils infatigables, maintenant l'avenir ne l'inquiète plus.

Dans l'exercice de ses nouveaux devoirs, la jeune mère déploie autant de zèle et d'adresse que s'ils lui étaient depuis longtemps familiers. C'est avec un soin jaloux qu'elle veille à ce que son département ne soit pas envahi par d'autres; l'insouciance d'autrefois disparaît dès qu'il s'agit de s'occuper des mille et un détails souvent pénibles que nécessite le bien-aimé poupon. La tante Polly elle-même ne reconnait plus Théo, sa chère flâneuse.

« C'est une véritable petite maman, dit-elle d'un air de triomphe à Frédéric, dont les yeux suivent toujours les mouvements de sa femme. Un tendre cœur comme celui-là ne pouvait manquer de finir par comprendre son devoir. Laissons-la faire, notre chérie ; elle est dans le bon chemin et ne s'en détournera plus. Dieu lui-même lui a envoyé son plus gentil professeur, il savait mieux qu'aucun de nous le langage que parle son âme. »

Comme toujours, tante Polly a raison. En travaillant pour son enfant, Théodore a pris intérêt à sa maison, et désormais ses occupations de ménagère ne lui paraissent plus insipides et odieuses. Or le labeur, quel qu'il soit, dès qu'il est allégé par l'amour, le plaisir de se voir utile, est un élément de bonheur en plus dans la vie. Certes, nous ne pensons pas que Théodore réponde jamais à l'idéal de la maîtresse de maison tel que l'entend la sévère maman Gahlen, et cependant, si les yeux bleus, froids et perçants de cette rigide matrone pouvaient la voir à présent si consciencieuse et si active, leur expression s'adoucirait d'une lueur de vive approbation.

A la vérité, des jours, des semaines se sont passées sans que Théodore eût trouvé une heure de loisir à consacrer au dieu de sa jeunesse, l'art. Il n'est point oublié ni délaissé cependant, seulement elle ne lui sacrifie plus le bien-être de son mari, encore moins celui de son enfant. Lorsque ce dernier s'éveille, elle n'attend point pour courir à lui que les passages difficiles d'une sonate soient achevés, et, si sa présence est nécessaire à l'office ou à la cuisine, elle laisse flegmatiquement les couleurs de l'aquarelle se sécher sur son papier, même au risque de quelques discordances.

« Dis-moi, Théo, — fit un jour Frédéric après avoir longtemps contemplé sa femme faisant passer leur enfant par toutes les phases mystérieuses et compliquées qu'exige la toilette de ces petits personnages à l'aurore de la vie, — sais-tu que je commence à devenir jaloux de ce marmot? Selon toute apparence, tu n'existes plus que pour lui. Et tu deviens prosaïque, tu ne te doutes pas à quel point. Je parie que tu ne pourrais plus composer de vers, que tu ne pourrais même plus en lire. Ton fils, ton fils et encore ton fils, voilà le résumé complet de tes sentiments et de ta poésie à l'heure présente. Tu ne vois plus rien au delà.

— Nous allons bien voir, » dit Théodore en retirant une feuille de papier de sa petite corbeille.

Puis, après quelques minutes de réflexion, elle se fit un pupitre des jambes potelées de l'enfant resté sur ses genoux et griffonna rapidement les couplets suivants :

> Écoute, méchant bambin,
> Sais-tu que tes boucles noires
> Et tes grands yeux sombres
> M'ont valu un vrai chagrin?
>
> Dans mon petit enfant,
> Ce que je comptais revoir,
> C'était le portrait de son père,
> Ses yeux bleus si clairs et si doux.
>
> Mais, trop tôt volontaire,
> Cette tête que je tiens là
> A pris les yeux de sa mère,
> Son nez et ses cheveux.

> Eh bien, mon cher trésor,
> Pour compenser ma peine,
> Au lieu des yeux du père,
> Nous te donnerons son cœur.

Frédéric avait pris l'enfant, qui plongeait avec ravissement ses mains dans son épaisse barbe blonde. Par parenthèse, les célibataires jeunes et vieux trouvent ce genre de récréation d'un ridicule achevé jusqu'à ce que la paternité soit venue leur en révéler le charme exquis, quoique incompris des profanes. Théodore lui tendit en riant sa feuille de papier; il la parcourut du regard et poussa un joyeux éclat de rire.

« Tu appelles cela de la poésie, Théo? Eh bien, cela sent terriblement la chambre d'enfants. Oh! ma pauvre petite, ton Pégase a les ailes coupées et les articulations bien raides. Si ta mère voyait cela, le désespoir lui donnerait une cruelle attaque de nerfs.

— Veux-tu bien te taire, dit Théodore en posant sa joue sur la main de son mari avec un geste caressant, il faut que notre mignon s'endorme. Pars donc, à moins que tu ne préfères que j'exécute une suite de couplets à six liards la douzaine.

— Grâce! pour l'amour du ciel! » s'écria Frédéric en se précipitant vers la porte avec les marques de la plus vive terreur.

Là, il se retourna pour envoyer à sa femme un salut moqueur; elle le lui rendit en riant, et l'enfant qu'elle tenait sur son bras poussa des cris de joie. En deux bonds, le jeune mari fut auprès d'eux, et, les enveloppant d'une même étreinte, il les couvrit de baisers.

XXVII

VINGT ANS PLUS TARD

Vingt ans se sont écoulés depuis le jour où nous avons vu Frédéric et Théodore absorbés par la croissance de la mignonne créature dont l'apparition au milieu d'eux donnait un nouveau charme à leur vie commune. C'est dans cette même demeure, la gracieuse villa, que nous les venons saluer encore, dans cet asile où leur bonheur a pris de solides racines et qu'ils ne pourraient se résigner à quitter. Le vent d'automne secoue les branches des arbres sous lesquels Théodore se promène au côté de son mari; mais un joyeux soleil éclaire le sol jonché de feuilles jaunies, il envoie ses rayons les plus chauds au visage du couple qui suit machinalement l'allée, tout en causant avec animation.

Le temps, ce maître d'ordinaire si impitoyable et si dur, a usé de ménagements envers Frédéric aussi bien qu'avec Théodore. Il est vrai que les riches boucles blondes se sont éclaircies sur le front du mari et que sa barbe grisonne rapidement. D'autre part, les tresses noires et lustrées de Théodore montrent plus d'un fil d'argent, mais leur physionomie a conservé infiniment de fraîcheur et de jeunesse, et leur démarche ne s'est point alourdie.

« Que penses-tu de mon plan, ma chère Théo? N'en es-tu pas satisfaite? demanda Frédéric en fixant un regard interrogateur sur le visage de sa femme.

— Ce que j'en dis, — s'écria Théodore, dont les beaux

traits illuminés par la joie reprenaient une grâce presque virginale, — mais tout simplement que depuis des années je n'avais pas de plus cher désir. D'ailleurs, ajouta-t-elle subitement attristée, la tendre mère qui me retenait au logis n'est plus là, et, si nous emmenons les enfants, nous sommes libres comme l'air.

— C'est ce que j'ai pensé en méditant mon projet. Personnellement, il ne me sera pas difficile d'obtenir un congé ; je compte même solliciter du ministère une mission qui facilitera mes travaux dans les bibliothèques, tout en allégeant nos dépenses. Hermann, de son côté, pourra suivre ses études favorites, ce qui dans l'intérêt de l'avenir a bien son importance. Nous le ramènerons au printemps. Notre gaie Suzanne, aussi, jouira du voyage, si toutefois elle ne l'échange pas contre un séjour prolongé auprès de sa bien-aimée grand'mère. Elles s'aiment tant, que pareille décision ne m'étonnerait pas du tout.

— Mais elle te chagrinerait énormément, dit Théodore en souriant. Notre blondine est restée ta favorite.

— Tout comme le brun Hermann a toujours été le tien. C'est vrai que nos deux enfants semblent s'être partagé nos facultés particulières. Ainsi Hermann a hérité non seulement de ton profil grec et de tes yeux noirs, mais aussi de ta noble intelligence, de tes instincts artistiques. Tu peux être fière de ton portrait, Théodore, il te fait honneur.

— Comme à toi, la charmante fillette aux boucles dorées, — s'écria Théodore, dont les yeux brillants d'orgueil s'arrêtaient sur une jeune fille qui courait à leur rencontre à l'autre extrémité de l'allée. — C'est une vraie Gahlen, et je comprends la prédilection si vive de la grand'mère pour elle.

— Grand'maman, vous parlez de grand'maman Gahlen? dit la jeune fille, qui se suspendait déjà au bras de son père. Dis-moi, papa, est-ce vrai que je lui ressemble tant? Tante Selma dit qu'elle croit revoir sa belle-sœur à mon âge.

— Et tu penses, Suzanne, qu'en rappelant mes lointains souvenirs, je reverrai également ma mère telle qu'elle était à dix-sept ans?

— Que font tes gâteaux, petit Kobold? demanda Théodore à sa fille, qui riait aux éclats de la question paternelle. Comptes-tu nous offrir quelque nouvelle surprise à dîner?

— Oui, maman, c'est une pâtisserie dont la tante Polly m'a donné la recette; mais je venais te demander la permission, parce qu'il faut quatre œufs. N'est-ce pas, maman, que tu permets? »

Elle avait quitté le bras du père pour embrasser Théodore, qui octroya généreusement la faveur demandée.

« Écoute, Suzanne, je veux te donner un bon conseil, — cria Frédéric à la fillette déjà envolée, — prends garde de mettre du sel blanc au lieu de sucre en poudre dans ta pâte. Le résultat est exécrable, ma chère.

— Comme si j'aurais jamais fait une méprise de cette force, » dit Suzanne en reprenant sa course avec un joyeux rire.

Théodore pinçait le bras de son mari.

« Sois tranquille, ta fille ne commettra pas les erreurs qui ont failli coûter si cher à la mère. Elle n'a pas besoin de maîtresse ou d'enseignement; elle est née parfaite ménagère et ne me laisse presque plus rien à faire. Je le répète, c'est du pur sang Gahlen, elle n'a rien de sa mère.

— Mais si, elle a de sa mère le goût du bien et du beau, de plus un véritable talent de musicienne, » disait Frédéric avec chaleur.

Mais Théodore lui ferma doucement la bouche.

« Cela ne suffirait pas pour en faire une vraie femme, utile à elle-même et aux autres. Dieu soit loué! ma petite fille n'aura pas besoin que l'expérience lui apprenne cette leçon souvent si dure à recevoir pour d'autres moins bien douées. »

Tandis que le père et la mère discutaient les arrangements relatifs à leur voyage en Italie, Suzanne, forte de l'autorisation maternelle, était retournée à la cuisine pour préparer son gâteau. Là, elle s'aperçut que Hermann n'avait pas encore déjeuné et s'empressa de réparer cet oubli.

« Tu me rappelles la Charlotte de Werther avec tes tartines, Suzanne, s'écria le jeune homme en levant la tête de dessus son chevalet.

— Le ciel me préserve d'un Werther; je déteste les héros à grandes phrases sentimentales.

— Qu'est-ce que tu aimes donc? Tu dois avoir un idéal, naturellement, comme toutes les petites filles.

— Quelle baliverne! Je n'ai encore rencontré personne qui me plaise, ce que j'appelle plaire, tu m'entends bien? »

Et la jeune fille, étendant d'un geste emphatique sa main droite armée d'une tartine, se mit à déclamer :

O Muse, présente-le-moi, cet homme incomparable
Qui, jadis, acclamé de tous, a détruit Troie, la ville sainte.

« Veux-tu bien te taire! s'écria Hermann exaspéré. Le pauvre Homère doit se dresser d'horreur dans sa tombe en entendant estropier son œuvre de la sorte. Tes vers ont presque autant de pieds que les mille-pattes.

— Qu'est-ce que cela me fait? ils n'en courront que mieux, répondit Suzanne en étendant placidement une couche de beurre sur son pain. Oh! mais, Hermann, quels jolis quadrangles tu as ajoutés au toit de ta maison! cela fait très bien, dit-elle en se penchant sur l'épaule de son frère.

— Il ne s'agit ni de toits ni de jolis quadrangles, profane. Ce sont les métopes de l'architrave, et il n'est pas étonnant qu'elles te plaisent, car c'est notre adorable maman qui les a dessinées et peintes. Elle s'y entend mieux que pas un de mes professeurs.

— Oui, maman sait tout. Mon oncle Turner dit toujours, quand il m'entend jouer du piano, qu'on s'aperçoit que j'ai eu une bonne maitresse. Et, dans la pension de tante Hannah, toutes ces demoiselles m'enviaient une maman qui compose de si jolis vers. Jamais elle ne regarde à sa peine quand il s'agit de faire plaisir à quelqu'un pour un jour de naissance ou pour un mariage. Pas une de mes amies qui ne conserve précieusement dans son album un croquis ou une poésie de sa main. Elle est si obligeante, si généreuse! Tante Hannah et bien d'autres racontent comme elle a été bonne pour eux. »

A ce moment, Mercure, qui avait conservé ses fonctions dans la famille et s'en acquittait avec autant de lenteur et de conscience que jadis, interrompit la causerie des jeunes gens en leur apportant une lettre.

« D'Italie! » s'écria Hermann en brisant le cachet.

Un feuillet imprimé tomba de l'enveloppe, c'était le diplôme de membre honoraire d'une société savante, laquelle le lui envoyait en récompense d'une étude remarquable sur Giotto. Une lettre écrite dans les termes les plus élogieux s'y joignait. A peine le jeune homme l'eût-il parcourue qu'il se précipita à la recherche de ses parents pour leur faire part de la distinction flatteuse dont il était l'objet.

« Si ma mère avait pu voir cela! dit Théodore en serrant sur son cœur l'enfant ivre de joie et d'orgueil. Dans ses derniers temps, elle ne vivait plus que pour Hermann, qui a fait de ses années de vieillesse les plus belles et les plus douces de sa vie, me disait-elle souvent.

— Oui, grand'maman Kleist a été mon meilleur maitre, un guide qui n'avait d'égal que toi, dit Hermann en embrassant sa mère. C'est à vous deux que je dois la réussite de mon travail sur le Giotto.

— Et que diriez-vous, jeune homme, reprit Frédéric en souriant, si nous allions ensemble étudier le Giotto dans sa patrie même? si nous allions remercier ces aimables messieurs qui vous ont conféré un si grand honneur? »

Hermann devint écarlate.

« Que veux-tu dire, père?

— Je te demande s'il te plairait de nous accompagner en Italie, où tu pourrais continuer tes études? »

La réponse fut un grand cri suivi d'une étreinte presque suffocante de la part du jeune artiste, que la joie mettait hors de lui. Suzanne, qui avait lestement noué en couronne une souple branche de vigne vierge encore garnie de ses étranges feuilles pourprées, la lui posa solennellement sur la tête.

« Gloire au mérite! » dit-elle.

Mais, avant qu'elle pût s'esquiver, son frère l'avait entourée de ses bras et l'entraînait dans une valse échevelée qui eut bientôt pour effet d'envoyer la couronne du mérite rejoindre ses humbles sœurs sur le gazon flétri.

« Heureux enfants! dit Théodore.

— Disons aussi : heureux parents! » repartit Frédéric, dont les yeux brillaient d'un éclat singulier.

XXVIII

CONCLUSION

Avant de partir pour l'Italie, Frédéric et Théodore devaient aller fêter à M..... l'anniversaire de la naissance de Mme Gahlen. Autant que possible, à moins d'empêchements graves, tous les enfants et petits-enfants assistaient régulièrement à cette solennité. Cette fois, l'antique maison patrimoniale devait abriter des hôtes fort nombreux, car les rejetons du vieux tronc primitif se multipliaient de plus en plus.

Cette dame un peu épaisse, aux cheveux argentés, mais toujours fraîche et jolie, c'est Rosa Altmann. Elle et son jovial époux ont conservé l'habitude d'égayer la monotonie de l'existence par de vives escarmouches, mais cela n'altère en rien leur bonheur, et c'est le cœur léger qu'ils ont célébré leurs noces d'argent. Leur petit cercle domestique s'est agrandi de plusieurs fils et de plusieurs filles. Les mignonnes fillettes d'autrefois, Agnès et Lizy, sont de charmantes mères de famille, et un fils aide son père à la pharmacie, sûr indice que le négoce héréditaire se perpétuera dans la vieille famille qui l'honore depuis tant d'années.

Le printemps dans toute sa fleur ne pare plus les joues d'Hélène; mais elle est belle encore, gracieuse toujours et plus aimée que jamais. Sophie représente la dignité des Rothenberg d'une façon aussi majestueuse que possible; seulement, à la majesté elle ajoute une grâce aimable que sa jeunesse n'a point connue. Tante Selma vit toujours en dépit de ses souffrances immémoriales; naturellement le nombre des foulards et des bonnets dont elle s'enveloppe la tête n'a fait que croître : on ne pourrait plus les compter. Albert, son ancien tourmenteur, est là, de retour de l'un de ses voyages où l'entraînent ses goûts de naturaliste. Il est devenu célèbre, quoiqu'il soit resté fidèle aux manches trop courtes et aux manières un peu frustes. Ses neveux et ses nièces l'admirent et le vénèrent de tout leur cœur, pour sa science d'abord, et aussi pour les présents merveilleux dont il les comble en revenant de ses excursions par delà les mers.

Et la petite Hannah, depuis longtemps directrice d'une pension importante à la Résidence, a retrouvé sa place entre Hélène et Théodore, les deux amies des mauvais jours. La tante Polly, vive, joyeuse et remuante en dépit des soixante-quatre ans sonnés qu'elle s'obstine à oublier sans cesse, n'a pas manqué à la réunion des amis qui lui doivent bonne partie de leur félicité.

La porte s'ouvre toute grande, et Mme Gahlen fait

son entrée, appuyée sur l'épaule de la jolie Grissel, devenue, par son mariage avec l'employé de la pharmacie, membre affectueux et très aimé de la famille. L'âme de la vieille maison, celle qui l'a dirigée, soutenue par son énergie, s'avance à pas hésitants. Sa taille n'est point courbée; mais la main qui repose sur l'épaule de son guide, restée svelte et gracieuse en dépit des années, se contracte avec un mouvement d'angoisse, et les yeux bleu clair, froids et perçants, ont perdu leur regard. Quelle rude destinée pour la vieille dame, et combien ce malheur lui a semblé pénible à porter! Elle est aveugle. Lentement, par une marche insensible, le voile s'est glissé peu à peu devant les brillantes prunelles, jusqu'à ce qu'il les eût plongées dans la nuit sans fin. La maîtresse et la mère, habituée à tout commander, à tout voir par elle-même, devait se résigner à abdiquer sans retour en d'autres mains; pis encore, elle dépendait d'autrui autant et plus qu'un petit enfant. Combien elle a lutté désespérément contre cette destinée, l'énergique créature accoutumée à faire plier son entourage sous sa loi! mais les luttes sont restées vaines.

Enfin le calme s'est fait, et la douleur s'est adoucie, une lumière a pénétré dans ce cœur si longtemps fermé. Condamnée à une perpétuelle oisiveté, la vieille dame a réfléchi; elle s'est demandé si, comme elle le croyait fermement, sa vie a été sans reproche, si elle a toujours agi au mieux des intérêts et du plaisir d'autrui. L'indulgence que la prospérité n'avait pu lui apprendre, sa cruelle infirmité la lui donne; elle est devenue de jour en jour plus tendre, plus reconnaissante des soins dont on la comble.

La valeur de tant de choses dédaignées au temps de son heureuse activité lui apparut également : elle en vint à aimer qu'on lui fit la lecture, de la musique, et à s'informer avec anxiété si l'on cultivait chez ses petites-filles des talents si précieux.

La réunion de la famille est donc une grande joie pour l'aveugle; mais, parmi tous ses enfants si chers à son cœur, il n'en est aucun qui soit aimé comme ceux de Frédéric. Outre qu'elle voit dans Hermann l'héritier du vieux nom, sa joie est sans bornes de retrouver dans sa petite-fille l'image de sa propre jeunesse, plus aimable cependant, ajoute-t-elle doucement, l'enfant a quelque chose de la grâce maternelle.

Un vif éclair de joie passe sur ses traits fatigués en entendant l'acclamation enthousiaste qui salue son entrée. Elle s'assied dans le fauteuil où maintenant s'écoule presque toute sa vie, et accueille avec attendrissement les vœux, les cadeaux présentés de toutes parts. Chaque mot est écouté, chaque petit ouvrage est soigneusement palpé, puis admiré; enfin les enfants d'Agnès se blottissent sur ses genoux, et c'est entourée de ces bras caressants qu'elle suit l'exécution du morceau de musique composé et chanté en son honneur. Plus d'une larme roule sur les têtes blondes, mais elle sourit, et sa physionomie a une expression de bonheur paisible infiniment touchante.

Le cercle intime, quoique très nombreux déjà, réuni pour fêter le jour de naissance de la chère grand'-maman, s'accroît bientôt de tous les voisins et amis, heureux de renouveler leurs protestations de cordiale amitié. Viennent d'abord M. et Mme Wunderlich, chargés de bouquets énormes et bigarrés. Vingt années ont passé sur l'honorable couple sans le modifier d'une ligne. Madame est parée, affectueuse, excellente comme jadis ; son mari, s'il est changé, ce dont je doute, l'est en ce sens qu'il s'épanouit de plus en plus.

Mlles Wensdorf, toujours inséparables, les suivent de près, l'aînée importante et bavarde, la cadette, ainsi qu'il convient à son rôle d'enfant candide, présente son bouquet avec un rire niais et bégaye son compliment d'une voix mal assurée. Là non plus on ne s'aperçoit pas que le temps ait marché.

Il marche pourtant : témoin ce grand jeune homme, déjà professeur au gymnase, qui accompagne Mme Felsing et offre à son tour ses compliments et ses félicitations. Cette fois, l'influence des années a été bienfaisante ; Mme Felsing a perdu son aigreur et son hostilité contre le prochain ; ses enfants la dédommagent amplement du passé. Une seule chose chez elle est restée immuable : le bien-aimé paletot de velours, qui occupe toujours la première place dans la garde-robe peu fournie de cette mère de famille énorme. D'ailleurs, à quoi servirait d'acheter du *vrai velours* de soie s'il ne devait pas durer assez longtemps pour servir d'objet d'émerveillement à plusieurs générations ?

Le temps marche, et il emporte dans son infatigable course les plus nobles d'entre nous. Mme Hiller dort depuis longtemps de l'éternel sommeil, regrettée de tous ceux qui se sont trouvés sur sa route, parents, amis, voisins, qu'elle a aimés, soutenus, consolés, égayés tour à tour. Son fils a succédé à M. Martin, qui a suivi dans la tombe — de très loin — sa femme, que l'atroce chagrin du crime et de la mort de son gendre avait emportée au bout de quelques mois, sans qu'elle eût laissé échapper une plainte.

Lorsque la vieille dame, touchée et attendrie de tant d'hommages, s'est retirée dans sa chambre, où elle s'assoupit au bout de quelques instants, Suzanne, tranquille comme une souris, s'est assise sur un coussin à ses pieds. Tout à coup l'aveugle s'éveille et, entendant le froissement du papier, élève la voix :

« Qui donc est là ? Est-ce toi, Grissel ?

— Non, non, grand'maman, c'est moi, Suzanne. Désires-tu quelque chose ? Veux-tu que je te fasse la lecture ?

— Oui, ma chérie ; je t'écouterais volontiers si j'étais sûre que tu ne regrettes pas la société de la jeunesse. Ils s'amusent là-bas, les entends-tu ? Va les retrouver, au lieu de t'ennuyer près de la vieille grand'mère.

— Ne me renvoie pas, chère grand'maman, dit Suzanne en baisant la main de l'aveugle. Bien loin de m'ennuyer, j'ai lu quelque chose de très joli tandis que tu dormais.

— Qu'était-ce ? lis-le-moi, petite, si cela ne te fatigue pas.

— C'est que ce sont des vers, grand'maman, et tu ne les aimes pas beaucoup.

— Cela dépend, petite. Je n'aime pas les sensibleries ni les grandes phrases ; mais j'ai entendu l'autre jour de petites poésies sur l'arbre de Noël qui me plaisaient beaucoup.

— De Hebel, n'est-ce pas, grand'mère ? Ce sont mes favoris également. Mais ces vers-ci ne sont pas de lui. Ils me plaisent pourtant, puisque c'est maman qui les a composés. J'ai même pris le cahier presque furtivement, car elle me les refusait en disant que cela se rapportait à une époque très éloignée de sa vie, alors que ni Hermann ni moi nous n'existions encore. Depuis, tout s'est transformé. Papa a été directeur du gymnase, n'est-ce pas, grand'mère ?

— Oui, ma chérie, mais fort peu de temps, répondit la vieille dame d'une voix tremblante. Lis-moi quelque chose de ton petit cahier, Suzanne, poursuivit-elle en rougissant légèrement. Sais-tu de quelle année sont ces poésies ?

— Oui, grand'maman, chaque pièce est datée, répondit Suzanne en feuilletant son manuscrit.

— Lis donc, petite, tout, même la date, » dit Mme Gahlen en caressant la tête blonde appuyée sur ses genoux.

Suzanne obéit et scanda de sa voix mélodieuse quelques morceaux, dont la plupart étaient fort courts. Une profonde expression de tristesse, d'amer découragement, se sentait à chaque ligne. Ils rendaient bien l'état d'esprit de Théodore dans les premiers mois de son mariage. Enfin la fillette arriva à la dernière page :

> Va-t'en, petit oiseau,
> Retourne à ta verte forêt,

dit-elle. Puis, refermant le cahier, elle leva les yeux sur l'aveugle, dont les paupières étaient gonflées de grosses larmes prêtes à tomber.

« Pauvre enfant ! disait la vieille dame, c'est vrai que nous n'avons pas su l'aimer ; nous l'avons rendue misérable, je le sais trop maintenant.

— Que veux-tu dire, grand'maman ? » dit Suzanne, qui regardait avec surprise le visage troublé penché sur elle.

Avant qu'on pût lui répondre, la porte tourna sur ses gonds.

« Voici papa et maman, grand'mère, s'écria la jeune fille. A présent que tu as une meilleure société que la mienne, je m'en vais rejoindre mes cousins, qui m'ont déjà appelée plusieurs fois. »

Et elle s'enfuit, légère comme une plume, après avoir tendrement embrassé l'aveugle.

« Venez donc, mes enfants, » disait Mme Gahlen, qui étendait les deux mains avec un geste d'anxiété.

Frédéric s'empressa de les prendre et de les serrer.

« Que veux-tu, ma chère mère ?

— Je veux m'acquitter d'une dette qui pèse sur ma conscience depuis quelque temps. Ta femme est-elle là ?

— Me voici, ma mère, dit Théodore fort inquiète, car elle venait de reconnaître le petit manuscrit oublié à côté du fauteuil.

— Donne-moi donc ta main, ma fille, et pardonne à une vieille femme ce qu'elle t'a fait souffrir autrefois, ma pauvre enfant.

— Mais, ma bien-aimée mère, dit Théodore en s'agenouillant devant l'aveugle, dont elle portait la main à ses lèvres, comment peux-tu parler de la sorte ? Je suis...

— Non, non, laisse-moi continuer. C'est dernièrement, lorsque la main de Dieu s'est appesantie sur moi, que j'ai compris combien j'avais été dure et injuste. Mais aujourd'hui, mon fils, dit-elle en se tournant vers Frédéric, je veux t'adresser mes remerciements les plus tendres, quoique trop tardifs, pour la noble et généreuse fille que tu m'as donnée. Dieu vous bénisse, mes enfants ! »

De grosses larmes roulaient sur ses joues, tandis qu'elle les attirait sur son cœur; ses caresses lui furent rendues avec usure. Frédéric voyait enfin réalisé le doux rêve de sa vie : sa mère appréciait, aimait la bonne Théodore.

FIN

TABLE DES MATIÈRES

Chapitres.		Pages.
I.	— Mère et fille	1
II.	— Les fiancés	15
III.	— La famille Gahlen	27
IV.	— Petits soucis	45
V.	— La tante Polly	51
VI.	— Un stratagème	64
VII.	— Le mariage	72
VIII.	— Le nouveau logis	77
IX.	— Nouvelles connaissances	88
X.	— Le jeune ménage	99
XI.	— Tentatives	111
XII.	— Le dimanche	122
XIII.	— Dans la famille	131
XIV.	— On cause un peu	141
XV.	— Visites	150
VI.	— Le goûter de Mme Wunderlich	160
XVII.	— Les nuages s'épaississent	172
XVIII.	— Le jour de l'examen	186
XIX.	— La tempête	200
X.	— La lumière est faite	206
XXI.	— Mme Hiller	219
XXII.	— Une nouvelle vie	227
XXIII.	— Hélène	235
XXIV.	— Une amie secourable	243
XXV.	— Les adieux	248
XXVI.	— Une nouvelle joie	252
XXVII.	— Vingt ans plus tard	259
XXVIII.	— Conclusion	265

Coulommiers. — Typ. PAUL BRODARD.

www.ingramcontent.com/pod-product-compliance
Lightning Source LLC
Chambersburg PA
CBHW050648170426
43200CB00008B/1202